北京市高等教育精品教材立项项目

U0674212

税收筹划 （修订版）

Tax Planning

丁　芸　主编

中国财经出版传媒集团

经济科学出版社
Economic Science Press

图书在版编目（CIP）数据

税收筹划／丁芸主编 . —修订本 . —北京：经济科学
出版社，2017.7

ISBN 978 – 7 – 5141 – 8223 – 1

Ⅰ. ①税… Ⅱ. ①丁… Ⅲ. ①税收筹划 – 高等学校 –
教材 Ⅳ. ①F810. 423

中国版本图书馆 CIP 数据核字（2017）第 168049 号

责任编辑：杨　洋
责任校对：刘　昕
版式设计：齐　杰
责任印制：王世伟

税 收 筹 划
丁　芸　主编

经济科学出版社出版、发行　新华书店经销
社址：北京市海淀区阜成路甲 28 号　邮编：100142
总编部电话：010 – 88191217　发行部电话：010 – 88191522
网址：www. esp. com. cn
电子邮箱：esp@ esp. com. cn
天猫网店：经济科学出版社旗舰店
网址：http://jjkxcbs. tmall. com
北京季蜂印刷有限公司印装
787×1092　16 开　14 印张　260000 字
2017 年 7 月第 1 版　2017 年 7 月第 1 次印刷
ISBN 978 – 7 – 5141 – 8223 – 1　定价：39.00 元
（图书出现印装问题，本社负责调换。电话：010 – 88191510）
（版权所有　侵权必究　举报电话：010 – 88191586
电子邮箱：dbts@ esp. com. cn）

序

作为一门新兴学科，税收筹划有其独特功能。从国家的角度来讲，税收筹划有利于贯彻国家的宏观调控政策，纳税人成功地税收筹划反映了其对国家制定税收政策意图的准确把握；从纳税人的角度来讲，税收筹划充分体现了纳税人的权利，即纳税人不需要缴纳比税法规定的更多的税收；从短期来看，税收筹划降低了纳税人的税负，为纳税人带来直接的经济利益；从长期来看，税收筹划涵养了税源，促进国家经济的长期发展和繁荣。由丁芸教授主编的这本《税收筹划》教材将为我们充分展现税收筹划的独特之处。

税收筹划是一门综合性学科，它集中了税法、会计、管理学等综合知识。它的出现不仅为纳税人带来了直接的经济效益，还为税务师行业增添了新的活力。它的出现增加了市场对精通税法、财会以及管理学等复合型人才的需求，从而对我国税务师提出了新的挑战，使税务师行业得到进一步发展。

《税收筹划》是一门理论和实践结合紧密的课程，课程的编者们尝试把教学内容和教学方法相结合，力求教材的内容既有理论深度又能通俗易懂。各个税种的多种筹划方法带给读者理论角度的思考，同时搭配的仿真筹划案例却用通俗的语言阐述了深奥的筹划方法，为读者明确了税收筹划方法在实践中的具体应用；巧妙的小资料、小贴士为读者带来了更多的知识、更多的活力。值得一提的是，这本教材还专门编有一章税收筹划工作程序，同时还配有案例解释，真正为我们展现了理论与实践相结合的税收筹划。

税收筹划是一门应用性学科，需要到实践中去提高和完善。希望读者从这本教材中能学到真正的知识，从而为今后的实践打下坚实的基础。

全国人大财经委副主任委员、中国注册税务师协会副会长

首都经济贸易大学副校长、博士生导师

郝如玉

2017 年 5 月 24 日

前　言

本杰明·富兰克林曾说过：世界上只有两件事情是不可避免的，一是死亡，二是税收。国家有征税的权力，同样，纳税人也有不缴纳比税法规定更多税款的权力，税收筹划由此而来。

《税收筹划》教材作为首都经济贸易大学精品教材系列之一，秉承了"夯实宏观基础以把握大局，熟悉微观操作以提高技能"的理念。税收筹划是税务专业、注册税务师专业的核心专业课程，也是会计、财务、金融和管理专业的重要专业课程之一。这本教材便是针对经济类专业本科生编写的，内容既有一定理论深度，又具有应用性，旨在培养理论与实践相结合的应用型税收筹划人才。

税收筹划实际上是纳税人充分运用自己的权力，根据税法中的项目、内容等，对经营、投资、筹资等活动进行谋划，在遵守税法的前提下，达到税收负担的最小化。因此，税收筹划类教材更多像是一本讲解税法的教材，在遵守税法的基础上进行税收筹划方法的介绍。《税收筹划》教材正是本着这样的原则进行编写，每个税种的筹划都有相关税法情况介绍，在此基础上从纳税人、税率、计税依据以及税收优惠的角度分别阐述税收筹划的各种方法，并配之以案例解析，使读者更好地理解各种筹划方法。由于近年来我国税收制度变化较大，但税收筹划的方法却是万变不离其宗，本教材正是以这样的思路讲解税收筹划方法，从而达到以不变的筹划方法应万变的税制改革。

《税收筹划》教材本着理论与实践相结合的原则进行编写。教材大致分为两部分，第一章、第二章是教材的第一部分，介绍税收筹划的基本理论和实际工作程序，学生在学到基础理论的同时，也可以感受到现实中的税收筹划。第三章～第七章是教材的第二部分，分别介绍了增值税、消费税、企业所得税、个人所得税以及 9 个小税种的筹划方法，每种筹划方法后都有其案例及解析。

与同类教材相比，这本书有以下特色：

（1）本书系统介绍各个税种的筹划方法，分别从纳税人、税率、计税依据以及税收优惠的角度，使学生可以从整体把握税收筹划的思路，培养学生"夯实宏观基础以把握大局"，以不变税收筹划思路应对万变税制改革。

（2）教材专门设定一章税收筹划工作程序，同时配有案例，为学生展现现实生活中的筹划。其他各章运用案例让学生掌握税收筹划方法的具体应用，使学生"熟悉微观操作以提高技能"，掌握利用现行税制进行筹划的方法。

（3）运用"小贴士""小资料"等友好界面让学生了解相关实践知识或关联知识，强化知识体系的联系性。

（4）每章节后附有小结、关键术语和复习思考题，方便学生复习。

本书由丁芸担任主编。各章编者具体为：第一章、第二章由丁芸编写；第三章由张春平编写；第四章由孟芳娥编写；第五章由禹奎编写，第六章由刘颖编写。第七章由丁芸、胥力伟编写。李苗苗、赵田苗、孙阳、朱梦珊、高瑞搜集了大量资料，并补充了相关部分，教材参考了税务系老师编写的案例库，全书由丁芸总纂定稿。

由于编者水平有限，书中疏漏和错误在所难免，真诚希望广大读者提出宝贵意见，以便我们进一步修订和完善，教材参阅了大量文献并尽可能注释，可能会有一定的疏漏，在此一并致谢。

编者

2017 年 5 月 24 日

目　录 Contents

第一章 税收筹划概述

⚙ **学习指示**

　　本章主要介绍税收筹划的基本理论知识。通过本章的学习，学生应对什么是税收筹划、税收筹划的历史沿革、税收筹划的原则、税收筹划的特征、税收筹划的意义以及税收筹划的发展趋势等有比较全面的理解。本章作为税收筹划的基础知识的介绍，是本课程学习必不可少的部分。

　　🔍**小贴士**：随着我国加入 WTO 和社会主义市场经济的逐步建立，我国的经济将更加开放，企业在市场中的竞争也更加激烈；随着我国逐步走向法治国家，我国的税收体系也日趋完善。在新的经济环境中，税收筹划也开始在中国经济的大舞台上崭露头角，并发挥着越来越重要的作用。税收筹划是一门涉及法学、管理学和经济学三个领域中的税法学、财务管理学、会计学等多门学科知识的现代边缘学科。

第一节　税收筹划的概念

一、税收筹划概念

　　税收筹划（tax planning）是纳税人（法人、自然人）依据所涉及的现行税法，在遵守税法、尊重税法的前提下，运用纳税人的权利，根据税法中的项目、内容等，对经营、投资、筹资等活动进行旨在减轻税负的谋划和对策。

　　关于税收筹划的概念，在我国目前尚无定论，国外不同的著作也有着不同的认识。

　　按照中国人的说法，税收筹划，简言之就是对自身的涉税经济事项作决策、谋利益。古人云:"运筹于帷幄之中,决胜于千里之外。"税收筹划正是如此,是在办公室里做的纳税决策。市场经济利益机制促使每个经济行为主体都会对自身涉税经济行为进行运筹与谋划,以最大限度地规避税收负担,获取最大的经济利益,这便是税收筹划。

国际上对税收筹划概念的描述不尽一致。印度税务专家 N. J. 雅萨斯威在《个人投资和税务筹划》中认为:"税收筹划是纳税人通过财务活动的安排,以充分利用税务法规提供的包括减免在内的一切优惠,从而享得最大的税收利益。"印度税务专家 E. A. 史林瓦斯在《公司税收筹划手册》中认为:"税收筹划是经营管理整体中的一个组成部分……税务已成为重要的环境要素之一,对企业既是机遇,也是威胁。"荷兰国际财政文献局(LBFD)《国际税收辞典》对税收筹划定义为:"税收筹划是指通过纳税人经营活动或个人事务活动的安排,实现缴纳最低的税收。"美国 W. B. 梅格斯博士认为税收筹划是:"在纳税发生以前,有系统地对企业经营或投资行为做出事先的安排,以达到尽量地少缴税,此过程即为税收筹划。"

上述定义虽然在表述形式上有所不同,但其基本意义却是一致的。根据上述解释,我们可以给"税收筹划"下一个定义:

税收筹划是纳税人(法人、自然人)依据所涉及的现行税法,在遵守税法、尊重税法的前提下,运用纳税人的权利,根据税法中的项目、内容等,对经营、投资、筹资等活动进行旨在减轻税负的谋划和对策。

企业的税收筹划是企业经营管理策略的重要组成部分,是企业在遵守国家税收政策法规的前提下,以降低成本、增加净利润为目的,利用优惠政策、政策缺陷和灵活规定等因素,采取避重就轻的方法,使企业税负得以延缓或减轻从而提高企业经济效益。

为正确理解税收筹划,需掌握税收筹划的几个要点:

(1)税收筹划的目的是减轻税负,即少负税。它同企业最大限度地追求利润的目标一致。

(2)税收筹划以国家税收法律为依据,必须符合国家税收政策导向,符合税收法律规定。因此必须熟悉国家税收政策,通晓税收法律规定。

(3)税收筹划的主体是纳税人。企业是最主要的税收筹划者。

(4)税收筹划的手段是"计划和安排"。

(5)税收筹划通常随同企业的生产经营管理活动一同进行,甚至要早于生产经营活动。根据政府的税收政策导向,采用税法赋予的税收优惠或选择机会,通过对企业经营,投资理财活动的事先安排,尽可能地降低税负。

二、税收筹划与税收计划、财务计划、企业计划

> 税收计划是税务机关根据国家宏观经济和微观经济的计划和情况，制定的对一定时期税收收入的测算与征税计划，是政府预算的一个组成部分。
>
> 企业财务计划是指制定以货币形式表示的企业财务方面的目标以及监督、控制和保障实现企业财务目标的计划。

税收筹划指制定纳税人的税务计划。税务计划与我国常使用的"税收计划"是有区别的。税务计划与税收计划是两种完全不同的计划：税务计划是税收筹划人制定的纳税人的纳税计划；税收计划是税务机关根据国家宏观经济和微观经济的计划和情况，制定的对一定时期税收收入的测算与征税计划，是政府预算的一个组成部分。税收筹划与企业的财务计划（financial planning）既有联系，又有区别。企业财务计划是指制定以货币形式表示的企业财务方面的目标以及监督、控制和保障实现企业财务目标的计划，企业最主要的财务目标是增加企业的财务收益；企业税收筹划归根结底也是制定使企业增加财务收益的计划。所以说企业税务计划是企业财务计划的一个部分。因此，许多国外的财务书籍都有税收筹划内容，现在有些国内的财务书籍也有专门部分论述税收筹划。不过，由于税务与财务的区别，税收筹划又是财务计划的一个特殊和独立的部分，并已经发展成为单独的理论、技术和方法。

税收筹划是财务计划特殊的一部分，企业税收筹划又是企业计划特殊的一部分。德国人 A. 马勒泰克 1980 年在其《税收筹划是企业计划的组成部分》（Marettek，A.：Steuerplanung als Teil der Unternehmensplanung. In：Führungsprobleme industrieller Unternehmungen. Festschrift für F. Fhomee，hrsg. von D. Hahn，Berlin 1980）中，曾就税收筹划是企业计划的组成部分进行过专门的论述。从学科发展的演进过程看，企业财务计划先从企业计划中独立出来，创立和发展出一套自己的理论、技术和方法，而税收筹划是在财务计划之后从企业计划独立出来的新兴学科，也已创立和发展出自己的一套理论、技术和方法。

三、税收筹划与避税、偷税、漏税

税收筹划的目的同避税、偷税、漏税一样，都是为了规避或减少税款支出。从经济影响方面看，税收筹划也同避税、偷税、漏税一样，都会导致有关国家税收的减少

和丧失，因而成为各国政府和有关国际组织日益关注的问题。要把税收筹划同避税、偷税、漏税从内涵到外延进行严格的区分具有一定的难度。但为了消除对税收筹划的种种偏见，更好地研究和理解税收筹划，明确征纳双方各自的权利和义务，保证税收筹划的健康发展，同时也为了加强反避税，杜绝偷税行为，有必要将这几个概念进行比较和分析，并明晰它们之间的关系。

（一）偷税、漏税、避税与税收筹划的共同点

偷税、漏税、避税与税收筹划都是纳税人想争取不缴税或少缴税采取的不同方式和方法，它们具有一些共同点，即这几种行为的主体都是纳税人，其对象是税收款项，采取的手法都是各种类型的缩小课税对象，减少计税依据，避重就轻，降低税率，最后达到摆脱纳税义务人身份、从纳税义务人到非纳税义务人、从无限纳税义务人到有限纳税义务人的目的。这几种经济行为实现的方式是靠利用各种税收优惠、税收征管中的弹性以及税法中的漏洞进行的。

归纳起来，偷税、漏税、避税与税收筹划具有以下共同点：

1. 主体相同。偷税、漏税、避税与税收筹划都是纳税人的主观经济行为。

2. 目的相同。纳税人无论是偷税、漏税、避税还是进行税收筹划，都是为了减少纳税义务，达到不缴税或少缴税的目的。

3. 外部环境相同。都处在同一税收征管环境和同一个税收法规环境中。

4. 具有一定的可转化性。偷税、漏税、避税与税收筹划三者之间往往可以互相转化，有时界限不明，不仅税收筹划与避税在现实中很难分清，而且逃税与避税也很难区别。不同的国家对同一项经济活动内容有不同标准，同一项纳税活动，在一国是合法的税收筹划，在另一个国家有可能就是非违法的避税，在第三个国家也许是违法的偷税行为。即使在同一个国家有时随着时间的不同，三者之间也可能相互转化。因此对偷税、漏税、避税与税收筹划三者的划分离不开一定的时间和一定的空间构成的时空尺度。

（二）避税与偷税的区别

税收筹划与偷税是截然不同的，这在任何国家都得到公认，但是避税与偷税却难以绝对划分界限。

避税与偷税具有一定的区别。避税一般会受到政府的默许和保护，偷税则要受到打击和严惩，这种区别在任何一个国家都是十分明确的。理论上说，避税在手段上的合法性特征与偷税的不合法性、欺诈性、隐蔽性具有严格的区别，但由于避税利用的

是税法的"模糊规定"，对避税行为进行"合法"与"不合法"的认定也具有模糊性，因此在具体实践活动中，避税与偷税的区别不易于辨别清楚。一般而言，其区别表现为：

1. 本质上的差别。避税是钻税法的空子，它是纳税人对税法中"不违法"内容的合理运用，而偷税则不合法。偷税主观上是故意的，客观上使用了欺骗、隐瞒等非法手段、行为产生的后果是"不按规定缴纳应纳税款"。由于偷税的不合法性，各国税务当局都会对这些行为进行处罚。

2. 发生时间的差别。纳税人抱有"少纳税"的目的，既可以采取偷税手段，也可以采取避税手段。但是偷税是一种"事后控制"，是在应纳税额已经确定的情况下，采取不正当的手段，逃避纳税义务；而避税是一种"事先控制"，是在应纳税额没有确定的情况下，采取合法的手段，使其应纳税额最小。

3. 纳税人的素质及影响差别。偷税是纳税人缺乏专业知识，缺乏从业道德的表现，是低级的手段，它的发生公然践踏税法。避税则是建立在对税法非常熟悉的基础上，寻找法律条文中对自己有利的因素，减轻应纳税额，它是"高智商人的游戏"，这种行为有利于税法的不断完善。

（三）避税与税收筹划之比较

税收筹划与避税是两个既有联系又相区别的概念，要完全分清这两个概念有一定的难度。税收筹划应该是比避税更高一个层次的经济行为，它是在经济活动中事先做出的谋划和安排以减少预期税负的行为，比避税更胜一筹。税收筹划和避税两者在实施范围上有一定的交叉，这种交叉就是顺法避税。税收筹划以顺法避税为立足点，通过有计划地对生产经营活动作出安排，达到规避税收负担的目的，其结果是利国、利民、利己。

避税与税收筹划相比，二者主要的区别是：

1. 与国家政策导向的符合程度不同。避税虽然不违法，但其中有些行为属于钻税法的空子，有悖于国家的税收政策导向；税收筹划是完全合法的、正当的，甚至是税收政策予以引导和鼓励的，是法治社会中企业减轻税负的理性选择。

2. 执法部门的态度不同。对于立法者或政府税务部门，准确地判定"避税"和"税收筹划"是绝对必要的。对于避税行为，政府要防范；而对于税收筹划行为，政府要加以鼓励和支持。一方面防范避税关系到维护国家税收利益，以及法律漏洞的堵塞和税制的完善；另一方面利用好"税收筹划"这个重要的利益驱动器，则是政府运用税收杠杆进行宏观调控的重要手段。

第二节　税收筹划的产生

一、税收筹划的起源

在论述税收筹划的起源之前，首先要清楚税收筹划与税务代理、税务咨询之间的关系。在论及税收筹划时，很多人常常认为税收筹划是税务代理的一部分，其实，税收筹划与税务代理是有区别的。

（一）税收筹划与税务代理、税务咨询

1. 税务代理。

> 税务代理是指根据税法帮助纳税人履行其纳税义务的各项行为，也指根据税法负责代扣税收的行为。

对于后者，国际财政文献局编写的《国际税收辞汇》在解释税务代理人（tax agent）时就指出，税务代理人有时还指受税务机关委托或根据税法，代税务机关扣缴或收取纳税人税款的代扣代缴人或代收代缴人。不过，各国对于税务代理内涵的解释和税务代理与税务咨询关系的规定并不完全一致。下面，我们分别就一些国家对税务代理内涵和税务代理与税务咨询关系的规定做一些介绍。

（1）中国。我国1994年颁布的《税务代理试行办法》规定，"税务代理是指税务代理人在规定的代理范围内，受纳税人、扣缴义务人的委托，代为办理税务事宜的各项行为的总称"。尽管我国《税务代理试行办法》第二十七条提到税务机关按照法律、行政法规规定委托税务代理人代理的情况，但从整个《税务代理试行办法》来看，我国的税务代理业务是把代理税务机关业务排除在外的。在我国，税务代理业务除了包括代理纳税人的各项税务事宜，还包括开展对纳税人的税务咨询，即税务咨询业务属于税务代理业务范围内的一种。

在我国，从事税务代理业务的专业人员是税务师。1996年11月颁布的《注册税务师资格制度暂行规定》，规定我国的税务代理业务范围包括：

①办理税务登记、变更税务登记和注销税务登记；

②办理除增值税专用发票外的发票领购手续；

③办理纳税申报或扣缴税款报告；

④办理缴纳税款和申请退税；

⑤制作涉税文书；

⑥审查纳税情况；

⑦建账建制、办理账务；

⑧开展税务咨询、受聘税务顾问；

⑨税务行政复议；

⑩国家税务总局规定的其他业务。

2017 年《涉税专业服务监管办法（试行）》规定我国涉税专业服务的范围包括：

①纳税申报代理；

②一般税务咨询；

③专业税务顾问；

④税收策划；

⑤涉税鉴证；

⑥纳税情况审查；

⑦其他税务事项代理；

⑧其他涉税服务。

从我国现行法规看，税务代理业务包括税务咨询和建账建制、办理账务的做法，与日本税理士和韩国税务士的业务较为接近。

截至 2016 年底，全国税务师事务所总计 5 600 家，2016 年全年业务收入 158 亿元，服务纳税人约 200 万户，从业人员 11 万余人。其中，执业的税务师 4.4 万人。

（2）日本。日本的《税理士法》规定，税理士从事的事务是：

①受他人之托从事有关税收方面的事务。

● 税务代理。它是指就有关事项向税务官公署的申报等，向税务官公署基于有关租税的法令或行政不服审查法规定的申报、申请、请求或不服申诉，或者就有关该申报等以及税务官公署的调查或处分向税务官公署提出的主张或陈述，进行代理或代办。

● 税务文件拟订。它是指填制和向税务官公署申报等相关的申报书、申请书、付款通知单、不服申斥书及根据其他有关税收法令和大藏省政令的规定拟订并向税务官公署提交的文件。

● 税务咨询。它是指就有关事项向税务官公署的申报等，向税务官公署基于有关租税的法令或行政不服审查法规定的申报、申请、请求或不服申诉，或者就有关该申报等以及税务官公署的调查或处分向税务官公署提出的主张或陈述，就国税课税标准、扣除金额、亏损结转、应纳税额、应退税额的计算事项，提供咨询意见。

②除前款规定的业务外，以税理士名义受他人之托，附带从事拟订财务文件、代办会计记账及其他有关财务的事务，但法律限制从事的业务事项不属此款。

（3）韩国。韩国的《税务士法》规定税务士的业务是："根据纳税义务人的委托，代理进行有关租税的申报（包括为申报所进行的记账业务）、申请及请求（包括共议申请、审查请求及审判请求），以及进行咨询。"

韩国税务士的记账业务仅限于"为申报所进行的记账业务"，与日本税理士和中国税务师的记账业务不同。

2. 税务咨询。

按世界上大多数国家的规定和实践来看，税务咨询是指税务专家就纳税人税务方面问题向纳税人提供意见和建议。

税务咨询的内容有狭义和广义之分。狭义的税务咨询仅指就纳税人的包括有关税法和税务行政方面问题的咨询，向纳税人提供意见和建议。如日本《税理士法》的税务咨询，这种咨询可以成为税务代理的一种业务。广义的税务咨询是指就纳税人所有与税收有关问题的咨询向纳税人提供意见和建议，其中包括帮助纳税人进行税收筹划。

在有些国家，税务代理与税务咨询是有区别的，两者并不是完全相同的业务：代纳税人办理各项具体纳税事宜的行为称为税务代理；向纳税人提供税务方面咨询的行为称为税务咨询。比如，德国曾称从事税务咨询的税务专家为税务顾问，税务咨询是向寻求税务指导的人，经常就其提出的有关问题向其提供税务方面的意见和建议，指导其应当采取的措施；称代理纳税人纳税事宜的人为税务代理人。德国税务代理是代纳税人办理具体的税务行政手续以及其他手续，税务代理人的地位要低于税务顾问。

我国的《税务代理试行办法》把税务咨询业务和税务代理业务统称为"税务代理"业务。日本《税理士法》和韩国《税务士法》的税务代理业务只包括纳税事务上的咨询，不包括广义的税务咨询，相对来说，是真正意义上的税务代理业务。

3. 税收筹划与税务咨询的关系。税收筹划是指制定可以尽量少缴纳税收的纳税人的投资、经营或其他活动的计划。纳税人可以聘请职业税务顾问制定税务计划，也可以就税收筹划向税务顾问咨询，但并不是一定要通过聘请税务顾问或寻求税务咨询才能制定其税务计划；税务咨询可以应纳税人的要求为其制定税务计划，也可以对其税收筹划提出建议和意见，但税务咨询的业务不只是税收筹划。

世界许多国家的政府对税务代理资格没有严格规定，有些国家由行业自行规定，有些国家有严格的准入制度，如日本、韩国；有些国家的税务代理则完全靠自由竞争，如英国、法国、意大利、加拿大等国。不过在有些税务代理是自由竞争的国家，如加拿大，纳税事务可以请人代理，但要纳税人本人签字承担责任。

多数国家法律对税收筹划人的资格一般都没有明确规定，就像各国一般对企业的财务管理人员的资格并不规定一样。不过，就像税务代理和财务管理人员，尽管从法律上讲，美国、英国、法国、意大利、加拿大等国人人可以当税务代理人和财务管理人员，但是人们一般还是会找那些有专业资格、专业知识和专业经验的专业人员做他们的税务代理人和财务管理人员，以避免可能出现的麻烦。税收筹划也一样，纳税人会找有税收筹划知识和经验的专业人员制定他们的税务计划。

（二）税收筹划的起源

税收筹划是税务咨询的一项重要业务，所以税收筹划的起源与税务咨询的起源有密切的关系。谈到税务咨询的历史，人们一般都会想到意大利。据记载，19 世纪中叶意大利税务专家的地位已不断提高，当时的意大利，任何人都可以从事包括税务咨询在内的税务专业。

而谈到现代税务咨询，人们则一般会想起欧洲税务联合会（Confederation Fiscale Eurpeenne）。欧洲税务联合会于 1959 年，在法国巴黎由 5 个欧洲国家的从事税务咨询的专业团体发起成立，其会员是税务顾问和从事税务咨询的专业团体，目前有会员 15 万，分别来自奥地利、比利时、瑞士、德国、英国、丹麦、西班牙、法国、意大利、卢森堡、荷兰等 22 个欧洲国家，由于有些是以团体名义入会的，所以参加欧洲税务联合会的税务顾问实际上更多。欧洲税务联合会明确提出税务专家是以税务咨询为中心开展税务服务，同时从事纳税申报表、财务文件的填报和编制，以及对行政机关、法庭或纳税人的代理等业务，这与日本税理士、韩国税务士以及现在中国的税务师把税务代理放在前面不同，于是真正形成了一种独立于税务代理业务的新业务，这种业务的一个重要内容就是税收筹划。所以，尽管"税收筹划"这个术语较早的时候已经出现，但可以认为税收筹划和对税收筹划的研究是从 20 世纪 50 代末才真正开始的。德国伐克主编的《德国与国际税收百科全书》（Wacker：Lexikon der deutschen und internationalen Besteuerung, Verlag Franz Vahlen, Müchen 1982）的"税收筹划"条目中所引用的最早文献是 H. 肖肯霍夫写的《企业税收筹划》（Schokenhoff, H：Betriebswirtschaftliche Steuerplanung. In：Betriebswirtschaftliche Planung in industriellen

Unternehmungen. Festschrift für Beste. Berlin 1959），它刊载在 1959 年出版的《工业企业计划》文集里。

在 20 世纪 50 年代里，税收筹划开始从企业计划里独立出来，引起了人们的重视，并因此带动了对包括个人税收筹划在内的税收筹划的全面研究，开辟出了一个新的研究领域。

由此可见，尽管税收筹划与税务咨询，特别是与税务代理有别，但从起源来看，税收筹划与税务咨询和税务代理又是相关的。

二、税收筹划产生的原因

（一）税收筹划产生的主观原因

任何税收筹划行为其主观原因都可以归结为一条，那就是利益的驱使。税收筹划是企业对其资产、收益的正当维护，属于企业应有的经济权利。纳税人对经济利益的追求可以说是一种本能，是最大限度地维护自己的利益的行为，具有明显的排他性和利己性的特征。

无论是法人还是自然人，也不管税收是怎样的公正合理，都意味着纳税人直接经济利益的一种损失。所以在这种经济利益的刺激下，一些企业在努力增加收入和降低成本、费用的同时，也在考虑减轻税收负担的问题，以达到利益最大化。这是纳税人进行合法的税收筹划的内在动力和原因。发达国家的企业都非常重视税收筹划问题，大、中型公司一般都聘用了税务专家，前来我国洽谈投资项目的外国代表团中，几乎无一例外地有税务专家。我国的一些大中型企业近年来也逐步意识到了税收筹划的重要性，并逐步将税收筹划提上了议事日程。

（二）税收筹划产生的客观原因

人们大多在为自己本人或集团的利益忙碌着，总希望自己本人或集团的利益最大化，当客观条件允许的时候，就会采取行动。避税正是这样，当国家税法"有意引导""有空可钻"时，纳税人就会想方设法利用税收制度提供的可能性来达到少纳或不纳税的目的。主观愿望和客观条件相结合，造成了税收筹划的产生和存在。税收筹划形成的客观原因主要有以下几个方面：

1. 税收制度的差异性。

> 税收制度的差异性是指税法中各种特殊条款、优惠措施及其他差别规定的存在，客观上造成拥有相同征税对象和相同经营环境的纳税人在不同条件下税负可能存在差异。

这种差异性包括：（1）不同地区间企业税收负担的差异性。如我国设在西部地区国家鼓励类产业企业与一般企业所得税率有15%和25%的区别，在可能的情况下，纳税人选择在西部地区举办企业就可以享受诸多的税收优惠，减轻企业的税负。

（2）不同行业间企业税收负担的差异性。现代经济社会实行复合税制度，不同的行业适用的税种可能不一致；另外，在税收调控经济职能的作用下，不同的行业享受的税收待遇也不一样，这主要取决于国家对各个行业是采取鼓励、扶持还是限制、抑制的政策。上述原因造成了不同行业间企业税收负担的差异性。这种差异性既包括所涉及税种的差异性，也包括税率的差异性。

（3）不同规模企业税收负担的差异性。我国现行增值税制度和所得税制度对不同规模的企业都有区别对待的政策。如我国小型微利企业减按20%征收企业所得税。而增值税制度将纳税人划分为一般纳税人和小规模纳税人，并已实行不同的增值税征收管理方法，其意图是规范增值税的征收管理，并促进小规模纳税人健全会计核算制度，但实质上造成一种对小规模纳税人的税收歧视。这种区别对待的政策给企业的税收筹划安排带来了选择空间。

（4）不同组织结构企业税负的差异性。在我国，股份制企业特别是上市公司与非股份制企业间存在税收制度差异，这也给纳税人进行税收筹划提供了空间。

（5）不同投资方向的企业税负的差异性。如我国税法给予了高新技术开发区内的高新技术企业一系列税收优惠，企业只要设法使自己满足高新技术企业条件并在高新技术开发区内进行注册登记，就可以享受税收优惠，降低税收负担。

可以说，税收差异的广泛存在，为纳税人采取各种手段避重就轻选择对自己有利的纳税方案提供了前提条件。

2. 税收法律的弹性。

> 国家对纳税人的经营活动征税，就要制定能够应对复杂的经济活动的税收制度。这就要求税收法律具有一定的弹性。

经济活动是复杂多变的，纳税人的经营方式也是多种多样的。国家要对纳税人的经营活动征税，就要制定能够应对复杂的经济活动的税收制度，这就要求税收法律具有一定的弹性，这种弹性也给纳税人的税收筹划提供了可能性。

（1）纳税人定义上的可变通性。任何一种税都要对其特定的纳税人给予法律的界定。这种界定，理论上包括的对象和实际包括的对象差别极大。这种差别的原因在于纳税人的变通性，特定的纳税人缴纳特定的税收。正是这种变通性诱发纳税人的税收筹划行为。纳税人如果能设法证明自己不是某种税收的纳税人，自然也就不必缴纳这种税了。

例如我国增值税是指对在我国境内销售货物，提供加工修理修配劳务，销售服务、无形资产及不动产，以及进口货物的企业、单位和个人，就其销售货物、提供应税劳务、发生应税行为的增值额和货物进口金额为计税依据而课征的一种流转税。也就是说，中华人民共和国境内销售货物、提供应税劳务、发生应税行为以及进口货物的单位和个人，只要经营的项目属于国家税法列举的项目，就得按增值额和货物进口金额和相应的税率缴纳增值税。假如某企业从事销售不动产业务，但该企业熟知增值税条例中规定的纳税人的界定范围，将销售不动产转化为以不动产进行投资享受被投资企业利润分红，几年内（如5年）所分得的红利正好相当于不动产的销售价格。按照税法规定，以不动产进行投资的纳税人不属于增值税的纳税人范围，从而该企业就可以成功地逃避税收负担。

（2）征税范围的弹性。征税范围是可大可小的，税法上往往难以准确界定。例如企业所得税是对企业的生产经营所得和其他所得征税，"所得"的范围就很难把握。在世界各国的税法中，所得也没有一个统一的标准。从理论上说，应纳税所得额应该等于企业收入总额减去准予扣除项目金额，单从准予扣除项目金额来说，税法只是作了一系列较抽象的界定，纳税人完全可以通过一定的技术处理，使自己的征税对象游离于征税范围之外，或者将高税范围的对象转移于低税范围之中，从而不纳或少纳税。例如企业开支的招待费有严格的限额规定，但是如果企业将招待费处理为会议费、佣金等就可以将超限额的招待费在税前开支，从而减轻企业的所得税负担。

纳税人利用征税范围的弹性进行避税的欲望最主要地体现于所得税上，扩大成本、费用等扣除项目金额而缩小征税项目的金额、缩小征税范围，是最惯用的形式。

（3）计税依据的可调整性。税额的计算关键取决于两个因素：一是课税对象金额，即计税依据；二是适用税率。税额就取决于计税依据金额的大小和税率的高低。纳税人在既定税率前提下，计税依据愈小，税额也就愈小，纳税人税负也就愈轻。为此，纳税人就会想方设法研究如何缩小计税依据，从而达到减少税额的目的。

例如，企业自产自用应纳消费税的消费品，其应纳消费税额的计算，如果企业没有同类产品的价格，就需计算组成计税价格并以组成计税价格作为计税依据。而组成计税价格与企业生产成本成正比，因此，企业可通过人为缩小成本，从而缩小组成计税价格，达到少纳税额的目的。

（4）税率的差异性。税率是税额多少的一个重要因素。当课税对象金额一定时，税率越高税额越多，税率越低税额越少。税率与税额的这种密切关系诱发纳税人尽可能避开高税率，寻求低税率。税制中不同税种有不同税率，同一税种中不同税项也有不同税率，"一种一率"和"一目一率"上的差异性，是避税的又一绝好机遇。

> 税率的差异性指当课税对象金额一定时，税率越高税额越多，税率越低税额越少。

所得税中的累进税率对避税具有特别的刺激。高边际税率常常使人们望而生畏，低边际税率对人具有磁石般的吸引力。因为高、低边际税率一般相差好几倍，有的甚至十几倍，它对税负轻重的影响实在不能不让人心动。人们最关心的是，每当他新增1元钱，政府会从其中拿走多少？边际税率是50%时，纳税人与政府平分新增的收益，或许纳税人对此尚可接受。若边际税率高于50%时，纳税人就会感到新增收益的"大头"被政府拿走，其不满情绪极易滋生，并想方设法去减轻税负进行避税。有些国家的边际税率很高，为此有些人不惜为避税而移居国外，或对生活方式和企业决策作出重大改变。

（5）税收减免优惠的诱发性。各国税制中都有较多的减免税优惠，这对人们进行税收筹划既是条件又是激励。它的形式包括有税额减免、税基扣除、税率降低、起征点、免征额、加速折旧等，这些都对税收筹划具有诱导作用。

> 税收优惠是政府为达到一定的政治、社会和经济目的对纳税人实行的税收鼓励。

以起征点避税为例。我国税法规定对个体户每月销售收入或服务收入达不到规定的起征点的，可免于征收增值税。那么经营规模较小的（收入额在起征点上下）纳税人就会尽可能通过合法形式使其收入额在起征点以下，以便避税。

所以，税收中的减免税照顾，诱发众多纳税人争取取得这种优惠，千方百计使自己符合减免税的条件。总之，各种税收优惠只要一开口，就必然有漏洞可钻，特别是在执法不严的情况下更是如此。

3. 税收法律的漏洞。任何税法都不可能是尽善尽美的，也不可能对征税中所涉及的各种问题都作出严密而周全的规定。税法上的缺陷和漏洞使纳税人的主观避税愿望有可能通过对税法不足之处的利用得以实现。就我国而言，税收法律方面的漏洞主要有：

（1）税法条文过于具体。任何具体的东西都不可能包罗万象、完美无缺，过于具体的税法条文会造成一部分应税行为游离于税法的规定之外，从而给这些应税行为的避税提供了机会。如我国目前对电子商务的征税问题就没有具体规定。

（2）税法条文不明晰。税法中有些规定过于抽象，不便于操作，这也许对纳税人有利，也许对纳税人不利，关键看纳税人如何争取对政策的理解和税务部门的支持。如现行增值税制度和消费税制度要求商品交易按公允价格进行处理，如果出现无正当理由而价格明显偏低的现象，税务机关有权依照有关规定对交易价格进行调整甚至对企业实施处罚。但在实际操作中，计税价格到底低到什么程度才叫明显偏低，标准不确定，可操作性较差。

（3）税法条文不一致。由于税收政策随着经济的发展总是处于调整和变化状况，导致有些税法条文前后不一致，这给纳税人进行税收筹划以可乘之机。

（4）税法条文不严密。许多税收优惠条款没有防范避税的规定，使纳税人存在滥用优惠条款的可能。如未满 5 年的二手房交易实行征收个税后，不少交易者采用"先租 5 年再买"、卖房变赠与等办法进行避税。

4. 通货膨胀因素。

> 通货膨胀指的是物价水平持续而迅速上涨的一种货币现象。

在当今世界中，通货膨胀是许多国家面临的一大难题。通货膨胀的重要标志之一就是货币贬值。因为它造成名义收入增多，等量货币的实际购买力下降，在累进性税收制度下，往往会把纳税人推向更高的纳税档次。就是说，累进所得税制度与通货膨胀的结合，可以使政府悄然无声地从纳税人的真实所得或财产那里取走越来越大的份额。同时，纳税人按历史成本所提取的折旧和其他项目的税前扣除，不足以补偿和反映通货膨胀与原来的同等的购买力，对纳税人的生产经营或生活造成很不利的影响。因此，在通货膨胀的影响下，大多数纳税人会产生强烈的避税动机。

5. 先进的避税手段。科学技术的发展、管理水平的提高、现代化管理工具的运用，都有利于纳税人避税。它一方面使避税手段更为高明，避税更易成功；另一方面也促使政府更有效地反避税。避税与反避税在更高水平上的较量，其结果推进了避税向更高和更新的层次发展。

三、税收筹划产生的条件

税收筹划一方面要帮助纳税人，另一方面又要向税法和税务机关负责，所以税收筹划的产生和发展要有一定的条件。

（一）承认纳税人权利

重视民法的国家强调公民的权利（rights），重视刑法的国家强调公民的义务（obligation）。实际上权利与义务是辩证统一的，没有一个国家只有权利而没有义务，也没有一个国家只有义务而没有权利。重视民法的国家的法律一般对禁止的行为做出规定，没被禁止的行为是权利，即逆向规定权利；重视刑法的国家的法律一般对权利作出规定。税收筹划是保护纳税人权利，无论哪类国家，承认纳税人的权利是税收筹划产生和开展的条件。

纳税人最大和最基本的权利，是不需要缴纳比税法规定的更多的税收。纳税人的税务行政复议等权利，都是从纳税人不需要缴纳比税法规定的更多的税收这项最基本权利派生出来的。

税收筹划的法律依据，各国不同。在英国，最广泛地被引用的法律根据，是1935年英国上议院汤姆林勋爵在"国内税务局专员与威斯特敏斯特公爵诉讼案"中著名的司法声明："任何人都有权根据恰当的法律来安排他的事务，使缴纳的税收比没有这样安排的要少。如果他成功地这样安排，使缴纳的税收减少了，那尽管国内税务局专员或其他纳税人可能不欣赏他的精心筹划，他是不能被强迫多缴纳税收的。"从此，英国及许多受英国影响的国家的税务案例都参照了这一判例的精神来处理纳税人的税收筹划。1947年，美国法官汉德在一个美国税务案件中又有如下一段作为美国税收筹划法律依据的话："法院一直认为，人们安排自己的活动以达到低税负目的，是不可指责的。每个人都可以这样做，不论他是富人，还是穷人。而且这样做是完全正当的，因为他无须超过法律的规定来承担国家税收。税收是强制课征，而不是自愿捐献，以道德的名义来要求税收，纯粹是侈谈。"英国和美国的这两个判例不但对与这两个国家有密切关系的国家影响很大，对其他国家也有一定的影响。

（二）法制健全和透明

仅仅承认纳税人的权利还不够，税收筹划的产生和发展还要求有一个健全和透明的法制，一个保障纳税人权利可以得到实现的制度。纳税人的权利是否能实现，要靠法制。任何国家都有法，但不一定有法制，任何国家都有税法，但不一定有税收法制。在法制不健全、不透明的国家，在人治的国家，税收和税收筹划都得不到法律保证：一方面是基层征税人员说了算，税收流失严重；另一方面非征税人员的税收筹划到头来是一场空。税收筹划是不会在这样的条件下产生的，即使引进也不会很好地开展。只有在保证纳税人权利的制度法律化和透明化，并且这些制度能够保证完全执行的情况下，税收筹划才会有意义。综观世界各国，税收筹划开展得较好的国家，无一不是法制健全和透明的国家。

第三节　税收筹划的原则、特征和分类

一、税收筹划的原则

税收筹划可以采用不同的手段和方法，既可以减少纳税人纳税义务又可以贯彻国家政策的税收筹划应该遵循一定的原则。这些原则可以归纳为以下四类八项：

（一）法律原则

1. 合法性原则。在税收筹划中，首先必须要严格遵循筹划的合法性原则。偷逃税收也可以减轻纳税人的税收负担，但是违背了税收筹划的合法性原则。

税收是政府凭借国家政治权力，按照税收法律规定，强制地、无偿地取得财政收入的一种方式。税收法律是国家以征税方式取得财政收入的法律规范，税法调整税收征纳双方的征纳关系，形成征纳双方各自的权利与义务，征纳双方都必须遵守。严格地按照税法规定充分地尽其义务，享有其权利，才符合法律规定，即才合法。税收筹划只有在遵守合法性原则的条件下，才可以考虑纳税人少缴纳税的各种方式。

2. 合理性原则。在税收筹划中，还要遵循筹划的合理性原则，注意税收筹划要符合包括税收政策在内的各项国家政策精神。那些不符合国家政策精神的行为，如钻税法漏洞的行为等，不符合税收筹划的合理性原则。

在市场经济条件下，国家把税收制度作为间接调控宏观经济和微观经济的一个重要手段。税收政策调控涉及的面非常广泛，从国家的宏观经济发展战略到国家的微观经济发展战略，从财政、经济领域到社会领域，各地区、各行各业的各种行为都可能有不同的税收待遇，这些行为只要符合国家法律精神，都是合理的行为。反之，则是不合理行为。

税收优惠是国家政策的一个重要组成部分，符合国家政策的某些行为可能享受不同的税收优惠。纳税人通过符合和贯彻国家政策的行为而取得的税收优惠被称为"税收利益"（tax benefit）。税收利益是指通过节税少缴纳的税款，税收利益通常被认为是纳税人的正当受益。税收利益是政府的"税式支出"（tax expenditure）。税式支

出也称为税收支出，指因政府实施税收优惠项目而造成的政府财政收入减少。由于它与税收收入相左，与直接的财政支出相似，所以称为税收支出。在一些国家，政府的税收优惠往往在其税式支出预算或计划里表现出来。纳税人取得税收利益的行为，也是合理的行为。

3. 规范性原则。税收筹划还要遵循筹划的规范性原则。税收筹划不单单是税务方面的问题，还涉及许多其他方面的问题，包括财务、会计等各领域，金融、制造业等各行业，东南西北各地区等各方面的问题，税收筹划要遵循各领域、各行业、各地区约定俗成或明文规定的各种制度和标准。比如，在财务、会计筹划上要遵循会计准则、会计制度等的规范制度，在行业筹划上要遵循各行业制定的规范制度，在地区筹划上要遵循地区规范，以规范的行为方式和方法，来制定相应的节减税收的方式和方法。

（二）财务原则

1. 财务利益最大化原则。

> 财务利益最大化原则是指税收筹划的最主要目的是要使纳税人的可支配财务利益最大化，即税后财务利益最大化。

税收筹划的最主要目的，归根结底是要使纳税人的可支配财务利益最大化，即税后财务利益最大化。对于个人，要使个人税后财务利益最大化；对于企业，要使企业税后财务利益最大化。纳税人财务利益最大化除了要考虑节减税收外，还要考虑纳税人的综合经济利益最大化：不仅要考虑纳税人现在的财务利益，还要考虑纳税人未来的财务利益；不仅要考虑纳税人的短期利益，还要考虑纳税人的长期利益；不仅要考虑纳税人的所得增加，还要考虑纳税人的资本增值。

2. 稳健性原则。税收筹划在追求纳税人财务利益最大化时，还必须注意筹划的稳健性原则。一般来说，纳税人的节税收益越大，风险也越大。各种节减税收的方式和方法都有一定的风险，节税收益与税制变化风险、市场风险、利率风险、债务风险、汇率风险、通货膨胀风险等是紧密联系在一起的。税收筹划要尽量使风险最小化，要在节税收益与节税风险之间进行必要的权衡，以保证能够真正取得财务利益。

（三）社会责任原则

> 社会责任原则指纳税人在进行税收筹划时，必须考虑作为一个社会成员的纳税人所应该承担的社会责任。

　　纳税人不管是个人还是企业，都是社会成员，因此都应承担一定的社会责任。私人的经营行为要产生外部效应，这种外部效应有时是外部效益，如增加社会就业机会、为社会提供更多的消费品、向社会提供更多的税收等，这时私人的社会责任与其财务利益总的来说是一致的；但私人经营行为的外部效应有时是外部成本，如污染环境、浪费自然资源等，此时私人的社会责任与其财务利益存在着矛盾。承担过多的社会责任要影响纳税人的财务利益，但是，在税收筹划时必须考虑作为一个社会成员的纳税人所应该承担的社会责任。

（四）筹划管理原则

　　1. 便利性原则。纳税人可选择的节减税收的方式和方法很多，税收筹划在选择各种节税方案时，选择的方案应是越容易操作的越好，越简单的越好，这就是税收筹划的便利性原则。比如，凡是能够用简单方法的，不要用复杂方法；能够就近解决的，不要舍近求远等。技术性税收筹划更应遵循此项原则。

　　2. 节约性原则。税收筹划可以使纳税人获得利益，但无论由自己内部筹划，还是由外部筹划，都要耗费一定的人力、物力和财力，比如，企业税收筹划，不论是在企业内设立专门部门，还是聘请外部专业税收筹划顾问，都要发生额外费用。税收筹划要尽量使筹划成本费用降低到最小程度，使筹划效益达到最大程度。

二、税收筹划的特征

　　税收筹划的实质是依法合理纳税，最大程度地降低纳税风险。税收筹划具有合法性、超前性、目的性、综合性和风险性等特征。

　　1. 合法性，是指税收筹划只能在法律许可的范围内进行，违反法律规定，逃避税收负担，应承担相应的法律责任。征纳关系是税收的基本关系，税法是规范征纳关系的基本准则。纳税人具有依法纳税的责任和义务，税务机关的征税行为也必须受到税法的规范。纳税人发生纳税义务后，应按照税法的规定及时、足额缴纳税款，任何不纳、少纳或推迟缴纳税款的行为都是违法的，税务机关应根据税法的有关规定予以处罚。纳税人为规避和减轻税负而置法律于不顾的偷逃税行为显然应受到法律制裁，这是无可非议的。但当纳税人进行经营或投资活动，面临两个或两个以上的纳税方案时，纳税人可以为实现最小合理纳税而进行设计和筹划，选择低税负方案。这也正是税收政策引导经济、调节纳税人经营行为的重要作用之一。

　　2. 超前性，表示事先规划、设计、安排的意思。纳税行为相对于经济行为而言，具有滞后性的特点。企业交易行为发生之后，才有缴纳增值税或销售税的义务；收益实现或分配之后，才计缴所得税；财产取得之后，才缴纳财产税。这在客观上为纳税人提供了纳税前做出事先筹划或安排的机会。另外，纳税人和征税对象的性质不同，税收待遇也往往不同。这样纳税人可以针对税法及税收制度的有关具体规定，结合自身的实际情况以做出投资、经营和财务决策。如果经营活动已经发生，应纳税收已经确定而再去谋求少纳或不纳税款则不能认为是税收筹划。

3. 目的性，是指纳税人进行税收筹划，其目的在于减少纳税，谋求最大的税收利益。谋求税收利益有两层含义：一是选择低税负，低税负意味着低的税收成本，低的税收成本意味着高的资本回收率；二是滞延纳税时间（非拖欠税款行为），纳税期的滞延，相当于企业在滞延期内得到一笔与滞延税款相等的政府无息贷款。另外，在通货膨胀环境中，纳税时间的推后，还可以减少企业的实际纳税支出。

4. 综合性，是指税收筹划应着眼于纳税人资本总收益的长期稳定的增长，而不是着眼于个别税种税负的高低或纳税人整体税负的轻重。这是因为，一种税少纳了，另一种税有可能要多缴，整体税负不一定减轻。另外，纳税支出最小化的方案不一定等于资本收益最大化方案。进行投资、经营决策时，除了考虑税收因素外，还必须考虑其他多种因素，综合决策，以达到总体收益最大化的目的。

5. 风险性，是税收筹划活动因各种原因失败而付出的代价。税收筹划过程中的操作风险是客观存在的。这主要包括：一是日常的纳税核算从表面或局部的角度看是按税法规定操作的，但由于对有关税收政策的精神把握不准，造成事实上的偷税，由于未依法纳税而面临税务处罚的风险；二是对有关税收优惠政策的运用和执行不到位，面临税务处罚的风险；三是在系统性税收筹划过程中对税收政策的整体性把握不够形成的风险；四是对企业的情况没有全面比较和分析，导致筹划成本大于筹划成果，或者筹划方向与企业的总体目标不一致，表面上看有成果，而实际上企业并未从中得到实惠。

上述特征的存在，决定了税收筹划是一门综合性学科，涉及税收、会计、财务、企业管理、经营管理等多方面知识，其专业性相当强，需要很强的专业技能来进行操作，以规避风险。

三、税收筹划的分类

按照不同标准，税收筹划可以划分为不同的类别。

（一）按税收筹划服务对象是企业还是个人分类

按税收筹划服务对象是企业还是个人分类，税收筹划可以分为企业税收筹划与个人税收筹划两类。

企业税收筹划是指制定可以尽量少缴纳税收的企业投资、经营或其他活动的税务计划，即凡以企业税收为筹划对象的税收筹划为企业税收筹划。

个人税收筹划是指制定可以尽量少缴纳税收的个人投资、经营或其他活动的税务计划，即凡以个人税收为筹划对象的税收筹划为个人税收筹划。

（二）按税收筹划地区是否跨国分类

按税收筹划地区是否跨越国境分类，税收筹划可以分为国内税收筹划与国际税收筹划。

国内税收筹划是指制定可以尽量少缴纳税收的纳税人国内投资、经营或其他国内活动的税务计划，即凡一国范围之内的税收筹划为国内税收筹划。

国际税收筹划是指制定可以尽量少缴纳税收的纳税人跨国投资、经营或其他跨国活动的税务计划，即凡全球范围税收的税收筹划为国际税收筹划。

（三）按税收筹划是否仅针对特别税务事件分类

按税收筹划是否仅针对特别税务事件分类，税收筹划可分为一般税收筹划与特别税收筹划。

一般税收筹划是指在一般情况下制定可以尽量少缴纳税收的纳税人投资、经营或其他活动的税务计划。

特别税收筹划是指仅针对特别税务事件制定可以尽量少缴纳税收的纳税人投资、经营或其他活动的税务计划。特别税务事件是指企业合并、企业收购、企业解散、个人财产捐赠、个人财产遗赠等。

（四）按税务计划期长短分类

按税务计划期长短分类，税收筹划可分为短期税收筹划与长期税收筹划。

短期税收筹划是指制定可以尽量少缴纳税收的纳税人短期（通常不超过 1 年）投资、经营或其他活动的税务计划。许多针对特别税务事件的税收筹划也可以归入这类税收筹划。

长期税收筹划是指制定可以尽量少缴纳税收的纳税人长期（通常为 1 年以上）

投资、经营或其他活动的税务计划。

（五）按税收筹划人是纳税人内部人员还是外部人员分类

按税收筹划人是纳税人内部人员还是外部人员分类，税收筹划可以分为内部税收筹划与外部税收筹划。

内部税收筹划是指由企业内部专家制定可以尽量少缴纳税收的纳税人投资、经营或其他活动的税务计划。比如，由企业内部税务专家进行本企业的税收筹划。

外部税收筹划是指由企业外部专家制定可以尽量少缴纳税收的纳税人投资、经营或其他活动的税务计划。比如，聘请企业外部税务专家进行企业的税收筹划。

（六）按税收筹划采用的技术方法分类

按税收筹划采用的技术方法分类，税收筹划可分为技术派和实用派。

技术派税收筹划是指广泛地采用财务分析技术，包括复杂的现代财务原理和技术来制定可以尽量少缴纳税收的纳税人投资、经营或其他活动的税务计划。

实用派税收筹划是指采用简单、直观、实用的方法来制定可以尽量少缴纳税收的纳税人投资、经营或其他活动的税务计划。实用派反对使用复杂的财务技术。

（七）按税收筹划采用减轻纳税人税负的手段分类

按税收筹划采用减轻纳税人税负的手段分类，税收筹划可分为政策派税收筹划与漏洞派税收筹划。现在各国的税收筹划，通过逃税手段来减少纳税人总纳税义务的相对来说较少，一般都通过"合法"手段。但在实践中，可分为政策派税收筹划与漏洞派税收筹划。

漏洞派税收筹划也称为避税派税收筹划，认为利用税法漏洞不违法即"合法"，只要遵循不违法这个游戏规则，不"过激"，税收筹划是与政府玩老鼠戏猫的游戏，政府补这个漏洞，税收筹划可以钻那个漏洞。漏洞派税收筹划实质上是通过节税和避税两种手段来减少纳税人总纳税义务。

政策派税收筹划也称为节税派税收筹划，认为税收筹划要遵循税法和合理地运用国家政策。政策派税收筹划实质上是通过节税手段减少纳税人总纳税义务。

第四节　税收筹划的意义

税收筹划不仅有利于企业管理人员加强内部管理，提高企业经济效益，而且有利于政府决策部门及时发现税法和税收制度中存在的问题，从而进一步健全税收制度，完善税收体系。税收筹划的产生，是社会经济生活进步的表现。其对社会的积极作用可以从宏观和微观两个方面来考察。

一、税收筹划的微观意义

（一）税收筹划有利于提高纳税人的纳税意识

企业要想成功地实现税收筹划，必须要对国家税法相当地熟悉和充分地理解。基于此，税收筹划促使纳税人在谋求合法税收利益的驱动下，会主动自觉地学习和钻研税收法律法规，自觉、主动地履行纳税义务，不违背和不违反税法的规定。从而可以有效地提高纳税人的税收法律意识。税收筹划与纳税意识的增强一般具有一致性和同步性的关系，开展税收筹划是纳税人纳税意识提高到一定阶段的表现。也就是说，进行税收筹划或税收筹划搞得好的企业，其纳税意识往往也比较强。因此，企业进行税收筹划可以增强企业的法律意识，构造积极主动的国民纳税观念，从整体上提高全民税收法律意识，实现市场经济条件下的依法治税目标。

企业纳税意识强主要表现在以下方面：

（1）财务会计核算规范，账、证、表齐全并依法编制；

（2）按有关规定及时办理营业登记、税务登记手续；

（3）及时、足额地申报缴纳各种税款；

（4）主动配合税务机关的纳税检查；

（5）主动接受税务机关的处罚，如上缴滞纳金及罚款等。

而这些方面的表现正是企业开展税收筹划的基本要求。

（二）税收筹划可以给企业带来直接的经济利益

在市场经济条件下，税收负担是企业的一项经营成本，它与企业利润存在着此增彼减的关系，纳税人如果能通过税收筹划减轻税负，则其创造的价值和利润就有更多的部分留归自己。只要符合国家的税收政策，不违背国家法规，企业精心安排自己的经营决策方案，筹划自己的纳税行为，计算合理的税收负担，并给自己带来直接的经济利益等，这些都是值得支持和鼓励的。

（三）税收筹划有利于提高企业的经营管理水平

税收筹划是一种高智商的增值活动，为进行税收筹划企业必须启用高素质、高水平人才，这必然为企业经营管理更上一层楼奠定良好基础。另外，税收筹划主要就是谋划资金流程，它是以健全的财务会计核算为条件的，企业为进行税收筹划就需要建立健全财务会计制度，规范财会管理，这会促使企业经营管理水平不断跃上新台阶。高素质的财务会计人员，规范的财会制度，真实可靠的财会信息资料是成功进行税收筹划的条件。创造这些条件的过程，也正是不断提高企业经营管理水平的过程。

二、税收筹划的宏观意义

（一）税收筹划有利于实现税收的宏观调控功能

税收是政府进行宏观调控的最重要的杠杆之一，而纳税人进行税收筹划的动机与行为则是实现税收宏观调控功能的必要条件。国家通过税收政策形成一定的税负分布，以引导社会资源的合理配置，保护自然环境，调节社会财富分配的不均。税收政策直接作用于市场，其政策目标的实现有赖于作为市场主体的纳税人对国家政策作出正确积极的回应。成功的税收筹划意味着纳税人对国家制定的税收法律、法规的全面理解和运用，对国家税收政策意图的准确把握。如果纳税人完全没有避税意识，对税负的变化完全没有反应，税收的政策目标显然就不能实现。

纳税人根据税收政策的差别及各项税收优惠政策，通过税收筹划对纳税方案进行择优，尽管在主观上是为了减轻自己的税收负担，但在客观上却是在国家税收经济杠杆作用下，逐步走向优化产业结构和合理配置资源的道路。我们可以认为，纳税人的税收筹划行为体现了国家的产业政策，它能够使得税收杠杆更好地发挥国家的宏观调控职能。

（二）税收筹划有利于税法的不断完善

国家的税收法律、法规、制度虽经不断完善，但在不同时期，仍可能存在覆盖面上的空白点，衔接上的间隙处和掌握上的模糊等不足之处。企业进行税收筹划活动是在尊重法律、遵守税法的前提下，对国家已有税法的不完善及特有缺陷的利用和显示说明，是纳税人对国家税法及有关税收经济政策的反馈行为，这就为国家进一步完善税收政策、法律法规提供了依据，起到了对税收法规的验证作用。国家可以不断地根据经济社会发展及经济社会已经出现的税收筹划现象及时分析原因，了解税收法规和税收征管中的不尽合理和不完善之处，并适时地对税法进行补充、修订、调整。所以说企业税收筹划有助于国家税法的进一步完善和税收制度的进一步健全，有助于经济生活的规范化和社会生活的规范化。

（三）税收筹划有利于涵养税源

纳税人按照国家税收政策进行税收筹划，不但降低了企业税收负担，而且可以促进产业布局的逐步合理调整和生产力的进一步发展，实现国民经济健康、有序、稳步发展。企业规模增大了，收入和利润增加了，国家税收收入也将与之同步增长。所以，从长远和整体来看，税收筹划有利于涵养税源，促进社会经济的长期发展和繁荣。

税收筹划是企业对社会赋予其权利的具体运用，是企业以减轻税负、增加利润为目的的正当、合法行为。它不该因企业的所有制性质、组织形式、经营状况、贡献大小不同而具有不同的地位。在税收筹划上，政府不能以外资企业与内资企业划分界限，也不能以国有企业、民营企业和私有企业划分界限，对一部分企业的税收筹划行为采取默许或认同态度，对另一部分企业的税收筹划行为则加以反对和制止。其实，反对企业正当的税收筹划活动，恰恰助长了偷税、逃税及抗税等违法行为的滋生。因此，鼓励企业依法纳税、遵守税法的最明智的办法是让企业（纳税人）充分享受其应有的税收筹划权利，促使其研究税法，遵守税法，并依法纳税。

第五节 税收筹划的研究和发展

一、税收筹划的研究现状

（一）国外税收筹划的开展和研究现状

作为维护企业自身权利的合法手段，税收筹划在西方国家经历了由被排斥、否定到认可、接受的过程，直到 20 世纪 30 年代后，税务筹划才得到西方国家法律界和政府当局的认同。下面是一些国家的税收筹划概况。

英国的税务咨询和税务代理业务统称为"税务专业"（tax profession）。在英国，人人可以从事税务咨询和代理。英国的税务专业人员出现在 1920 年，1930 年建立了特许税务公会（chartered institute of taxation），是税务专家的专业团体。它下面还有税务专业人员联盟，是从事税务专业人员的团体。英国没有关于税务专家的专门法律，只在《税收管理法案》中提到税务顾问和税务会计，税务会计帮助纳税人制作纳税申报表，税务顾问对纳税人其他税务事务提建议。英国的税务专家一般来说主要有三类：一是特许税务顾问（chartered tax adviser），包括税务顾问、增值税顾问、预提税顾问、税收筹划师、公司税筹划师等；二是会计师，包括特许会计师（chartered accountants）、特许公认会计师（chartered certified accountants）等；三是律师（barristers）。

在美国，任何人都可以从事税务咨询和代理，不一定是税务专家。但在一般情况下，税务代理是由注册代理人（enrolled agent）、注册会计师（certified public accountant）和律师进行的。个人和个体经营者的纳税事务往往请注册代理人代理，大公司与财务有关的税务问题往往请会计师代理，而大公司的税务诉讼则往往请律师代理。美国的注册代理人制度可以追溯到1884年，现行的税务注册代理人制度是以1966年《财政部通告230号》为依据制定的。由于美国注册代理人要经美国国内税务局考试或连续5年在税务机关工作，所以是唯一由政府认可的税务代理专家。在美国，注册代理人可以进行税收筹划，不过，其他人也可以进行包括税收筹划在内的税务咨询以及税务代理。

在加拿大，人人可以从事税务咨询和代理，开办税务咨询公司。在加拿大从事税务专业的人员一般有特许会计师（chartered accountant）、注册会计师（certifled general accountant）、公认管理会计师（certified management accountant）、税务律师以及无专业资格而从事税务业务的人员等。

澳大利亚规定，不收费的税务咨询和代理人人可以进行；收费的税务咨询只有律师和经过注册登记的税务代理人才可以进行；收费的税务代理必须登记后才能进行，包括律师也要登记。注册登记要求满足一定的学历、工作年限等条件。澳大利亚现行的税务代理人登记制度是在1963年确立的。关于税收筹划，1993年澳大利亚税务代理人制度改革委员会在其中期答辩中曾加以阐述，认为不应该要求税收筹划人作为税务代理人进行登记。

综上分析，西方国家的税收筹划现状具有以下特点：

1. 西方国家的税收筹划几乎家喻户晓。在企业尤其是大企业的财务决策活动中，通常税收筹划是先行的习惯性做法。我们可以看到，外国投资者在我国投资新办涉外企业之前，往往先将税法和相关税收规定作为重点考察内容进行研究。这可以说明国外公司对税收筹划的重视程度。

2. 西方国家的税收筹划专业性强。在西方国家，自20世纪50年代以来，税收筹划专业化趋势十分明显。许多企业、公司都聘用税务顾问、税务律师、审计师、会计师、国际金融顾问等高级专门人才从事税收筹划活动，以节约税金支出。同时，也有众多的会计师、律师和税务师事务所纷纷开辟和发展有关税收筹划的咨询和代理业务。如日本有85%以上的企业委托税理士事务所代办纳税事宜；美国约有50%的企业其纳税事宜是委托税务代理人代为办理的；澳大利亚约有70%以上的纳税人也是通过税务代理人办理涉税事宜的。

3. 税收筹划的行业性特征日渐显露。近年来，税收筹划活动领域的行业化现象越来越明显。这里所谓的行业化是指税收筹划人员专门为某项特定经济活动在纳税方面出谋划策。在20世纪末期，美国出现了专为金融工程进行税收筹划的金融工程师。金融工程指创新金融工具与金融手段的设计、开发与实施以及对金融问题给予创造性的解决。参与金融工程的人员称为金融工程师，其中税务人员必不可少，这是因为在美国金融领域，敌意接管、债券调换等纯粹因为税收利益所驱动的交易大量存在，如果不注意税收问题，势必造成巨大的损失。

4. 有专门的税务会计。许多国家的企业都设置了专门的税务会计，税务会计在企业税收筹划活动中发挥着显著作用。税务会计的职责：一是根据税收法规对应税收入、可扣除项目、应税利润和应税财产进行确认和计量，计算和缴纳应缴税金，编制纳税申报表来满足税务机关等利益主体对税务信息的要求；二是根据税法和企业的发展计划对企业税金支出进行预测，对企业涉税活动进行合理筹划，发挥税务会计的融资作用，尽可能使企业税收负担降到最低。随着通货膨胀和高利率的出现，企业管理者普遍增强了货币的时间观念，税务会计研究的重心逐步转移到第二职能，由于成效显著，税务会计在西方得以迅速发展。

5. 重视税收筹划知识教育和培训。国外较重视对经济类人才的税收筹划知识教育和培训。如在美国的财会、管理等专业的学习中，一门必学的课程是学习怎样才能减少缴纳的税金，即纳税筹划。

（二）我国企业税收筹划的研究现状

在西方国家被视为智慧者的文明行为的税收筹划，在我国过去较长时期被人们视为神秘地带和禁区。直到1994年，我国第一部由中国国际税收研究会副会长、福州市税务学会会长唐腾翔与唐向撰写的题为《税收筹划》的专著由中国财经出版社出版，才揭开了税收筹划的神秘面纱。该书把税收筹划和避税问题从理论上予以科学的界定，正确区分避税与税收筹划的界限，引导企业正确理解税收筹划，并提醒企业必须遏制逆法避税。

近年来，税收筹划不仅开始悄悄地进入人们的生活，企业的税收筹划主动性也在不断增强，税收筹划意识不断提高，而且随着我国税收环境的日渐改善，税收筹划更被一些有识之士和专业税务代理机构看好，不少中介机构已开始介入企业税收筹划活动，其发展势头甚猛，这反映了社会对税收筹划的迫切需求。

从目前一些专业机构为纳税人所做的税收筹划的实际情况看，大致可分为三个层次：一是最高境界的投资战略筹划；二是税收管理方面的筹划，将税收筹划运用到企业的日常财务管理中，使企业在合法合理的范围内，减轻税负，增加收益；三是税收筹划个案的解决，只针对企业的某一项具体问题提出解决方案。其中，应用最广泛的是第三个层次的税收筹划。

由于税收筹划在我国出现的时间很短，尽管目前有关税收筹划的专著已不少见，但整体上系统地对税收筹划的理论和实务的探讨还比较缺乏，税收筹划的研究在我国尚属一个新课题。

（三）在我国从事税收筹划的困难

在我国，税收筹划的发展受到以下几方面因素制约：

1. 观念陈旧。由于税收筹划在我国起步较晚，税务机关的依法治税水平和全社会的纳税意识离发达国家尚有差距，导致征纳双方对各自的权利和义务了解不够，税收筹划往往被视为偷税的近义词。并且，一些经营者对税收筹划不够重视，难以理解税收筹划的意义和从业人员的收费标准。

2. 税制有待完善。税收筹划一般是针对直接税的税负的减少。而我国现行税制过分倚重增值税等间接税，所得税和财产税体系简单且不完整，尚未开征国际上通行的社会保障税、遗产与赠与税、证券交易利得税等直接税种。这使得我国的所得税等直接税收入占整个税收收入的比重偏低，大量的个人纳税人的纳税义务很小，税收筹划的成长空间有限。

3. 税法建设和宣传滞后。我国税法的立法层次不高，以全国人大授权国务院制定的暂行条例为主，每一年由税收征管部门下发大量文件对税法进行补充和调整。这种状况一方面容易造成征纳双方就某一具体概念或问题形成争议；另一方面，造成我国税法的普及度偏低，有些纳税人很难全面熟悉掌握最新税法。

4. 税收征管水平有待提高。由于征管意识、技术和人员素质等多方面原因，我国的税收征管水平距离发达国家有一定差距，征管水平低造成的税源或税基流失问题严重。这种状况在一定的程度上助长了纳税人的偷漏税行为，其原因在于：如果偷漏税的获益远远大于税收筹划的收益和偷税的风险时，纳税人显然不会再去劳神费力地从事税收筹划活动。

二、税收筹划在我国的发展前景

近年来，在互联网快速发展，大数据背景下，我国的经济文化生活各方面发生了深刻的变化，我国的税收筹划也面临诸多机遇和挑战。我们应该抓住机遇，迎接挑战，促进我国税收筹划的发展。

（一）税收政策将作调整，推进税务现代化

税收政策是以税法为基础的，税法的变化必然改变税收筹划的思路、途径，原有的行之有效的方案将会过时，但新的税法也蕴藏筹划的机会。在税法变动较大的时期，税收筹划面临的机遇与挑战也较多。目前，税收筹划就处在这样一个关键时期。在经济全球化，互联网快速发展，大数据背景下，不但对企业的生存和发展提出了挑战，而且对政府的宏观战略管理也提出了挑战。税收政策作为国家实施宏观经济管理的一项重要工具，将会从观念、规则、制度及行政管理等各方面作出相应调整，以不断推进税务现代化。我们认为，今后税收政策可能会围绕以下方面来进行调整：

1. 充分利用好"大数据"，推进税务现代化建设。当前，全球信息化正从数字化开始向网络化和智能化发展，我国与很多发达国家一样，经济系统运行已经开始具有网络社会的特征。比如近几年的双十一促销活动。经济活动向网络空间迁移，不仅提高了社会经济系统运行的效率，还极大地改变了社会经济系统的运行方式，对我国经济和社会的影响极为深远。技术手段的变化也正在改变着政府的政策选择和管理方式。税收管理工作也不例外。2013年的全国税收工作会议上，王军局长就提出了涵盖税法、税制体系、服务、征管、信息和组织的六大体系，2020年基本实现税收现代化的宏伟蓝图。在大数据时代背景下，我们的税收现代化有着更加丰富的内涵和广阔的发展前景。

2. 利用"互联网+"，提高税收征管信息化水平。"互联网+税务"是把互联网的创新成果与税收工作深度融合，基于互联网生态圈构建税收管理新模式、拓展税收服务新领域、促进税收业务新变革，是税收信息化适应互联网时代发展理应包含的新内容、呈现的新形态、达到的新高度。我国在逐步加强互联网在税务征管工作中的应用，提高税收征管的信息化程度。例如我国以加强增值税管理为目标，全面推行金税三期，建立"一个平台、两级处理、三个覆盖、四个系统"，提高税收征管效率。互联网在税务系统的广泛应用，将有利于提高税收征收管理的信息化水平，方便税务管理工作，提高征管效率，确保税收收入增长。

（二）进一步深化我国税制改革

我国党的十八届三中全会通过的《中共中央关于全面深化改革若干重大问题的决定》（以下简称《决定》），是指导新形势下全面深化改革的纲领性文件。《决定》从推进国家治理体系和治理能力现代化，从优化资源配置、维护市场统一、促进社会公平、实现国家长治久安的高度，对深化税制改革作出全面部署，为更好发挥税收在服务发展大局中的作用指明了方向。中央政治局会议审议通过《深化财税体制改革总体方案》，重点锁定增值税、资源税、环境保护税等6大税种，吹响了新一轮税制改革的进军号。税务总局以加强顶层设计为前提，明确时间表路线图，统筹兼顾、稳步实施，落实落细深化财税体制改革的各项要求。

营业税全面改征增值税的改革目标初步实现。2016年3月18日召开的国务院常务会议决定，自2016年5月1日起，中国将全面推开"营改增"试点，将建筑业、房地产业、金融业、生活服务业全部纳入"营改增"试点，至此，营业税退出历史舞台，增值税制度将更加规范。这是自1994年分税制改革以来，财税体制的又一次深刻变革。增值税可以有效地防止商品在流转过程中的重复征税问题，并使其具备保持税收中性、普遍征收、税收负担由最终消费者承担、实行税款抵扣制度、实行比例税率、实行价外税制度等特点。全面"营改增"后，纳税人的增值税税负将会减轻，许多现行的增值税筹划方案将过时，需要研究新的筹划方案。

推进资源税全面改革，是基于有效解决资源税制度存在问题，并围绕资源税改革目标进行的一次重大政策调整，将在多个方面取得重要突破。资源税从价计征构建了税收自动调节机制，既有利于促进资源合理开发，又能自动反映资源市场价格的变化，代表了资源税费制度改革的方向。2016年从7~10月改革实施情况看，按改革前政策计算，全国129个税目应征资源税收入132亿元，改革后，实际征收102亿元，总体减负30亿元，降幅22.57%，绝大部分税目负担下降。水资源税开征促使企业节约资源。2016年7月1日河北成为水资源税改革试点以来，通过一系列措施推进改革落实，目前试点改革成效明显。前4个月，全省累计接受水资源税纳税人申报38 607户次，申报水资源税5.8亿元。顺应水资源税改革，企业可以着手向节能化转型发展，清理收费基金使资源型企业负担降低。

《环境保护税法》获得十二届全国人大常委会第二十五次会议审议通过，将于2018年1月1日起施行。《环境保护税法》是党的十八届三中全会提出"落实税收法定原则"要求后、全国人大常委会审议通过的第一部单行税法；又是专门体现"绿色税制"、推进生态文明建设的第一部单行税法；也是明确写入部门信息共享和工作配合机制的第一部单行税法，对落实税收法定、完善地方税体系乃至促进美丽中国建设都具有十分重要的意义。作为我国现行税制体系中的新税种，环境保护税与目前税务机关征管的其他税种存在较大差异，具有独特的征管特点和技术要求。征收和缴纳环境保护税是税务机关和企业将要面临的重要问题。

纳税人需要研究相关的税收筹划方案，顺应税制改革，在依法纳税的前提下，合理避税，降低企业税收负担。这些变化都需要纳税人结合自身实际，在经济全球化的大趋势下，积极地去了解、研究即将发生的变化，作出判断并采取相应措施。当然，要在税收政策未定之前进行筹划，收益与风险并存，如何选择，既需要勇气，也需要智慧。

（三）税收筹划将面临更为广阔的市场

随着我国企业更多地融入世界经济体系，跨国经营机构和跨国交易将使企业税收筹划具有国际性。税收筹划是成熟的市场经济中成熟的市场主体行为。在经济全球化的大背景下，国际法律法规、国际惯例、国际协议等对市场主体产生了重要影响。随着税收秩序的日趋法制化、规范化，征纳双方法律意识的增强必将给税收筹划提供更为广阔的舞台。由于我国税制与国际管理接轨，所得税和财产税体系将日益完善和丰富，在整个税制中的地位将逐渐提高，越来越多的个人将加入到纳税人的行列，纳税人的总量不断增加。随着公民纳税意识的不断提高，相应地对税收筹划的需求会越来越大。并且，税法建设步伐的加快和税收征管水平的提高将使偷税的机会日益减少、风险日益增加，使得税收筹划变得更加重要。

一方面，企业纳税的依据不仅有国内税法，还有国际税法准则，企业税收征管的主体不仅有国内政府，还有其他国家。这就意味着我国企业的税收筹划不仅要受国内税法的约束，还要受国际准则的约束。我国改革开放30多年来，对外签订避免双重征税协定的工作取得了很大进展。截至2016年10月13日，我国已对外正式签署102个避免双重征税的协定，其中97个协定已生效。此外，我国中央政府还与香港、澳门两个特别行政区分别签署了《内地和香港特别行政区关于对所得避免双重征税和防止偷漏税的安排》和《内地和澳门特别行政区关于对所得避免双重征税和防止偷漏税的安排》，与我国台湾地区签署了《海峡两岸避税双重课税及加强税务合作协议》。这些税收协定（安排、协议）的签署在加强我国与缔约国家（地区）间的经贸往来，尤其在吸引外资和促进我国企业"走出去"战略的实施等方面发挥了重要作用。值得关注的是，我国于2013年8月27日签署了《多边税收征管互助公约》，并于2015年7月1日由第十二届全国人民代表大会常务委员会第十五次会议批准，并于 2016 年 2 月 1 日对我国生效，自 2017 年 1 月 1 日起开始执行。《多边税收征管互助公约》是一项旨在通过开征国际税收征管协助，打击跨境逃避税行为，维护公平税收秩序的多边条约。因此，利用国内地区差异等税收筹划方法，将逐渐失去意义；而在国际间，利用避税港，利用转移价格进行税收筹划将成为企业不可缺少的手段。

另一方面，"一带一路"沿线国家和地区深化税收合作，建立各国共同遵循的税收规则与指引，有利于消除税收壁垒和国际重复征税，优化生产要素跨境配置，以税收上的共同遵循扩大"一带一路"经贸交往的共同利益；深化税收合作，建立有效的国际税收争议解决机制，有利于寻求维护国家税收权益和保护投资者利益的最佳结合点，以税收上的平等磋商促进"一带一路"经贸交往中的公平竞争；深化税收合作，建立跨境税收服务咨询和征管协作机制，有利于提高税收透明度，促进跨境贸易和投资合规经营，以税收上的确定性增进"一带一路"经贸交往中投资者信心。中国税务部门也按照习近平主席重要指示精神，进一步深化与沿线各国的税收合作。比如，中国签署的 106 个税收协定覆盖大部分"一带一路"沿线国家；2015 年推出了服务"一带一路"建设 10 项税收措施，最近又拓展了国别税收咨询等 8 个方面服务举措，发布 40 个"一带一路"沿线国家的投资税收指南；开始向包括"一带一路"沿线国在内的国家和国际组织派驻税务官员；在扬州建立了首个位于非 OECD 国家的 OECD 多边税务中心，为"一带一路"沿线发展中国家近 300 名税务官员举办了 14 期税务研修班等。

我们相信，在 21 世纪的经济生活中，企业的税收筹划需求会更加迫切，人们将会越来越多地运用税收筹划来维护自身的合法权益，税收筹划必将迎来在我国也家喻户晓的那一天。

本章小结

税收筹划是纳税人（法人、自然人）依据所涉及的现行税法，在遵守税法、尊重税法的前提下，运用纳税人的权利，根据税法中的项目、内容等，对经营、投资、筹资等活动进行旨在减轻税负的谋划和对策。企业的税收筹划是企业经营管理策略的重要组成部分。

税收筹划是税务咨询的一项重要业务，所以税收筹划的起源与税务咨询的起源有密切的关系。尽管税收筹划与税务咨询，特别是与税务代理有别，但从起源来看，税收筹划与税务咨询和税务代理又是相关的。

税收筹划可以采用不同的手段和方法，但是必须遵循一定的原则，包括：合法性原则、合理性原则、规范性原则、财务利益最大化原则、稳健性原则、社会责任原则、便利性原则、节约性原则等。

税收筹划的实质是依法合理纳税，最大程度地降低纳税风险。税收筹划具有合法性、超前性、目的性、综合性和风险性等特征。

实施税收筹划有利于提高纳税人的纳税意识，给企业带来直接的经济利益，有利于提高企业的经营管理水平；此外税收筹划还有利于实现税收的宏观调控功能，有利于税法的不断完善，有利于涵养税源。

伴随着我国加入WTO和社会主义市场经济的逐步建立，企业和纳税人对于税收筹划的认识也在不断增强，税收筹划意识不断提高，而且在我国税收环境日渐改善的背景下，税收筹划更是被社会广泛接受。尽管当前税收筹划工作还存在着一些困难，但税收秩序的日趋法制化、规范化，征纳双方法律意识的增强必将给税收筹划提供更为广阔的舞台。

关键术语

税收筹划　财务计划　税收计划　税务代理　税务咨询　税收制度差异性　税收法律弹性　税率上的差异性　税收优惠　通货膨胀　财务利益最大化原则　社会责任原则

思考题

1. 税收筹划概念的要点是什么？
2. 税收筹划产生的原因是什么？
3. 税收筹划如何分类？
4. 税收筹划对于企业有何意义？
5. 税收筹划在我国的发展前景如何？

第二章 税收筹划工作程序

学习指示

　　税收筹划工作程序是连接税收筹划目标与技术的纽带，其表现形式就是税收筹划书。企业需从实际出发，因地、因时地设计具体的筹划内容，力求在法律上站得住，在操作上行得通；积极利用税收筹划工作程序，在控制风险的基础上完成企业的税收筹划。

第一节 税收筹划工作程序的内容

一、企业纳税活动需要管理

　　税收政策的可选择性是为纳税人选择纳税成本最低，从而获得最好的税收合法利益提供了可能。这只是税收筹划的前提，而纳税人要使这种可能得以真正实现，还应从纳税单位的投资、理财和经营的全过程中，对涉税问题进行系统的策划和安排，并实行有效的管理，在此我们不妨回顾一下税收参与国民收入分配的过程来加以分析：国家税收参与分配的形式是以税法来实现的。从税法设置的税种，以及税收在各个纳税单位的经济活动过程中的分布上看，可以说税收是渗透在纳税单位的经济活动的全过程：纳税单位的资本进入涉及财产行为税类；购进货物和取得收入涉及流转税类；取得收益时涉及收益税类；员工取得薪酬涉及个人所得税类。还有销售方式、结算方式、财务会计的处理等活动无不贯穿着涉税内容需要处理。由此一个纳税单位在投资、理财、经营的各个环节几乎都会有涉税事项发生，并影响和决定着纳税单位的涉税状况和结果。因此纳税单位要想以最低的纳税成本，获取最好的税收合法利益，就必须对税收政策的适用选择准确，而更重要的是建立起本单位的纳税组织管理体系，使纳税行为变成一种主动管理活动，这样还可以避免由于操作不当和遗漏造成涉税风险。因此纳税管理活动才是税收筹划的重要内容。

税收筹划是获取税收合法利益的工具。税收筹划是一种纳税单位的管理活动，其主要内容是建立起适合本单位涉税内容的纳税组织管理体系。这个体系为纳税单位解决纳税问题提供了一个具体方案和管理工具，而这个方案和工具又是一个高智力的产品，纳税单位应用这个产品可以获取税收合法利益。

二、税收筹划工作程序的具体内容

税收筹划既然是一种管理活动，又是一种管理的工具，因此税收筹划具有一定的结构内容。我们参阅了大量国内外资料，吸取了其他行业的经验，并在实践中不断摸索，形成了税收筹划工作程序的结构内容，现介绍给大家参考：税收筹划工作程序的表现形式就是税收筹划书。它是由以下几部分结构组成：

1. 税收筹划的指导思想和基本原则；
2. 事实调查报告书；
3. 税法实用手册；
4. 纳税建议方案；
5. 纳税控制系统；
6. 培训计划。

第二节　税收筹划的指导思想和基本原则

税收筹划的指导思想和基本原则是从税收的概念、性质以及其主要职能作用方面理解税收，并告诉纳税人在对待税收的问题上应该持有的正确态度，以及在处理纳税问题和进行纳税管理时应该遵守的基本准则，这是任何纳税人做税收筹划和纳税管理的出发点和归宿。

一、税收筹划的指导思想

税收是国家参与分配的手段，是国民经济发展的重要的经济杠杆，税收是保障社会主义市场经济正常运行的重要的法律规范。税收是国家为了实现其职能凭借政治权利参与社会产品和国民收入分配的一种手段。我国宪法第五十六条明确规定"中华人民共和国公民有依照法律纳税的义务"。"任何组织和个人都不能有超越宪法和法律的特权"。为此，作为社会经济生活中的一员，不论是单位和个人都应身在其中，不能例外。国家按照国民经济发展的需要，利用税收对经济的各个方面进行调节、引导。作为经营者应该从税收调节的方向上找准自己的位置，选择自己生存发展的最佳途径。市场经济的基本特征之一就是公平性，社会主义市场经济也不例外。所谓公平性即凡是进入市场者，大家都应在统一的公平环境中自由竞争，而维护市场公平竞争的重要法律规范之一就是税收。作为每一个经营者都应该严格在这个法律规范下加以运作，避免因违反法律规范，使经营者受到处罚，而造成不应该发生的额外的经济损失。

税收与人们的社会生活是息息相关的，是须臾不能离开的。纳税行为作为一种法定义务加以明确，它明白地告诉我们任何经营者都不能忽视它、回避它，更不能顶撞它，而应该充分地认识它、熟练地掌握它、准确地、合理地运用它。税收筹划正是严格遵循这样一种指导思想，依据现行税法和其他相关法律为准绳，建立起适合经营实际情况的纳税体系，选择最合理的税款支出方案，实现经济效益的最大化，这是任何经营者进行税收筹划的出发点和落脚点。

二、税收筹划的基本原则

在日常的纳税活动中，我们发现大多数纳税人主观上是愿意依法纳税的，并无有意识地偷逃骗税，但是一经税务部门检查还是存在不少纳税问题，需要补税，还要加收滞纳金，甚至受到处罚。究其原因多数是由于对税收政策不了解和对政策的理解上有偏差，或者由于操作不当而造成的，甚至是该享受的享受不到。面对这样的情况做税收筹划还应遵循以下三条基本原则：

（一）税收筹划应为经营者在投资理财和经营管理中的涉税方面的正确决策提供依据

税收是一个复杂的系统，不光是要弄懂政策是如何规定的，还应了解税收在企业经营的全过程的每一个环节是如何表现的，税收政策与财务会计在处理上的差异，以及操作程序和要求，一个环节和程序上的涉税内容处理不当，就会造成纳税上出现违规行为。因此税收筹划首先要解决的是经营者在经营管理的过程中对涉税问题能够做出正确的决策，保障税法的遵从性。

（二）降低纳税风险

企业由于违规而受到税务部门加收的滞纳金和罚金，都是企业在纳税方面的支出，而且是一种额外的支出，并且由于受到处罚而影响企业的良好形象。因此税收筹划不能冒风险、不能投机取巧、不能钻空子，应该降低涉税风险，把风险降低为零是我们做税收筹划所追求的最好目标和结果。

（三）准确合理地运用税法，节约税款支出，取得税收的合法利益

实现经济效益的最大化是经营者追求的根本目的之一，而国家按照国民经济发展的需要，利用税收进行调节又是重要手段，因此经营者要获取经济效益的最大化，在税收上应该读懂弄清税收政策可选择的空间，准确地、合理地运用税法，并能正确地操作，这就是我们所说的税收筹划应遵循的第三个基本原则，即寻求企业的经济行为与政府意图的最佳结合点，从中节约税款支出，取得税收的合法利益。

第三节　事实调查报告书

事实调查报告书是对企业进行事实调查，继而整理调查资料而出具的调查报告。

对企业进行事实调查，整理调查资料，撰写事实调查报告书是税收筹划的重要组成部分，也是编写《税法实用手册》，"提出纳税建议方案""构建纳税控制系统"准确的信息来源和重要的基础。

一、事实调查的基本要素

事实调查要具备以下基本要素：

1. 事实调查应遵循的原则；
2. 调查人员应具备的素质；
3. 调查前的准备；
4. 调查方案的制订；
5. 调查实施；

6. 出具调查报告书。

二、事实调查应遵循的原则

事实调查要遵循以下原则：

（一）客观性原则

实施调查的内容是税收筹划，特别是企业进行纳税管理的基础信息和重要依据。因此事实调查的内容始终要坚持客观、真实，就像摄像一样。企业人员的思想、涉税状况是什么样，就要原封不动地实录下来，不带主观意识、不加推断、不加修饰。

（二）全面性原则

从被调查对象的高层领导，到各环节的涉税人员以及所有涉税环节的涉税内容要逐一地、无遗留地、全景式地进行调查，为准确地提出纳税建议方案以及构建纳税控制系统提供全面地、系统地信息保障。

（三）系统性原则

税收筹划是一种管理活动。管理活动基本的要求是规范、科学，不能是东一榔头，西一棒子，或是孤立地就某个方面出个主意。因此事实调查就要对企业的全部涉税环节和涉税内容，按环节、分层次地进行系统调查，使调查所获得的信息不是零碎的，而是系统的、相互联系的、相互制约的、可用的信息。

三、事实调查的工作安排

（一）选派合适的事实调查人员

调查人员应具有调查的基本知识和技术，即调查人员要有谈话技巧，要使被调查对象很容易和你交流。调查人员还应该具有税收的基本理论知识，以及熟悉税收的有关政策规定。调查人员还应该熟练地掌握财务会计的基本知识以及基本技术，除此之外，调查人员还应该具备良好的职业道德，即遵守国家法律法规，保守企业机密，努力做到高质量的工作业绩。

（二）做好事实调查前的准备

根据事先对被调查对象的基本情况的了解，要做好调查前的准备，主要是调查内容的确定、调查时间的安排、调查部门和环节的安排、调查对象人员的安排，最后是调查人员人力安排。因为一般的调查都是在企业的经营过程中进行的，因此在时间、内容、环节、人员的安排上要和被调查对象的有关责任部门进行交换安排计划和意见，以及取得一致便于调查的顺利进行。调查的时间安排要力求实用、高效，时间不能拖得过长。

（三）制订调查方案

按照调查前的准备和任务目标的要求制订调查方案。调查方案一般应具备以下要素：调查目的、调查内容、调查方法、调查步骤和时间、调查评估等。

1. 调查目的——即调查要解决什么问题，达到什么目的。

2. 调查内容——被调查对象多层次人员思想状况（主要对税收的认识和本单位纳税的想法和意见），以及各个涉税环节和涉税内容的状况。

3. 调查方法——人员谈话交流，查阅资料文档，实地勘察。

4. 调查评估——在每个层次、每个段落调查完毕后，做出简要的评估，调查全部完成后做出综合评估。

（四）调查工作的实施

调查工作的实施，主要是通过谈话交流；查阅资料文档；实地勘察；涉税状况的综合评估等方式。

1. 谈话交流。谈话交流是调查方法的主要形式，是获取信息的主要来源。谈话交流要分层次，并采取不同方式进行。第一个层次是客户的高层领导，与高层领导的谈话交流，主要是听取他们对税收有何认识、看法，纳税问题在企业管理中的地位和作用。企业高层领导主要是指总裁、副总裁（或是总经理、副总经理），企业高层领导是企业的经营决策的核心，是企业命运的决策者，任何事情只有他们想通了、明白了，才有可能行得通。纳税管理活动也是如此，由于长期以来人们对税收，以及企业纳税从观念到运作上的偏见，往往纳税问题在企业很少有人重视，有了问题就认为是涉税责任单位，如财务部门的事。一些高层领导对税收和纳税管理并没有全面地、深入地了解，因此纳税管理在企业管理中往往是被忽视的。与高层领导的谈话交流正是要了解他们的真实想法，以便有针对性地提出评估意见和纳税管理的具体建议，以使税收筹划的内容得以顺利实施，这个层次的谈话交流方式可采取激荡交流，即自由漫谈式。谈话交流的第二个层次是中间管理层。中间管理层是企业一切运作的生命线。因此与他们的交流主要是涉税环节和涉税的内容，以及对涉税问题在本部门、本环节是如何表现的，以及如何在各环节之间进行联系和传递的。这个层次的谈话交流是要解决涉税环节的涉税内容不能出现空白、盲点和联结的中断，为以后构建纳税控制系统打下坚实的基础。谈话方式可采取直接接触式，直接问询有还是无，怎么做的等。第三个层次是涉税环节或岗位的具体人员。这个层次是纳税管理活动中的一线，许多涉税的具体事项需要他们直接操作和处理，因此也是我们纳税管理活动中的基础。这个基础做不好，其他层次的想法就不能得到完全地贯彻，或是出现偏差，同时上个层次得到的信息也是不真实的，以至最高核心层的决策造成失误。因此这层次的谈话交流要具体细致，逐一核实，也为后期的确定控制系统的控制点和控制内容做好准备，同时也为最后的培训内容搜集了准确的信息。谈话交流中应注意：要涉及企业经营管理的全过程，所有的涉税环节和涉税内容；要对企业涉税的全部涉税事宜和所涉及的税种全面调查。

2. 查阅资料文档。调阅企业的各类批准文件、证书、商业计划书、账簿报表等资料，调查企业的基本情况，如经济性质、投资状况和结构、企业的组织结构、人员的构成、经营范围、经营方式、主营业务、运营流程、市场营销、经营目标、经营过程中的涉税环节和涉税内容。印证谈话交流的内容和实际情况，以便使获取的信息真实、准确、可靠，并为评估准备资料。

3. 实地勘察。对企业研发、生产、销售的全过程进行实地勘察，以便与上两种调查方法取得的信息进一步核实印证，确认获取信息的可信性。调查实录的确认：调查完毕后要对实录的内容进行整理，并与企业的涉税全权部门进行核对，并取得企业的确认，以便与企业在涉税状况的认识上取得一致。

4. 涉税状况的综合评估。通过事实调查对企业的涉税状况作出全面的评估，是事实调查的结论，它为纳税管理体系的建立提供了基础信息和重要的依据。因此需要全面准确对企业的涉税状况进行综合的评估。综合评估应该从以下几个方面进行：

（1）从税收及纳税管理的认识上，从总裁到一线的涉税人员认识的现状，即对税收政策的了解程度，对本企业涉税的内容的了解和掌握程度、责任意识，本环节涉税问题对企业涉税状况的影响。

（2）在纳税操作上，企业的涉税状况和涉税内容是否明确，有无明确责任单位和责任人，环节之间相互联系和制约的机制是否存在。

（3）在人力资源安排上，企业涉税的各个环节和层次上有无明确的涉税岗位责任，企业全权涉税部门或企业组织机构有无涉税主管，并形成一个有机的控制系统。

结论综述：纳税活动是企业经营管理的重要内容之一。税款支出是企业成本的重要组成部分。涉税内容贯穿在企业经营活动的全过程，纳税问题需要管理，需要得到有效的控制，使纳税管理变为企业的主动行为，这些问题需要通过税收筹划加以解决。解决问题的基本思路：一是强化纳税管理意识。从上至总裁下至一般员工要增强税收意识。这里强调的税收意识不是缴税越多越好，应该是税收在企业中的分配是不可避免的。企业应遵守税收的法律法规，同时还要懂得维护自己的合法权益，这是解决企业纳税问题的认识基础。二是建立适合本企业实际情况的纳税管理体系，即编制企业实用的税法手册，提出企业纳税的最佳方案，构建企业纳税控制系统，使纳税操作制度化、程序化、规范化。这是解决企业纳税问题，规避涉税风险，维护合法权益，节约税款支出，取得税收合法利益的最佳途径。

四、事实调查报告书的出具

事实调查的全部内容和采集的全部信息，以及评估应以书面报告的形式送达企业，以纸介质的形式是本税收筹划实务的一个重要特征，目的在于使企业在纳税管理活动中具有可操作性，并能得到有效控制，以使纳税管理变为企业的主动行为。

第四节　税法实用手册的编辑撰写

一、税法实用手册的用途

税法实用手册是根据企业的生产经营的实际情况，把企业涉及的纳税事宜和应纳税种（费）的基本要素、内容以及在经营过程中的分布状况，汇集编辑撰写成实用的手册。

据调查和我们在实践中发现，大多数企业从领导到涉税人员对税收政策到税收管理规定的了解和掌握是十分缺乏的。企业纳税上出现问题，茫然不知所措，不知错在哪里，对于本企业应该办理哪些税务事宜，如何办理，应该缴多少种税费，税率是多少，如何缴纳，哪些行业产品或是经营项目或是注册生产地点可以享受税收优惠，全然不知或是一知半解，想了解多点又不知看什么书，查什么资料，苦于无助。从客观上看，税法是一个复杂的系统，从实体法到程序法，以及临时的、具体的政策规定浩如烟海。一个企业的管理者或是涉税的全部部门要想弄明白是十分困难的，为此编辑撰写企业适用的税法实用手册就显得十分重要了。税法实用手册也可称为"小税法"。企业可以通过这样的手册，了解到本单位在哪个环节上应该办理哪些税务事宜，应该怎么办？找谁去办？在生产经营过程中哪些环节发生哪些税种（费）的缴纳义务？怎样计算税款？如何缴纳？根据自己的情况，以及税收政策的规定，可以享受哪些优惠政策？以及如何申请？办理哪些手续才能享受到税收的优惠？企业在什么情况可能出现违规行为？会受到什么样的处罚？通过税法实用手册，企业领导和管理层还可以了解和掌握本企业纳税事宜及所涉税种，在本企业生产经营的哪个环节的分布状况，可以概括地计算出本企业税款支出水平，及某个税种的税负水平。通过税法实用手册的阅读和使用，可以帮助企业在经营管理的决策中提供重要的依据。

二、税法实用手册编辑的依据

税法实用手册编辑的依据主要是企业事实调查获取的涉税状况、基础信息，凡与本企业无关的政策规定不在编辑之列。编辑的内容是企业所涉及的纳税事宜和应该缴纳的税种（费）。依照税法，即企业涉及的各税种的实体法和程序法，以及具有时效性的具体政策规定，直到各地方税务机关的具体要求，以及相关的政策规定。

三、税法实用手册的具体内容

税法实用手册的具体内容包括：企业的涉税事宜；企业所涉税种（费）；企业涉税状况分布图示。企业的涉税事宜是指按规定应该办理哪些纳税事宜；每项事宜应办理的程序、手续、规定的时限；应准备的文件证明材料；报送部门；违章处罚；以及本企业涉税事宜的状况。企业所涉税种（费）是指按规定应纳税种（费）的基本要素，例如，纳税义务人、征税范围、适用税率、应纳税额的计算、纳税义务发生时间、纳税期限以及本企业涉税种的涉税状况。企业涉税状况分布图示是指按照企业经营过程中的涉税状况绘制涉税事宜和涉税种（费）在经营过程的各个环节分布状况上，使得企业对本企业的涉税状况一目了然。同时对构建纳税控制系统有更加深入的了解，便于纳税管理活动的进行。

四、提出纳税建议方案

(一) 提出纳税建议方案的原则

提出纳税建议方案是税收筹划咨询服务的核心。其原则一是遵从税法，提出纳税建议应遵循的原则，首先是税法的遵从性，即纳税建议的内容必须是在现行税法和相关法律法规允许的范围内运作，按照税法可选择性进行选择。二是维护合法权益，在税法允许的范围内维护自己的合法权益的原则。寻找政府意图和企业生存发展的最佳结合点，从而节约税款支出，获取税收的合法利益。三是建议的可操作性，应注意纳税建议的可操作性。提出的建议必须是可操作的，不能是理论上存在，而实际上无法操作的。纳税建议还应该避免投机取巧或采取欺骗的方式，即要使纳税建议设计的基础是涉税风险为零。纳税建议应该是全面的，而不是孤立的、单独的。税收是一个复杂的系统，企业纳税的分布也是全面系统的，因而提出的纳税建议应该全面系统地考虑，不要顾此失彼，如只考虑了流转环节，而忽视了收益分配的环节。

(二) 纳税建议方案的形式

纳税建议方案的形式可以是按照经营过程的阶段，例如，企业投资阶段、企业设立、企业的主要经营项目、经营成果、收益分配和其他单项建议；也可采取按照涉税事宜和涉及的税种分别提出建议。可以是全面提出，或是单项（专项）提出建议。本书是全面按照经营过程提出的建议。

(三) 纳税建议方案的内容

在事实调查的基础上，结合企业的实际情况，量身定制税收筹划方案，其内容包括：

1. 政策依据。即纳税建议的提出必须有准确地、可靠的税收政策作为依据。政策依据要逐一列明政策规定的来源、政策、主题词、文号、发布日期等。

2. 政策内容。即政策要点，即适用范围、适用的期限、税收相关的条件和要求。

3. 政策分解。即按照企业的经营过程的情况和税收政策内容，本企业可适用的具体情况，对政策进行分解，以便企业对应适用。

4. 制订纳税建议方案。综合企业的经营情况和政策的适用，提出企业纳税方面的最佳方案，提出的方案要完整、明确，具有可操作性，即从适用的条件开始，到财务会计处理，以及其他涉税环节的处理，直至纳税手续完成，要逐一的列明，做到条条清楚，操作性强。

纳税建议方案既要全面，又要有所取舍。应选取影响企业税款支出成本主要的部分提出建议；对于政策规定明确，企业的涉税状况又简单，且占企业税款支出成本的比重很小的内容，可不作为建议内容，比如：企业只有少数的公务用车，其车船使用税（或车船使用牌照税）的规定十分明确，操作简单，即可不做纳税建议提出。

第五节　构建纳税控制系统

一、纳税控制系统的目的与原则

依法纳税是每个纳税人都必须认真对待和正确处理的问题。国家依照税法参与社会产品和国民收入分配是一个复杂的系统的过程。从税法设置税种的分布和企业纳税操作环节上看，税收始终贯穿于企业经济活动的全部内容和生产经营的全过程。从国家设置的税种分布看，纳税人在资本进入，财产形成和行为发生阶段，要征收财产行为税；在取得收入阶段，要征收流转税；在取得经营成果和个人分配阶段，要征收收益税等，由此可以看出，纳税问题是贯穿于纳税人经济活动的全部内容；从纳税操作的具体内容看，在开办之初要办理税务登记、纳税人类型认定、纳税申报、税款的计算和缴纳等事宜；在经营过程中，合同的书立和签订、发票的取得和开具、材料物资的采购、产品的生产和销售，以及人员的劳动管理几乎都有涉税内容存在，都需要正确处理。但据我们对一些企业的调查和一些资料的披露，发现多数企业在纳税问题上是处于被动的局面中，企业的高层领导只知道要纳税，而忽视本企业应该缴纳哪些种税，如何缴纳，以及需要办理哪些税务事宜，处在一种茫然的困境之中，而企业的涉税全权部门（一般都在财务部门）也只是税务部门叫做什么就做什么，不知道怎么做才是正确的，出了问题只有请求减轻或免予处罚，因此一些企业往往是一种类型的问题，今天纠正了，受了处罚，明天还会发生。究其原因就是对税收这样一个分配领域的政策内容了解其少，特别是纳税问题在企业的生产经营过程中的动态反映不了解，不掌握，没有把企业的纳税问题作为一个有机的系统问题去考虑，没有实行有效的管理。因此一个纳税人要想做到依法纳税，并从中谋求到税收合法利益，除去具有很强的纳税意识熟悉税法知识外，还应懂得如何对纳税进行规范科学的管理，这是构建纳税控制系统产生的思想和实践基础。

> 纳税控制系统是以纳税人的经营活动和经营组织结构为载体，以企业经营过程中涉税环节的涉税内容为管理控制对象；把涉税内容落实到各个环节，设置相应岗位构成有机的控制系统和信息系统，使纳税管理控制具有很强的可操作性。

纳税控制系统的目的是加强纳税意识；规范纳税行为；防范和化解涉税风险；谋求合法的税收利益。

纳税控制系统的原则包括：

1. 整体性原则。纳税控制系统应该涉及企业全部生产经营过程中的所有涉税环节与涉税内容，并与其他管理制度相互匹配，形成系统地、整体控制效果。

2. 牵制性原则。将所有经济业务涉及的纳税事项，通过相互制约关系，形成一个有机传递、联结的操作系统。

3. 适用性原则。根据企业的实际情况，针对管理上的薄弱环节进行控制，以使纳税活动成为一种管理的主动行为。

4. 时效性原则。控制系统是根据企业实际的情况以及现行政策规定建立的，在遇到情况变动时，应加以纠正和修改。

二、纳税控制系统组织的结构

纳税控制系统组织的结构见图 2-1。

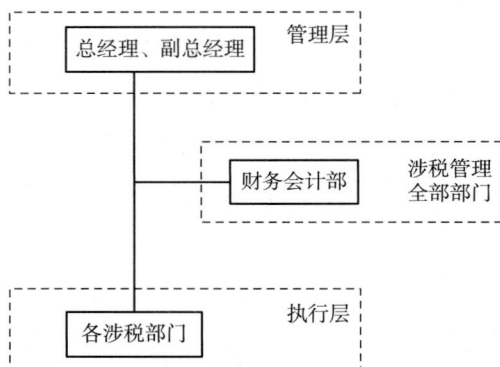

图 2-1　纳税控制系统组织的结构

三、纳税控制系统的内容和控制程序

(一) 决策层的控制

企业决策层是指总经理、副总经理和相当于副总经理的职位。决策层负责组织指挥企业的经营活动、管理员工、实现经营目标做出重大决策。高层的决策直接影响和决定企业的经济效益,企业的税款支出是经营成本的重要组成部分,因此企业的纳税控制系统就成了企业经营管理中不可缺少的部分,也是决策层必须高度重视的工作内容。

决策者在纳税控制系统中对企业的涉税状况、涉税内容以及税款支出水平要有基本的了解和掌握,并做出相应的统筹安排,运用税收政策的有利方面,谋求税收合法利益,使企业税款支出达到最低水平。

最高决策人控制要点在于了解企业的涉税状况和税款支出水平,便于决策。包括:税款支出水平——各税种的税款支出水平,以及全部税款支出在收入、成本以及利润中的比重。对涉税的状况进行重大决策。

其他决策者的管理内容:副总经理(含相应职位)了解和掌握所管理部门的涉税内容,并实行责任管理。涉税内容为分管部门应办理的涉税事项和内容,以及在纳税控制系统中的地位和作用。

(二) 管理层的控制

管理层是指企业财务部门,即涉税的全权责任部门是本控制系统的管理部门。控制内容包括:对本企业的涉税状况、涉税内容以及税款支出水平熟悉掌握并进行管理;接受决策层指令,管理和协调各部门执行本控制系统;负责向决策层提出纳税管理活动调整和处理建议。

管理本部门负责的涉税事项的操作;负责向决策层报告本控制系统的执行情况,并对运行情况做出评价。

(三) 涉税人员的控制

对涉税人员素质基本要求为:具有较强的纳税意识;具有一定的税法知识;熟悉本控制环节的涉税事项。涉税人员行为的控制包括:

1. 岗位分离控制,即对某项经济业务的纳税事项实行执行岗位与审核岗位相分

离；审核岗位与记录岗位相分离。

2. 多级审核控制，即对某项经济业务的纳税事项设置两个以上岗位人员进行审核。

3. 文字记录控制，对某项经济业务的纳税事项的执行过程进行跟踪记录，监督各岗位人员工作内容的完成情况。

4. 税务知识的培训包括：对涉税人员进行岗位培训；定期组织涉税人员进行税法知识培训；对出现税收政策调整和公司经营管理的变化，随时进行税法培训。

（四）涉税事宜的控制

1. 涉税事项包括：税务登记、一般纳税人申请和认定、发票的领购、减免税的申请和办理、违章处罚。

2. 控制目标为：依照税法规定办理涉税事宜；确保涉税资料的真实、完整。

3. 控制内容包括：收集整理和制发申请办理涉税事宜的文档资料；对报备的文档资料进行审核；办理涉税事宜的程序和手续；及时准确地传达税务机关的税务信息；对税务信息进行处理；按相关规定保管税务资料。

（五）纳税申报的控制

纳税申报控制目标为：依照国家税收法律、法规的规定纳税申报；确保应纳税款计算准确，纳税申报及时。

纳税申报的控制内容有：准确核算应纳税款；纳税申报表和其他申报资料的填制；审核纳税行为是否合法、正确；验算纳税金额是否正确；合理安排资金准备纳税；按规定向税务机关申报，并完成缴纳税款；保管完税凭证。

（六）主要经营过程的控制

1. 资本进入、财产形成或变更过程的控制。涉及的税种（费）为房产税、土地使用税、土地增值税、契税、车船使用税、车船牌照税、印花税。控制目标为依照税法规定对应纳税种的涉税内容进行控制，确保纳税事项操作准确无误。

控制内容包括：财产使用和保管部门单位；账簿的设立、资金的变更以及各类合同的书立；有关财务资料的使用、保管单位。

2. 采购环节的控制。涉及的税种（费）为增值税、城市维护建设税、教育费附加、印花税等。控制目标为依照税法规定确定纳税事项的发生，以及按照本企业的情况选择适当的纳税空间。

控制内容包括：

（1）采购对象的选择。增值税是凭专用发票抵扣的制度，因此在确定采购对象时，应考虑以下内容：《增值税暂行条例》将纳税人分为一般纳税人和小规模纳税人。税法规定小规模纳税人实行简易征收办法，而小规模纳税人一般不使用增值税专用发票，并且其购进货物的进项税额不得从销项税额中扣除。一般纳税人从小规模纳税人购进的货物，由于小规模纳税人不能开具增值税专用发票，因此不能抵扣（由税务机关开具的可按小规模纳税人适用的3%的税率抵扣）。从上述规定可以看出，增值税一般纳税人在购进货物时，先要选择采购对象的身份，在选择采购对象时，在采购含税价款相同时，应选择一般纳税人；在小规模纳税人的含税价格低于一般纳税人，并且低到相同税负以下的即可以选择小规模纳税人。

（2）采购合同的涉税管理内容。采购合同是财产流转的基本法律形式，是企业付款的重要依据，合同一经签订就意味着纳税事项的确定。因此，合同内容中的付款方式和文字的表述以及条款的书立，将直接影响和决定企业税款的计算与报缴的时间，进而影响企业的资金运用和税款的支出水平。

在采购合同中对采购时间和结算方式上应遵循税法有关规定，并采取有利于企业资金运用的原则。其实质应尽量延迟付款，以使企业赢得资金运用的时间。这样就会使得企业在一定时期内，无偿使用材料物资。当然在运用此类条款时，还应注意由于未付款造成企业的进项税额不得抵扣的情况，可以采取书立未付货款、赊销和分期付款的方式，还可以采取未付款先取得发票的办法。

（3）发票的取得涉税管理内容。发票不仅是企业经济业务发生的原始证明材料和记账依据，还是计算缴纳税款的重要依据，特别是增值税专用发票更是增值税税款抵扣的直接依据。发票的取得是直接决定企业税款支出成本的高低。

因此，在取得增值税专用发票的环节上，应注意以下三个方面：一是合法性的确认，在取得发票时，先确定发票的合法性，即是否是真票，如果自己不能确定，应立即到当地税务机关送验。二是技术性的审核，在确认是真票的基础上应进行技术性审核。技术性审核内容主要是各项指标是否符合要求。三是对应性的审核，即供货单位与收款单位是否一致，如不一致不得付款。

（4）进项税额的涉税管理内容。进项税额抵扣时间的控制——按照税法规定，增值税一般纳税人购进货物或应税劳务取得的进项税额，在申报抵扣时间上有严格的规定：

①增值税一般纳税人取得的增值税专用发票，应在开具之日起180日内到税务机关办理认证，并在认证通过的次月申报期内，向主管税务机关申报抵扣进项税额。

需要注意的是，为贯彻落实《深化国税地税征管体制改革方案》精神，进一步优化纳税服务，方便纳税人办税，取消了一部分纳税人的认证：

• 自 2016 年 3 月 1 日起，对纳税信用 A 级增值税一般纳税人取消增值税发票认证。

• 在 2016 年 5 月 1 日起，纳税信用 B 级增值税一般纳税人取得销售方使用新系统开具的增值税发票，可以不再进行扫描认证，登录本省增值税发票查询平台，查询、选择用于申报抵扣或者出口退税的增值税发票信息，未查询到对应发票信息的，仍可进行扫描认证。

• 2016 年 5 月 1 日新纳入"营改增"试点的增值税一般纳税人，2016 年 5～7 月期间不需再进行增值税发票认证，登录本省增值税发票查询平台，查询、选择用于申报抵扣或者出口退税的增值税发票信息，未查询到对应发票信息的，可进行扫描认证。2016 年 8 月起按照纳税信用级别分别适用发票认证的有关规定。

②海关进口增值税专用缴款书进项税额抵扣的时间限定。

自 2013 年 7 月 1 日起，增值税一般纳税人进口货物取得的术语增值税扣税范围的海关进口增值税专用缴款书，需经税务机关稽核比对相符后，其增值税额方能作为进项税额在销项税额中抵扣。

纳税人进口货物取得的属于增值税扣税范围的海关进口增值税专用缴款书，应按照《国家税务总局关于调整增值税扣税凭证抵扣期限有关问题的通知》（国税函〔2009〕617 号）规定，自开具之日起 180 天内向主管税务机关报送《海关完税凭证抵扣清单》（电子数据），申请稽核比对，逾期未申请的其进项税额不予抵扣。

③未按期申报抵扣增值税扣税凭证抵扣的处理办法。

增值税一般纳税人取得的增值税专用发票以及海关进口增值税专用缴款书，未在规定期限内到税务机关办理认证（按规定不用认证的纳税人除外）或者申报抵扣的，不得作为合法的增值税扣税凭证，不得计算进项税额抵扣。

增值税一般纳税人，取得的增值税扣税凭证稽核比对结果相符但未按规定期限申报抵扣，属于发生真实交易且符合规定客观原因的，经主管税务机关审核，允许纳税人亟须申报抵扣其进项税额。增值税一般纳税人除客观原因以外的其他原因造成增值税扣税凭证未按期申报抵扣的，仍按照现行增值税扣税凭证申报抵扣有关规定执行。

客观原因包括以下类型：

• 因自然灾害、社会突发事件等不可抗力原因造成增值税扣税凭证未按期申报抵扣；

• 有关司法、行政机关在办理业务或者检查中，扣押、封存纳税人账簿资料，导致纳税人未能按期办理申报手续；

● 税务机关信息系统、网络故障，导致纳税人未能及时取得认证结果通知书或稽核结果通知书，未能及时办理申报抵扣；

● 由于企业办税人员伤亡、突发危重疾病或者擅自离职，未能办理交接手续，导致未能按期申报抵扣；

● 国家税务总局规定的其他情形。

3. 生产环节的控制。涉及的税种（费）为企业所得税、个人所得税、印花税、增值税、城市维护建设税、教育费附加。控制目标为依照税法规定和财务会计制度的规定，对生产成本与非生产成本进行严格划分、核算，以确定正确计算缴纳企业所得税。

控制内容包括：

（1）存货计价方法的选择。存货是指企业持有以备出售的产品或者商品、处在生产过程中的产品、在生产或者提供劳务过程中耗用的材料和物料等。包括商品、产成品、半成品，在产品以及各类材料、燃料、包装物、低值易耗品等。存货计价方法又叫材料计价方法，这是成本核算的内容。

存货计价的方法有：先进先出法、移动加权平均法、月末一次加权平均法和个别计价法。

不同的计价方法，直接影响当期成本的大小，进而影响企业利润和应纳企业所得税税额的多少，决定企业的税收负担。税法规定，材料计价方法一经确定，一定时期内不得变动。因而企业在选择计价方法时应根据市场价格波动的规律，选择"成本扩张"的方法，以减少经营成本税收负担。

（2）固定资产折旧方式的选择。固定资产折旧是固定资产由于损耗而转移到产品成本中的价值，是产品成本费用构成的主要内容。

目前固定资产折旧的方法有：年限平均法、工作量法、双倍余额递减法和年数总和法等。固定资产的折旧方法一经确定，不得随意变更。

采用什么样的折旧方法，对企业税收有着不同的影响，企业应根据具体情况进行成本费用水平缴纳企业所得税的方式的测算，选择税负最轻的方法。

（3）费用分摊的选择。所谓费用是指企业在生产经营过程中发生的各种耗费。按照经营活动可分为生产经营成本和期间费用。生产经营成本在工业企业生产中又称为生产成本和制造成本。期间费用则包括产品销售费用、管理费用以及财务费用。由于费用是企业产品成本的组成部分，成本的增高，在营业总额不变的情况下，利润就会减少。税基就会变小；从而达到减轻税负的目的。为此，企业在考虑费用分摊时应注意以下几点：一是实现应税利润的最小化；二是费用摊入成本时的最大化。目前常用的费用分摊方法有实际费用摊销法、不规则摊销法、平均摊销法，实践证明平均摊销法是最佳的选择。

（4）生产成本与非生产成本的划分。生产成本是产品生产过程中耗费的人力、物力价值的总和，是产品价值的重要内容。非生产成本是指与产品生产没有直接关系的其他耗费，例如，福利和基建。生产成本与非生产成本应该严格划分，分别核算，以确定企业的产品生产实现的利润，进而确定计算和缴纳企业所得税。

4. 销售环节的控制。涉及的税种（费）为增值税、城市维护建设税、教育费附加。控制目标为保证销售收入核算的准确；正确计算应缴纳税款。

控制内容包括：

（1）视同销售货物的确认。企业销售收入的取得是销项税额的重要依据。增值税法规定，单位和个体经营者的下列行为视同销售货物：将货物交付他人代销；销售代销货物；设有两个以上机构并实行统一核算的纳税人，将货物从一个机构移送其他机构用于销售，但相关机构设在同一县（市）的除外；将自产或委托加工的货物用于非应税项目；将自产、委托加工或购买的货物作为投资，提供给其他单位或个体经营者；将自产、委托加工或购买的货物分配给股东或投资者；将自产、委托加工的货物用于集体福利或个人消费；将自产、委托加工或购买的货物无偿赠送他人；单位和个体工商户向其他单位或者个人无偿销售应税服务、无偿转让无形资产或者不动产，但以公益活动为目的或者以社会公众为对象的除外；财政部、国家税务总局规定的其他情形。按照税法规定，上述行为均应做销售处理计算销项税额，缴纳增值税。

（2）销售合同的涉税内容。现行银行结算方式有8种，企业采取哪种结算方式，直接影响纳税义务发生时间。企业在销售合同书立时，应根据本企业的资金状况决定采取哪种方式。一般掌握的原则应是使法定收入时间与实际收入时间一致或法定时间晚于实际收入时间。

（3）销售方式的选择，销售方式是指企业以何种形式将产品销售出去，而不同的销售方式计算征收增值税不相同。销售方式主要有：折扣销售、销售折扣、销售折让、以旧换新、还本销售、以物易物、包装物押金、直销、贷款服务、直接收费金融服务。

折扣销售是指销货方在销售货物或提供应税劳务和发生应税行为时，因购货方购货数量较大等原因而给予购货方的价格优惠。根据税法规定采取折扣销售方式，如果销售额和折扣额在同一张发票（金额栏）上分别注明的，可按折扣后的余额作为销售额计算销项税额，仅在发票的"备注栏"注明折扣额的，折扣额不得从销售额中减除；如果将折扣额另开发票，不论其在财务上如何处理，均不得从销售额中减除折扣额。

销售折扣是指销货方在销售货物或提供应税劳务或发生应税行为后，为了鼓励购货方及早偿还贷款而协议许诺给予购货方的一种折扣优待。税法规定折扣额不得从销售额中扣除。

销售折让，是指纳税人销售货物后因为劳动成果（包括无形资产或者不动产）质量不合格等原因在售价上给予的减让。根据税法规定，销售折让可以从货物或应税劳务的销售额中扣除。

以旧换新是指纳税人在销售自己的货物时，有偿收回旧货物的行为。根据税法规定，应按新货物的同期销售价格确定销售额，不得扣减旧货物的收购价格。企业应采用折扣销售方式而避免销售折扣方式，以利减轻税收负担。

采取还本销售方式销售，销售额就是货物的销售价额，不能扣除还本支出。

采取以物易物方式销售，双方以各自发出的货物（包括应税劳务和应税行为）核算销售额并计算销项税额，双方是否能抵扣进项税额还要看能否取得相应的增值税专用发票或其他合法票据、是否用于不能抵扣进项税额的项目。

包装物押金一年以内且未超过合同规定期限，单独核算者，不作销售处理；一年以内但超过合同规定期限，单独核算者，作销售处理；一年以上，一般作销售处理；酒类包装物押金，收到就作销售处理（啤酒、黄酒除外）。

根据直销企业的经营模式，直销企业增值税销售额的确定分以下两种：一直销企业现将货物销售给直销员，直销员再将货物销售给消费者的，直销企业的销售额为其向直销员收取的全部价款和价位费用。直销员将货物销售给消费者时，应按照现行规定缴纳增值税；二直销企业通过直销员向消费者销售货物，直接向消费者收取货款，直销企业的销售额为其向消费者收取的全部价款和价位费用。

贷款服务，以提供贷款服务取得全部利息及利息性质的收入为销售额。银行提供贷款服务按期计收利息的，结息日当日计收的全部利息收入，均应计入结息日所属期的销售额，按照现行规定计算缴纳增值税。

直接收费金融服务，以提供直接收费金融服务收取的手续费、佣金、酬金、管理费、服务费、经手费、开户费、过户费、结算费、转托管费等各类费用为销售额。

（4）发票开具的涉税内容包括：开具发票的购货方与银行存款的付款方应相一致；开具发票与业务内容相一致；填开的各项指标确定无误。

5. 员工薪酬的控制。控制目标为正确计算和代扣代缴个人所得税应纳税额。

控制内容包括：

（1）劳动合同的涉税内容。税法规定，企业支付给职工的工资按照计税工资标准或经批准工效挂钩的标准扣除，超过标准的部分不允许扣除。企业在与职工签订用工合同时，可将全部支出额以不同的形式加以确定。例如，在合同可明确基本工资部分，津贴部分或以加班费的形式出现。此时企业可以加大扣除额；工资的支付另一种形式是为职工提供福利，这样既可以减轻企业的税负，还可以减轻职工的税负。合同中还应明确个人所得税的支付方，奖金支付的方式应采取平均记账的办法，防止集中发放，造成个人所得税适用的税率较高。

（2）劳务合同的涉税内容。税法规定，企业支付职工的劳务报酬可据实列支，在税前扣除。而对支付的工薪则应按税法规定的标准扣除。因此企业可选择签订哪类合同。劳务报酬支出还可采取分散费用的办法。例如，把职工的交通费、食宿费及其他费用单独明确，这样劳务报酬的计税基数减少了，个人税负降低了，企业并未增加负担。应注意掌握劳务报酬的支付次数与金额，防止造成一次性收入畸高的实行加成征收的情况出现。

（3）个人所得税的代扣代缴。个人所得税的征收方式有三种：代扣代缴、自行申报和定额征收。以代扣代缴为主，自行申报和定额征收为辅。支付所得的单位或个人为代扣代缴义务人。为此作为支付单位支付个人的工薪和其他报酬时，注意代扣代缴个人所得税，企业应对个人支付薪酬进行单独管理。

第六节　培　训

在税收筹划的纳税建议方案和纳税控制系统实施之前，对企业的涉税人员进行若干次培训，以使纳税建议方案和纳税控制系统得以顺利实施和运作。

培训目的是保证税收筹划能够顺利实施和正常运作；提高企业涉税人员的纳税意识、税务知识水平和正确处理涉税事项的技能。

培训内容包括：对税收筹划中的内容进行详细讲解；企业涉税人员应熟悉和掌握的税收筹划中涉及的相关税法知识；税收筹划实施和运作中的注意事项。

培训步骤包括：制定培训计划；编写培训教材；组织培训人员；安排培训时间；实施培训；征询反馈信息，改进培训内容和方法。

人力资源安排。税收筹划既然是一种管理活动，这种管理活动又是系统的、动态的。因此我们建议纳税单位应在人力安排上考虑设立独立的纳税管理人员，在公司一级可设置专职的"纳税主管"，其他的涉税环节和责任部门应该设置岗位，明确岗位职责，这样使得纳税管理形成一个有机的操作系统，以保障纳税管理活动的正常运行。

本章小结

本章主要讲述了税收筹划的工作程序，其内容主要包括税收筹划的指导思想和基本原则；事实调查报告书；税法实用手册；纳税建议方案；纳税控制系统；培训计划。

税收筹划的指导思想和基本原则是从税收的概念、性质及其主要职能作用方面理解税收，并告诉纳税人在对待税收的问题上应该持有的正确态度，以及在处理纳税问题和进行纳税管理时应该遵守的基本准则。

事实调查报告书是对企业进行事实调查，继而整理调查资料而出具的调查报告。

税法实用手册是根据企业的生产经营的实际情况，把企业涉及的纳税事宜和应纳税种（费）的基本要素、内容以及在经营过程中的分布状况，汇集编辑撰写成的实用手册。

提出纳税建议方案是税收筹划咨询服务的核心。

纳税控制系统是以纳税人的经营活动和经营组织结构为载体，以企业经营过程中涉税环节的涉税内容为管理控制对象；把涉税内容落实到各个环节，设置相应岗位构成有机的控制系统和信息系统，使纳税管理控制具有很强的可操作性。

培训计划是指在税收筹划的纳税建议方案和纳税控制系统实施之前，对企业的涉税人员进行若干次培训，以使纳税建议方案和纳税控制系统得以顺利实施和运作。

关键术语

事实调查报告书　税法实用手册　纳税控制系统

思考题

1. 简述税收筹划工作程序的内容是什么？

2. 企业在进行税收筹划应遵循什么样的原则？

3. 企业在税收筹划前应进行事实调查，其工作进程一般都如何安排？

4. 为企业做纳税筹划时提出的纳税建议方案应遵循什么原则？其内容都包括什么？

5. 税收筹划时需建立纳税控制系统具体包括哪些内容？

第三章　增值税的税收筹划

学习指示

　　增值税是对商品和劳务在生产和流通中产生的新增价值或商品附加值所课征的一种税。我国的增值税是对在我国境内销售货物，提供加工、修理修配劳务，销售服务、无形资产及不动产，以及进口货物的单位和个人，就其销售货物、提供应税劳务、发生应税行为的增值额以及进口货物金额计算税款，并实行税款抵扣制的一种流转税。

　　小贴士：增值税实施多领域、多环节课征，涉及面广、税收收入规模大，从1994年税制改革至2016年全面推行"营改增"以来，增值税在我国一直是名副其实的第一大税种，同时也是许多企业和纳税人负担的主要税种。在企业的税收筹划活动中，增值税的筹划意义重大。

第一节　增值税纳税人的税收筹划

一、一般纳税人和小规模纳税人的筹划

　　税法规定，凡在我国境内销售货物、提供应税劳务、发生应税行为以及进口货物的单位和个人，都是增值税的纳税人。

　　由于我国增值税实行的是凭增值税专用发票抵扣税款的制度，对于增值税纳税人会计核算是否健全，是否能够准确核算销项税额、进项税额以及应纳税额有较高的要求。而增值税实施面广、纳税人多、情况复杂、核算水平差距很大，为保证对专用发票的正确使用和安全管理，我国参照国际惯例，将纳税人按其经营规模及会计核算健全与否划分为一般纳税人和小规模纳税人。

（一）一般纳税人规定

1. 身份界定。

一般纳税人身份，需要同时具备两个条件，一是会计核算健全，能够提供准确税务资料；二是经营规模达标，即年应征增值税销售额超过财政部、国家税务总局规定的标准。符合条件的纳税人须按照有关规定提出申请并经主管税务机关认定后方能取得一般纳税人资格。

会计核算健全是指能按会计制度和税务机关的要求准确核算进项税额、销项税额和应纳税额。

销售额的标准，按照纳税人经营内容和性质分别确定：从事货物生产或者提供应税劳务的纳税人以及从事货物生产或者提供应税劳务为主，并兼营货物批发或者零售的纳税人年应税销售额在 50 万元以上；"以从事货物生产或者提供应税劳务为主"是指纳税人的年货物生产或者提供应税劳务的销售额占年应税销售额的比重在 50% 以上。商业企业应税销售额在 80 万元以上，现代服务行业应税销售额在 500 万元以上。

2. 计税方法。一般纳税人可以领用专用发票，其应纳税额 = 当期销项税额 − 当期进项税额。其中，销项税额 = 不含税的销售额 × 税率；进项税额为购进货物时取得的专用发票上载明的增值税额或根据其他合法票据载明或计算出的增值税额。

（二）小规模纳税人规定

1. 身份界定。下列纳税人属于小规模纳税人：

（1）年应税销售额未达到上述一般纳税人销售额标准的企业（上述工业企业中的特例除外）；

（2）个体经营者以外的个人；

（3）不经常发生增值税应税行为的非企业性单位；

（4）不经常发生增值税应税行为的企业、个体工商户；

2. 计税方法。

小规模纳税人实行简易办法计算应纳税额，应纳税额 = 不含税销售额 × 征收率。征收率为 3%。小规模纳税人不使用专用发票，不得抵扣进项税额。

（三）第三种情况

对符合一般纳税人条件但不申请办理一般纳税人认定手续的纳税人，应按照销售额依照增值税税率计算应纳税额，不得抵扣进项税额，也不得使用增值税专用发票。

对年销售额在规定标准以上，会计核算不健全，或者不能够向税务机关提供准确税务资料的一般纳税人，停止其抵扣进项税额，取消专用发票使用权，按销售额依照增值税税率计算应纳税额。待纳税人符合相关条件后再恢复其一般纳税人的待遇。

（四）税收负担的衡量

假设一个一般纳税人和一个小规模纳税人的有关经营指标相同，他们的税收负担是否一致呢？或者说，如果一个纳税人可以选择不同的身份，那么不同身份带来的计税办法导致的税收负担会如何呢？

> 当增值率达到某一具体数值时，一般纳税人和小规模纳税人的税负相等，这个数值可称为税负平衡点增值率。

一般纳税人可以抵扣进项税款，体现了增值税对增值额征税和税不重征的特点。增值额越大，应纳税额越大。增值额就是产品售价与购进项目价格之差，这里的售价和购进项目价格，都是不含增值税的价格，或者叫计税价格。如果把产品售价与购进项目价格之差与购进项目价格的比定义为增值率，即增值率＝（产品售价－购进项目价格）/购进项目价格，那么增值率越高，增值额越大，应纳税额越大。也就是说，对一般纳税人而言，增值率与其税收负担成正比，即增值率越大税负越重，原因是增值率越大，则可抵扣进项税款相对越少。而小规模纳税人不能抵扣进项税额，但是征收率远低于法定税率。对小规模纳税人而言，增值率与其税收负担成反比，即增值率越大税负越轻，原因是较低的征收率优势逐步胜过不可抵扣进项税款的劣势。

可以通过以下定量分析来进一步说明这个结论。

假设一般纳税人适用税率（含购进项目适用税率）为 m，应纳税额为 M，小规模纳税人征收率为 n，应纳税额为 N。假设纳税人的应税销售额为 A，购进项目价格为 B，增值率为 R，则：$R=(A-B)/B$，$B=A/(1+R)$。

一般纳税人的应纳税额 $M=(A-B)\times m$，将 $B=A/(1+R)$ 代入，则 $M=A\times[1-1/(1+R)]\times m$。

小规模纳税人的应纳税额 N = A × n。

当 M = N 时，两者税负相等。令 M = N，则 A × [1 − 1/(1 + R)] × m = A × n，即：增值率 R = n/(m − n)。也就是说，增值率在这个指标时，两者的应纳税额是相等的。

如果 m = 17%，n = 5%，则 R = 41.67%；如果 m = 17%，n = 3%，则 R = 21.43%。

如果 m = 11%，n = 5%，则 R = 83.33%；如果 m = 11%，n = 3%，则 R = 37.5%。

上述四个增值率，应该分别是在不同税率和征收率情况下，一般纳税人和小规模纳税人的税负平衡点。高于平衡点的增值率会导致作为一般纳税人应纳税额大于作为小规模纳税人的应纳税额，增值率低于平衡点时，作为小规模纳税人的负担会高于一般纳税人。也就是说，增值率越高，作为一般纳税人的负担就越大。

如果换一个角度，以可抵扣的项目价格占销售额的比重为标准，也可以找出税负的平衡点。根据前面的条件有 R = (A − B)/B，则 B/A = 1/(1 + R)，针对上面四个不同的增值率值，会有四个能使税负平衡的 B/A 的值，也就是可抵扣的购进项目的价格占销售额的比重。这个比重越大，增值率越低，税收负担也会有相应的变化。比如当 m = 17%，n = 3%，则 B/A = 82.35%，此时意味着当企业不含税的可抵扣项目金额占销售收入的比例为 82.35% 时，企业作为一般纳税人与小规模纳税人增值税负担相等。与增值率指标不同的是，这一比例越高，企业作为一般纳税人的税收负担越轻。

上述分析是在一般纳税人的进项和销项适用税率统一的假设下进行的，但不影响结论的一般意义。

通过上述分析可以看出，两种不同纳税人资格的计税方法带来的税负差异，为纳税人选择身份提供了理论上的必要。如果纳税人的经营项目增值率很低，选择一般纳税人会比较划算；反之则应该选择作为小规模纳税人。

（五）筹划的方法

虽然存在理论上的必要，但要根据我国现行税收政策的有关规定和纳税人的具体情况来分析筹划的空间和方法。

一般纳税人和小规模纳税人身份选择方面，其筹划空间受制于以下几个因素。

首先，个人、非企业性单位和不经常发生增值税应税行为的企业只能成为小规模纳税人，没有筹划余地。

其次，如果纳税人符合一般纳税人条件则必须申请认定，否则将受到直接按销项税额作为应纳税额，进项税额不得抵扣，也不得使用增值税专用发票的惩罚。因此，销售额大幅度高于标准的企业，在这方面筹划的空间不大。因为对这些企业，人为控制或减少销售的负面影响往往大于纳税筹划带来的税收利益。但是对于部分企业，如果可以拆分成两个或两个以上的小规模企业，而企业拆分的其他负面影响或增加的成本低于由此带来的税收利益，那么把企业拆分成两个或几个小企业也是一种筹划的方法。

由于会计核算健全的标准，主动权是掌握在纳税人手中的。因此，筹划的空间集中在销售额在标准附近上下浮动的一些企业。比如，商业企业年销售收入在 80 万元上下的，工业企业年销售额在 50 万元上下的。对于既从事生产又兼营批发零售业务的纳税人，看其工业和商业各自所占的销售额比重来确定其销售额的标准。批发零售业务占销售额 50% 以上的，作为商业企业适用 80 万元的销售额标准；货物生产或应税劳务收入占 50% 以上的，则适用工业企业的标准。

具体的筹划原则如下：

1. 有筹划空间的企业，主要看其增值率，或者可抵扣项目金额占销售额的比重。根据上述平衡点的计量，与平衡点指标相比，增值率高、可抵扣项目金额占销售额比重低的，应选择小规模纳税人身份；反之，则应尽量取得一般纳税人资格。

企业购进货物的种类及其采购途径可直接影响到企业的增值率，一般来说，企业的低税率（征收率）购入项目越多，其税率（征收率）越低，则可抵扣的金额越小，企业作为一般纳税人的税收优势就越小；当企业的主要购进项目全部从小规模纳税人处购入时，企业就基本得不到税款抵扣的好处，选择小规模纳税人身份可能实现税收负担的最小化。

2. 还需要考虑产品的销售渠道和对象。如果产品主要销售给一般纳税人，对专用发票有必然的需求；选择小规模纳税人无法满足购货方对专用发票的需求，从而可能影响销售。身份选择需要综合考虑各方面因素。

3. 对从事货物生产或提供加工、修理修配应税劳务为主，同时兼营货物批发或零售的纳税人，如果通过考虑产品增值率、销售对象、会计核算制度判定成为一般纳税人更有利，但年销售额比较小，则应提高从事货物生产或提供加工、修理修配应税劳务的年销售额，并使其占年总销售额 50% 以上，进而更容易成为一般纳税人；反之，如果成为小规模纳税人更为有利，则应使从事货物生产或提供加工、修理修配应税劳务的年销售额占其年总销售额 50% 以下，这样即使年销售额比较大，只要未超过 50 万元，仍满足小规模纳税人条件。

4. 对需要通过健全会计核算取得一般纳税人资格的企业，还应考虑由此增加的成本，如增设会计账簿，培养或聘请有能力的会计人员以及金税工程所需要的软硬件的配置和相应增加的纳税成本，如果该成本大于从小规模纳税人转化成一般纳税人带来的好处，则宁可保持小规模纳税人的身份。

案例 3-1

假定某物资批发企业年应纳增值税销售额 90 万元，会计核算制度也比较健全，符合作为一般纳税人的条件，适用 17% 的增值税率，但该企业准予从销项税额中抵扣的进项税额较少，只占销项税额的 15%。在这种情况下，企业应纳增值税额为 13.005 万元（90 万元 × 17% − 90 万元 × 15% × 17%）。

如果将该企业分设为两个批发企业，各自作为独立核算单位，分立后的两个单位年应税销售额分别为 48 万元和 42 万元，那么两者就都符合小规模纳税人的条件，可适用 3% 的征收率。在这种情况下，只要分别缴纳增值税 1.44 万元（48 万元 × 3%）和 1.26 万元（42 万元 × 3%）。合计 2.7 万元。与分立前 13.005 万元应纳税额相比，作为小规模纳税人，可节省税款 10.305 万元。

二、不同销售行为的纳税筹划

许多企业的经营项目既涉及应纳增值税的项目，又涉及应纳营业税的项目。为了便于税收的征管，税法确定了混合销售和兼营行为的概念及各自的计税方法。对同一项销售额，缴纳增值税和营业税的税收负担是不同的。因此纳税人有选择不同税种纳税的筹划空间，或者说，有选择增值税纳税人和营业税纳税人身份的空间。

（一）混合销售

根据《财政部 国家税务总局关于全面推开营业税改征增值税试点的通知》（财税〔2016〕36 号）附件 1：《营业税改征增值税试点实施办法》第四十条规定："一项销售行为如果既涉及服务又涉及货物，为混合销售。从事货物的生产、批发或者零售的单位和个体工商户的混合销售行为，按照销售货物缴纳增值税；其他单位和个体工商户的混合销售行为，按照销售服务缴纳增值税。本条所称从事货物的生产、批发或者零售的单位和个体工商户，包括以从事货物的生产、批发或者零售为主，并兼营销售服务的单位和个体工商户在内。"根据本条规定，界定"混合销售"行为的标准有两点：一是其销售行为必须是一项；二是该项行为必须即涉及服务又涉及货物，其"货物"是指增值税条例中规定的有形动产，包括电力、热力和气体；服务是指属于全面"营改增"范围的交通运输服务、建筑服务、金融保险服务、邮政服务、电信服务、现代服务、生活服务、建筑服务、金融保险和房地产销售等。在界定"混合销售"行为是否成立时，其行为标准中的上述两点必须是同时存在，如果一项销售行为只涉及销售服务，不涉及货物，这种行为就不是混合销售行为；反之，如果涉及销售服务和涉及货物的行为，不是存在一项销售行为之中，这种行为也不是混合销售行为。

（二）兼营行为

兼营行为有两种情况：一是一项销售行为中有销售两种以上不同税率的服务或销售两种以上不同税率的货物的行为，例如，既有设计资质也有建筑资质的企业与发包方签订的总承包合同中，有设计服务（6%的增值税税率）和建筑服务（11%的增值税税率），就是兼营行为，分别纳税，而不是混合销售行为。二是发生两项以上的销售行为，每项销售行为之间就是兼营行为。例如，某既有销售资质又有安装资质的设备厂家与设备购买方签订一份销售合同，只发生销售设备的行为，而没有对其销售的设备提供安装收费。但是该设备厂家为购买其设备的客户提供了安装该客户从别的厂家购买的设备，签订一份安装合同，则该既有销售资质又有安装资质的设备厂家就是发生了兼营的行为，应分别适用税率申报缴纳增值税。《财政部　国家税务总局关于全面推开营业税改征增值税试点的通知》（财税〔2016〕36号）附件1：《营业税改征增值税试点实施办法》第三十九条规定："纳税人兼营销售货物、劳务、服务、无形资产或者不动产，适用不同税率或者征收率的，应当分别核算适用不同税率或者征收率的销售额；未分别核算的，从高适用税率。"第四十一条规定："纳税人兼营免税、减税项目的，应当分别核算免税、减税项目的销售额；未分别核算的，不得免税、减税。"基于此规定，兼营行为中的销售业务和兼营业务是两项销售行为，两者是独立的业务。

（三）筹划的方法

1. 混合销售的筹划。一项销售行为如果既涉及服务又涉及货物，为混合销售。从事货物的生产、批发或者零售的单位和个体工商户的混合销售行为，按照销售货物缴纳增值税；其他单位和个体工商户的混合销售行为，按照销售服务缴纳增值税。本条所称从事货物的生产、批发或者零售的单位和个体工商户，包括以从事货物的生产、批发或者零售为主，并兼营销售服务的单位和个体工商户在内。"以从事货物生产、批发或者零售为主"目前没有统一的标准，一般是按照纳税人的年货物生产的销售额占年应税销售额的比重在 50% 以上。或者按照工商营业执照上的主营业务范围来判断，如果主营业务范围是销售批发业务，则按照销售货物缴纳增值税；如果主营业务范围是销售服务范围则按照销售服务缴纳增值税。而一些货物的生产、批发或者零售的增值税税率与销售服务的增值税税率不同，"营改增"后增值税税率情况如下：

（1）增值税一般纳税人提供交通运输、邮政、基础电信、建筑、不动产租赁服务，销售不动产，转让土地使用权及《税务总局关于简并增值税税率有关政策的通知》（财税〔2017〕37 号）中规定的范围，税率为 11%。

（2）提供有形动产租赁服务，税率为 17%。

（3）纳税人发生提供增值电信服务、金融服务、现代服务（租赁服务除外）、生活服务、转让土地使用权以外的其他无形资产的应税行为，税率为 6%。

（4）纳税人出口货物，境内单位和个人发生符合规定的跨境应税行为，税率为零。

增值税一般纳税人销售或者进口货物，提供应税劳务，发生应税行为，除上述（1）（3）（4）外，一律为 17% 的基本税率。

根据上面应税销售货物和服务增值税税率的不同，可以通过控制货物销售额所占总销售额的比重来达到选择不同税率的效果。不过，纳税人的销售行为是否属于混合销售行为，要由国家税务总局所属征收机关确定。企业在有必要进行纳税筹划时，需要取得税务机关的确认。

2. 兼营行为的筹划。《财政部　国家税务总局关于全面推开营业税改征增值税试点的通知》（财税〔2016〕36 号）附件 1：《营业税改征增值税试点实施办法》第三十九条规定："纳税人兼营销售货物、劳务、服务、无形资产或者不动产，适用不同税率或者征收率的，应当分别核算适用不同税率或者征收率的销售额；未分别核算的，从高适用税率。"第四十一条规定："纳税人兼营免税、减税项目的，应当分别核算免税、减税项目的销售额；未分别核算的，不得免税、减税。"据于此，在兼营行为中，纳税人可以选择是否分开核算，从而选择适用的税率或者征收率。如果未分别核算不同税率货物或应税劳务的收入、成本项目的，从高适用税率，如本应按17% 和 11% 的不同税率分别计税，未分别核算的则一律按 17% 的税率计算缴纳。因此，分别核算就意味着税负的降低，分别核算就是筹划的原则。

案例 3−2

某木制品厂生产销售木制地板砖，并代为客户施工。假如该厂 2017 年施工收入600 万元，地板砖销售收入为 500 万元，则该混合销售行为应该按照 11% 缴纳增值税；相反，假如该厂 2017 年施工收入 500 万元，地板砖销售收入为 600 万元，则该企业的混合销售行为，应按照 17% 缴纳增值税。

销售收入为主增值税的销项税额 = 1 100 万元/（1 + 17%）× 17% = 159.83（万元）

施工收入为主增值税的销项税额 = 1 100 万元/（1 + 11%）× 11% = 109.01（万元）

159.83 - 109.01 = 50.82（万元）

两相比较，销售收入为主的增值税销项税额比施工收入为主的增值税销项税额多 50.82 万元。因此，对该木制品厂来说，应该通过业务的调控和定价的策略来确定企业的主营业务及其应缴纳的增值税税率。

案例 3-3

某供电器材公司为增值税一般纳税人，下设 3 个非独立核算的业务经营部门：零售商场、供电器材加工厂、工程安装施工队。前两个部门主要是生产和销售货物，工程安装施工队主要是对外承接供电线路的架设、改造和输电设备的安装、维修等工程作业。并且，此安装工程是包工包料式的安装。从工程安装施工队的包工包料安装收入看，其每一笔收入的构成，它都是由销售货物——设备和材料价款以及应税服务收入两部分合成的。但却是按照 17% 的税率缴纳增值税的。现考虑把原工程安装施工队独立出来，单独核算，使它成为公司所属的二级法人。根据现行政策规定，安装业务收入应纳 11% 的增值税，这比原按 17% 纳增值税，能降低税负。

现假设公司 2017 年度取得包工包料安装收入 609 万元，其中设备及材料价款 396 万元，安装工时费收入 213 万元，施工队独立前，应按混合销售纳增值税：销项税额 = 609 ÷（1 + 17%）× 17% = 88.50（万元），假定可抵扣进项税额为 51 万元，则应纳增值税 = 88.50 - 51 = 37.50（万元），税负率为：37.50 ÷ 609 × 100% = 6.16%。若施工队独立后，设备和材料的供应问题，施工队可不管此事，它只负责承接安装工程作业，只就安装工时费收入 213 万元开票收款，并按 11% 税率征税。此时，设备及材料价款 396 万元，则由原企业纳增值税，即应纳增值税 = 396 ÷（1 + 17%）× 17% - 51 = 6.54（万元）；而工时费收入 213 万元，由新独立的施工队纳增值税，即应纳增值税 = 213 ÷（1 + 11%）× 11% = 21.11（万元），"两税"加起来，则公司总的应纳税额 = 6.54 + 21.11 = 27.65（万元），税负率为：27.65 ÷ 609 × 100% = 4.54%。由此可见，这家公司这样筹划后，总体税收负担大不一样，它能合理合法地将原税负 6.16% 降至 4.54%，企业效益由此而增加。

第二节　增值税计税依据的税收筹划

一、一般纳税人应纳税额的计算

增值税条例第四条规定，一般纳税人应纳税额的计算公式为：

$$应纳税额 = 当期销项税额 - 当期进项税额$$

（一）销项税额

销项税额是指纳税人销售货物提供应税劳务以及发生应税行为时，按照销售额或者应税劳务收入或者应税行为收入和规定的税率计算并向购买方收取的增值税额。即：

$$销项税额 = 销售额 \times 适用税率$$

1. 销售额。销售额为纳税人销售货物、提供应税劳务以及发生应税行为时向购买方收取的全部价款和价外费用，但是不包括向购买方收取的销项税额。

此处销售额为不含增值税的销售额，纳税人采取价税合计的定价方式的，按下列公式计算不含税销售额：

$$不含税销售额 = 含税销售额 \div (1 + 适用税率)$$

2. 价外费用。价外费用，是指价外向购买方收取的手续费、补贴、基金、集资费、返还利润、奖励费、违约金、滞纳金、延期付款利息、赔偿金、代收款项、代垫款项、包装费、包装物租金、储备费、优质费、运输装卸费以及其他各种性质的价外收费。但下列项目不包括在内：

（1）受托加工应征消费税的消费品所代收代缴的消费税；

（2）同时符合以下条件的代垫运输费用：

①承运部门的运输费用发票开具给购买方的；

②纳税人将该项发票转交给购买方的。

（3）同时符合以下条件代为收取的政府性基金或者行政事业性收费：

①由国务院或者财政部批准设立的政府性基金，由国务院或者省级人民政府及其财政、价格主管部门批准设立的行政事业性收费；

②收取时开具省级以上财政部门印制的财政票据；

③所收款项全额上缴财政。

（4）销售货物的同时代办保险等而向购买方收取的保险费，以及向购买方收取的代购买方缴纳的车辆购置税、车辆牌照费。

凡随同销售货物或者提供应税劳务或者发生应税行为向购买方收取的价外费用，无论其会计制度如何核算，均应并入销售额计算应纳税额。同时，价外费用应视为含税收入，在征税时应换算成不含税收入再并入销售额。

3. 价格明显偏低情况下销售额的确定。价格明显偏低又无正当理由的销售，由主管税务机关按照下列方法和顺序核定其销售额：

（1）按纳税人当月同类货物的平均销售价格确定；

（2）按纳税人最近时期同类货物的平均销售价格确定；

（3）按组成计税价格确定：

$$组成计税价格 = 成本 \times (1 + 成本利润率)$$

属于应征消费税的货物，其组成计税价格中应加消费税税额，公式为：

$$组成计税价格 = 成本 \times (1 + 成本利润率) + 消费税税额$$

或： $$组成计税价格 = 成本 \times (1 + 成本利润率) \div (1 - 消费税税率)$$

公式中的成本是指货物的实际生产成本或实际采购成本，公式中的成本利润率由国家税务总局确定。

4. 视同销售。单位或个体经营者的下列行为，视同销售货物：

（1）将货物交付他人代销；

（2）销售代销货物；

（3）设有两个以上机构并实行统一核算的纳税人，将货物从一个机构移送到其他机构用于销售，但相关机构设在同一县（市）的除外；

（4）将自产或委托加工的货物用于非应税项目；

（5）将自产、委托加工或购买的货物作为投资，提供给其他单位或个体经营者；

（6）将自产、委托加工或购买的货物分配给股东或投资者；

（7）将自产、委托加工的货物用于集体福利或个人消费；

（8）将自产、委托加工或购买的货物无偿赠送他人。

对没有销售额的视同销售行为，确定其销售额的顺序同上文"3"中所列。

（二）进项税额

进项税额是纳税人购进货物、加工修理修配劳务、服务、无形资产或者不动产所支付或负担的增值税额。

1. 准予从销项税额中抵扣的进项税额。

（1）从销售方取得的增值税专用发票上注明的增值税额，增值税专用发票具体包括《增值税专用发票》和税控《机动车销售统一发票》。

（2）从海关取得的海关进口增值税专用缴款书上注明的增值税额。

（3）纳税人购进农产品，取得一般纳税人开具的增值税专用发票或海关进口增值税专用缴款书的，以增值税专用发票或海关进口增值税专用缴款书上注明的增值税额为进项税额；从按照简易计税方法依照3%征收率计算缴纳增值税的小规模纳税人取得增值税专用发票的，以增值税专用发票上注明的金额和11%的扣除率计算进项税额；取得（开具）农产品销售发票或收购发票的，以农产品销售发票或收购发票上注明的农产品买价和11%的扣除率计算进项税额。

（4）从境外单位或者个人购进服务、无形资产或者不动产，自税务机关或者扣缴义务人取得的解缴税款的完税凭证上注明的增值税额。

2. 不得从销项税额中抵扣的进项税额。

（1）用于简易计税方法计税项目、免征增值税项目、集体福利或者个人消费的购进货物、加工修理修配劳务、服务、无形资产和不动产。

（2）非正常损失的购进货物，以及相关的加工修理修配劳务和交通运输服务。

（3）非正常损失的在产品、产成品所耗用的购进货物（不包括固定资产）、加工修理修配劳务和交通运输服务。

（4）非正常损失的不动产，以及该不动产所耗用的购进货物、设计服务和建筑服务。

（5）非正常损失的不动产在建工程所耗用的购进货物、设计服务和建筑服务。纳税人新建、改建、扩建、修缮、装饰不动产，均属于不动产在建工程。

（6）购进的旅客运输服务、贷款服务、餐饮服务、居民日常服务和娱乐服务。

（7）财政部和国家税务总局规定的其他情形。

（8）适用一般计税方法的纳税人，兼营简易计税方法计税项目、免征增值税项目而无法划分不得抵扣的进项税额，按照下列公式计算不得抵扣的进项税额：

$$\text{不得抵扣的进项税额} = \text{当期无法划分的全部进项税额} \times \left(\text{当期简易计税方法计税项目销售额} + \text{免征增值税项目销售额}\right) \div \text{当期全部销售额}$$

主管税务机关可以按照上述公式依据年度数据对不得抵扣的进项税额进行清算。

（9）有下列情形之一者，应当按照销售额和增值税税率计算应纳税额，不得抵扣进项税额，也不得使用增值税专用发票：

①一般纳税人会计核算不健全，或者不能够提供准确税务资料的。

②应当办理一般纳税人资格登记而未办理的。

3. 已抵扣进项税额的购进货物（不含固定资产）、劳务、服务，发生上述规定情形（简易计税方法计税项目、免征增值税项目除外）的，应当将该进项税额从当期进项税额中扣减；无法确定该进项税额的，按照当期实际成本计算应扣减的进项税额。已抵扣进项税额的固定资产、无形资产或者不动产，发生上述规定情形的，按照下列公式计算不得抵扣的进项税额：

$$不得抵扣的进项税额 = 固定资产、无形资产或者不动产净值 × 适用税率$$

固定资产、无形资产或者不动产净值，是指纳税人根据财务会计制度计提折旧或摊销后的余额。

4. 纳税人适用一般计税方法计税的，因销售折让、中止或者退回而退还给购买方的增值税额，应当从当期的销项税额中扣减；因销售折让、中止或者退回而收回的增值税额，应当从当期的进项税额中扣减。

二、小规模纳税人应纳税额的计算

小规模纳税人采用简易办法计税，并不得抵扣进项税额。其应纳税额计算公式如下：

$$应纳税额 = 销售额 × 征收率$$

征收率为3%和5%两种情况。

其中销售额为不含税销售额，对于采用价税合计方式定价的，其含税销售额按下列公式换算为不含税销售额：

$$不含税销售额 = 含税销售额 ÷ (1 + 征收率)$$

纳税人适用简易计税方法计税的，因销售折让、中止或者退回而退还给购买方的销售额，应当从当期销售额中扣减。扣减当期销售额后仍有余额造成多缴的税款，可以从以后的应纳税额中扣减。

三、进口货物应纳税额的计算

纳税人进口货物，按照组成计税价格和税率计算应纳增值税额，不得抵扣任何税额（仅指进口环节增值税本身）。

$$组成计税价格 = 关税完税价格 + 关税 + 消费税$$
$$应纳税额 = 组成计税价格 × 税率$$

四、销项税额的筹划

（一）销售结算方式的筹划

税收筹划的一个重要方法，就是推迟纳税义务实现的时间，尽可能多地获得相当于税款金额的货币时间价值。增值税销售货物或应税劳务的纳税义务发生时间，按销售方式的不同来确定。

1. 具体规定。

（1）采取直接收款方式销售货物，不论货物是否发出，均为收到销售款或者取得索取销售款凭据的当天；

（2）采取托收承付和委托银行收款方式销售货物，为发出货物并办妥托收手续的当天；

（3）采取赊销和分期收款方式销售货物，为书面合同约定的收款日期的当天，无书面合同的或者书面合同没有约定收款日期的，为货物发出的当天；

（4）采取预收货款方式销售货物，为货物发出的当天，但生产销售生产工期超过 12 个月的大型机械设备、船舶、飞机等货物，为收到预收款或者书面合同约定的收款日期的当天；

（5）委托其他纳税人代销货物，为收到代销单位的代销清单或者收到全部或者部分货款的当天。未收到代销清单及货款的，为发出代销货物满 180 天的当天；

（6）销售应税劳务，为提供劳务同时收讫销售款或者取得索取销售款的凭据的当天；

（7）纳税人发生除将货物交付其他单位或者个人代销和销售代销货物以外的视同销售货物行为，为货物移送的当天；

（8）纳税人进口货物，其纳税义务发生时间为报关进口的当天。

2. 筹划方法。纳税义务发生时间的筹划，就是在税法允许的范围内，尽量采取有利于本企业的销售和结算方式，尽量推迟纳税义务发生的时间。

（1）赊销和分期收款方式。这种方式是以合同约定日期为纳税义务发生时间，纳税人可以通过合同约定时间来安排纳税义务实现的时间。如果企业的销售额不能及时全额收回，推荐企业采取赊销和分期收款方式，可以在一定程度上取得税款的时间价值，或者减少纳税风险。

（2）委托代销方式。委托他人代销货物的纳税义务发生时间，为收到代销单位销售的代销清单当天。如果企业的产品销售对象是商业企业，并且是在商业企业销售后付款，则应该采用委托代销方式结算，由此可以根据实际收到的货款分期计算销项税额，有效延缓纳税时间，或者减少纳税风险。

案例 3-4

2017 年 8 月 1 日，某机械制造公司 A，与外省某设备租赁公司 B 签订一购销合同，由 A 公司向 B 公司出售某种型号的混凝土搅拌机 5 台，总价值 1 000 万元。双方采取委托银行收款方式销售货物，A 公司于当日向 B 公司发货，并到当地某银行办理了托收手续。按照税法规定，采取委托银行收款方式销售货物，纳税义务发生时间为发出货物并办妥托收手续的当天，因而 A 公司当天应计提增值销项税款 170 万元。

9 月 5 日，B 公司收到 A 公司的搅拌机。在对设备进行检查后，B 公司称该批设备不符合合同要求，拒绝付款并将设备返回。A 公司向法院起诉 B 公司违约。在诉讼中，由于该批设备确实与合同上的要求有一定的差异，法院判定 B 公司胜诉。

由于交易没有最终成立，A 公司垫交了 170 万税款。虽然这笔税款可以在退货发生的当期销项税额中抵扣，但这种抵扣和以前的垫付是有一定时间间隔的，这相当于企业占用了一部分资金用于零收益投资。这对于企业来说影响会很大，尤其是对那些本身资金就比较缺乏的企业来说更是如此。

由此可以看到，仅从规避纳税风险的角度，纳税人也有必要通过对销售结算方式的选择和安排，实现对纳税义务时间的适当筹划。

（二）促销手段的筹划

企业为了实现销售、占领市场，会采取多种多样的促销手段。但不同的促销手段税收待遇不同。企业在选择时应考虑相关的税收成本。

1. 折扣销售。折扣销售是指销货方在销售货物或提供应税劳务和发生应税行为时，因购货方购买数量较大或购买行为频繁等原因，而给予购货方价格方面的优惠，比如购买 10 件，销售价格折扣 10%；购买 20 件，销售价格折扣 20% 等，这种行为在现实经济生活中很普遍，是企业销售策略的一部分。由于折扣是在销货方实现销售的同时发生，因此，税法规定，如果销售额和折扣额在同一张发票上分别注明，可按折扣后的余额作为增值额计算增值税；如果将折扣另开发票，不论在财务上如何处理，均不得从销售额中减除折扣额，而应以其全额计征增值税。

　　折扣销售仅限于货物价格的折扣，如果销货者将自产、委托加工和购买的货物用于实物折扣的，则该实物款额不能从货物销售额中减除，且该实物应按《增值税暂行条例》中规定的"视同销售货物"中"赠送他人"计算征收增值税。

　　需要说明的是，折扣销售不同于销售折扣和销售折让，它们之间的会计核算和税收待遇也各不相同。

　　销售折扣是指销货方在销售货物或提供应税劳务或发生应税行为后，为了鼓励购货方及早偿还货款，而协议许诺给购货方的一种折扣优惠，销售折扣发生在销货之后，是一种融资性质的理财费用，不得从销售额中减除。

　　销售折让也发生在销货之后，作为已售产品出现品种、质量问题而给予购买方的补偿，是原销售额的减少，折让额可以从销售额中减除。但不像折扣销售，有促销的功能和性质。

　　折扣销售与其他常见的让利促销活动相比，从税收负担的角度来看还是比较经济的。以下案例可以说明这个判断。

案例 3-5

　　某商场商品销售利润率为25%，销售300元商品，其成本为225元，商场是增值税一般纳税人，购货均能取得增值税专用发票，为促销欲采用三种方案：第一种是，商品八折销售；第二种是，购物满300元者赠送价值60元的商品（成本40元，均为含税价）；第三种是，购物满300元者返还60元现金。

　　假定消费者同样是购买一件价值300元的商品，对于商家来说以上三种方式的应纳增值税、企业所得税情况及利润情况如下（暂不考虑其他税种和因素）：

　　方案一：八折销售

　　价值300元的商品售价240元，可将销售额和折扣额在同一张发票注明，作为折扣销售，应缴增值税额 $= 240 \div (1 + 17\%) \times 17\% - 225 \div (1 + 17\%) \times 17\% = 2.18$（元）。

　　利润额 $= 240 \div (1 + 17\%) - 225 \div (1 + 17\%) = 12.82$（元）

　　应缴所得税额 $= 12.82 \times 25\% = 3.205$（元）

　　税后净利润 $= 12.82 - 3.205 = 9.615$（元）

　　方案二：购物满300元，赠送价值60元的商品

　　销售300元商品应缴增值税 $= 300 \div (1 + 17\%) \times 17\% - 225 \div (1 + 17\%) \times 17\% = 10.90$（元）。

赠送 60 元商品视同销售，其应缴增值税 $= 60 \div (1 + 17\%) \times 17\% - 40 \div (1 + 17\%) \times 17\% = 2.91$（元）。

合计应缴增值税 $= 10.90 + 2.91 = 13.81$（元）

税法规定，为其他单位和部门的有关人员发放现金、实物等应按规定代扣代缴个人所得税；税款由支付单位代扣代缴。为保证让利顾客 60 元，商场赠送的价值 60 元的商品应不含个人所得税额，该税应由商场承担，因此，赠送该商品时商场需代顾客偶然所得缴纳的个人所得税额为：$60 \div (1 - 20\%) \times 20\% = 15$（元）。

利润额 $= 300 \div (1 + 17\%) - 225 \div (1 + 17\%) - 40 \div (1 + 17\%) - 15 = 14.91$（元）

由于赠送的商品成本及代顾客缴纳的个人所得税款不允许税前扣除，因此应纳企业所得税额 $= [300 \div (1 + 17\%) - 225 \div (1 + 17\%)] \times 25\% = 16.02$（元）。

税后净利润 $= 14.91 - 16.02 = -1.11$（元）

方案三：购物满 300 元，返还现金 60 元

应缴增值税税额 $= [300 \div (1 + 17\%) - 225 \div (1 + 17\%)] \times 17\% = 10.90$（元）

应代顾客缴纳个人所得税 15 元。

利润额 $= 300 \div (1 + 17\%) - 225 \div (1 + 17\%) - 60 - 15 = -10.90$（元）

应纳所得税额 16.02 元（同上）。

税后净利润 $= -10.90 - 16.02 = -26.92$（元）

方案一应纳增值税 2.18 元，税后净利润 9.615 元；方案二应纳增值税 13.81 元，税后净利润 -1.11 元；方案三应纳增值税 10.90 元，税后净利润为 -26.92 元。

因此，上述三方案中，方案一最优，方案二次之，方案三最差。

从以上分析可以看出，顾客购买价值 300 元的商品，商家同样是让利 60 元，但对于商家来说税负和利润却大不相同。

2. 还本销售。还本销售是指销售货物之后按约定时间一次或分次将销货款部分或全部返还给购货方，返还的货款金额计为还本支出。税法规定，采取还本销售方式销售货物的，不得从销售额中减除还本支出。

3. 以旧换新。以旧换新是指在销货过程中，从购买方手中取得旧货以折抵销货款的促销手段。税法规定，纳税人采取以旧换新方式销售货物的，按照新货物的同期销售价格确定销售额，不得扣减旧货物的收购价格。

4. 以物易物。以物易物也就是采取物物交换的方式，不以货币结算货款。采取以物易物方式的，交换双方都应作购销处理，以各自发出的货物核算销售额并计算销项税额，以各自收到的货物核算购货额并计算进项税额。

案例 3 – 6[①]

A 企业为加工生产棉布的一般纳税人，B 企业为加工生产服装的一般纳税人。由于未来市场棉布价格处于上升趋势，而服装价格处于下降趋势，同时两企业均有一批库存货物；B 企业预测未来市场以棉布加工的休闲装利润较高，而目前资金紧张；A 企业考虑将 B 企业库存的服装作为本企业职工工装。因此 A、B 企业签订物物交换协议，A 企业以成本为 60 000 元、市场价为 90 000 元、作价 100 000 元的棉布置换 B 企业库存的成本为 90 000 元、市场价为 110 000 元、作价 100 000 元的服装。

A 企业应纳增值税：

换出棉布的销项税额 = 90 000 × 17% = 15 300（元）

换入服装的进项税额 = 110 000 × 17% = 18 700（元）

该业务应纳增值税额 = 15 300 – 18 700 = – 3 400（元）

B 企业应纳增值税：

换出服装的销项税额 = 110 000 × 17% = 18 700（元）

换入棉布的进项税额 = 90 000 × 17% = 15 300（元）

该业务应纳增值税额 = 18 700 – 15 300 = 3 400（元）

与正常销售相比，由此业务 A 企业缩小了销项税额 1 700 元（100 000 × 17% – 90 000 × 17%），扩大了进项税额 1 700 元（110 000 × 17% – 100 000 × 17%）；B 企业则相反，扩大了销项税额 1 700 元，缩小了进项税额 1 700 元。A 企业降低了增值税负担 3 400 元；B 企业增加税负 3 400 元，但解决了资金紧张问题，其资金成本率为 3.78%（3 400 ÷ 90 000 × 100%），低于银行同期贷款利率。整体没有减少国家税收。

（三）销售使用过的固定资产的筹划

纳税人销售自己使用过的应税固定资产，无论其是否为一般纳税人，适用简易办法依照 3% 征收率减按 2% 的征收率计算征收增值税，不得抵扣进项税额。即：

$$应纳税额 = 售价 ÷ (1 + 3\%) × 2\%$$

已适用过的固定资产是指纳税人根据财务会计制度已经计提折旧的固定资产。

因此企业在处置使用过的固定资产时，需要考虑增值税因素对销售现金流的影响。由于税收因素的存在，一个高的销售价格并不一定能带来一个高的现金流入。

---

① 盖地主编，《税务筹划》，高等教育出版社 2003 年版，第 123 页。

案例 3 – 7

某企业拟将一项已使用两年的固定资产出售，该固定资产账面原值 300 万元，已提折旧 39 万元。如果该企业以 301 万元的价格将此项资产出售，由于 301 万元超出原值，需缴纳增值税 $301 \div (1 + 3\%) \times 2\% = 5.84$（万元）。此项业务企业净收益 = $301 - 5.84 = 295.16$（万元）。

如果企业采取另一个销售策略——将价格降至 299 万元销售，虽然从购买方那里取得的收入少了 2 万元，但由于售价未超过原值而带来增值税纳税义务的消失，企业的净收益反而增加了 $299 - 295.16 = 3.84$（万元）。

此外，由于销售价格的降低，企业完全可以向购买方提出更为严格的付款要求，如要求其预付款等。这样，企业现金流入净增量就可能不仅仅是 3.79 万元了。

五、进项税额的筹划

（一） 业务拆分、增设机构的筹划

此类筹划是指，对于某些特定的经营项目，通过业务拆分和增设机构，增加购进货物的进项税额抵扣的范围和额度，从而减轻纳税人的整体税负。

（二） 选择进货单位的纳税筹划

小规模纳税人比一般纳税人同类货物的价格折让多少才能使向其购货的一般纳税人不受损失，或者说，折让多少，纳税人从一般纳税人和小规模纳税人购买货物的税收负担才会相同，这个折让临界点，称为税负平衡的进货价格折让点。

对于一个一般纳税人，从另一个一般纳税人处购进货物取得专用发票，可以抵扣税款；从一个小规模纳税人处购进货物，取得代开的专用发票，可以抵扣部分税款；从一个小规模纳税人处购进货物取得普通发票，不可以抵扣税款。因此在进货时肯定选择可以享受充分抵扣税款的单位作为进货对象；但是，如果供货的小规模纳税人将货物价格压低，那么可以抵消不能抵扣税款所增加的企业负担。

可以通过比较、计算来得出结论。

设任意一个增值税一般纳税人，当某货物的含税销售额为 Q（适用 17% 税率）时，该货物的采购情况分别为索取 17% 、3% 专用发票和不索取专用发票，含税购进额分别为 A、B、C，城市维护建设税和教育费附加两项按 8% 计算，企业所得税税率

25%（我们暂不考虑采购费用对所得税的影响）。运用计算现金净流量的公式可得：

（1）索取17%专用发票情况下的现金净流量为：

$Q - \{A + (Q \div 1.17 \times 0.17 - A \div 1.17 \times 0.17) + (Q \div 1.17 \times 0.17 - A \div 1.17 \times 0.17) \times 0.08 + [Q \div 1.17 - A \div 1.17 - (Q \div 1.17 \times 0.17 - A \div 1.17 \times 0.17) \times 0.08] \times 0.25\} = 0.6323Q - 0.6323A \cdots\cdots\cdots$①

（2）索取3%专用发票情况下的现金净流量为：

$Q - \{B + (Q \div 1.17 \times 0.17 - B \div 1.03 \times 0.03) + (Q \div 1.17 \times 0.17 - B \div 1.03 \times 0.03) \times 0.08 + [Q \div 1.17 - B \div 1.03 - (Q \div 1.17 \times 0.17 - B \div 1.03 \times 0.03) \times 0.08] \times 0.25\} = 0.6323Q - 0.72645B \cdots\cdots\cdots$②

（3）不能索取专用发票情况下的现金净流量为：

$Q - \{C + (Q \div 1.17 \times 0.17) + (Q \div 1.17 \times 0.17) \times 0.08 + [Q \div 1.17 - C - (Q \div 1.17 \times 0.17) \times 0.08] \times 0.25\} = 0.6323Q - 0.75C \cdots\cdots\cdots$③

若以①式表述的采购方式和现金流量为理想状态，则令②式等于①式，即索取3%专用发票情况下的现金净流量跟①式这个理想状态相等时，可求出②式中的B与①式中的A之比为87.03%，也就是说，当采购企业索取3%的专用发票购货时，只要供货方给予含税价12.97%的价格折让，采购企业就可以达到理想状态。同样的方法，能够计算出采购企业索取3%专用发票和不能索取专用发票情况下，售货方的价格折让临界点为3.13%。

对于增值税一般纳税人来说，在购货时运用价格折让临界点原理，就可以放心大胆地跟小规模纳税人打交道，只要所购货物的质量符合要求，价格折让能够达到相应的临界点指数，增值税一般纳税人完全应当弃远求近，从身边周围的小规模纳税人那里购货，以节省采购时间和采购费用。

案例 3 – 8

某食品加工厂为增值税一般纳税人，每年要外购某种添加剂30吨。每年从外省市食品厂购入（一般纳税人），假定每吨价格需9万元（含税价）。当地有几家规模较小的食品企业（小规模纳税人），所生产改种添加剂的质量可与该外省市食品厂生产的相媲美。假定当地食品企业能要求税务局代开出征收率为3%的增值税专用发票，那么，该食品加工厂以什么价格从小规模纳税人那里购进才可以接受呢？

按上面的公式，企业能索取3%专用发票时的价格折让点为12.97%，即该厂只要能以每吨78 327元［90 000×（1 – 12.97%）］的价格购入，其现金流量就和从外省一般纳税人处采购一样。如果考虑到运费的支出，以这个价格购入还会节省不少费用。

（三）运费的筹划

增值税一般纳税人支付运费可以抵扣进项税额，将货物和运费一并收取应当按17%税率缴纳增值税，如果是单独核算的运输部门的运费收入，则应当11%税率缴纳增值税。企业拥有车辆并自己运输，或者外购运输，或者单独成立运输公司并向其支付运费，其税收负担是有差别的。

一般纳税人自己拥有车辆并组织运输时，运输工具耗用的油料、配件及正常的修理费支出等项目，如果取得了专用发票可以抵扣17%的进项税额；假定这些可扣除的支出项目金额占运费金额 Y 的比重为 R，则相应可抵扣的税额 = Y × R × 17%。

如果外购运输，支付运费可按运费发票金额11%计算抵扣进项税额。即可抵扣税额 = Y × 11%。

令两种方式抵扣税额相等，则 Y × R × 17% = Y × 11%，此时 R = 64.71%。可称为运费抵扣的税负平衡点。如果 R > 64.71%，表示自营运输中可抵扣的物料耗费较大，可抵扣的金额较多；如果 R < 64.71%，表示自营运输可抵扣的税额不高，还不如外购运输划算。

企业在购销过程可能都需要车辆运输，选择自营车辆运输或者外购运输时，应该综合考虑。还有，要考虑购货方的意愿。方案的变更会影响到购货方的税收负担，应综合考虑购货方对这种变化的反应，通盘考虑企业的整体利益。

案例 3 – 9

某企业为一般纳税人，年平均原材料采购的运输费用支出为500万元，如果企业自己组织运输，经测算其中能取得专用发票的物料耗费为100万元。但从增值税角度考虑，企业是自己组织运输，还是直接从其他企业外购运输，怎么做最合算？

由于 R = 100 ÷ 500 = 20%，根据上述分析，该比重低于两个税负平衡点，说明自营运输不合算，无疑应该从其他企业外购运输。不同情况的可抵扣税额如下：

自营运输抵扣税额 = 100 × 17% = 17（万元）

从其他企业外购运输可抵扣税额 = 500 × 11% = 55（万元）

（四）兼营简易计税、免税的筹划

纳税人兼营简易计税、免税，应当正确划分其不得抵扣的进项税额；对不能准确划分进项税额的，按下列公式计算不得抵扣的进项税额：

$$不得抵扣的\atop进项税额 = {当期无法划分的\atop全部进项税额} \times \left({当期简易计税方法\atop计税项目销售额} + {免税增值税\atop项目销售额}\right)$$

$$\div 当期全部销售额合计$$

纳税人如果有兼营简易计税、免税并且在可以正确划分期进项税额的情况下，可按照上述公式计算出不得抵扣的进项税额，与实际简易计税、免税项目不抵扣的进项税额对比，选择合适的方法：如果按照计算出来的不得抵扣的进项税额更小，则不必划分简易计税、免税项目的进项税额，以获取税收利益。

案例 3－10

某化工厂为一般纳税人，生产农膜和其他化工产品。2017 年 6 月从另一石化企业购进化工原料 10 吨，取得增值税专用发票注明税款为 13 万元，当月将该批原料的 60% 加工生产应税化工产品，取得不含税销售额 95 万元，另外 40% 用于生产农膜（享受免税），取得销售额 45 万元。若正确划分免税和应税项目的进项税额，则不得抵扣的进项税额 ＝13 ×40％ ＝5.2（万元）。

如果不划分，按照上述计算公式，不得抵扣的进项税额 ＝13 ×45 ÷（95 ＋45）＝4.18（万元）。因此，企业应选择不划分应税和免税项目的进项税额，反而可以节省税负 1.02 万元。

第三节　增值税税率的税收筹划

一、有关法律规定

（一）税率

（1）增值税一般纳税人提供交通运输、邮政、基础电信、建筑、不动产租赁服务，销售不动产，转让土地使用权及《税务总局关于简并增值税税率有关政策的通知》（财税〔2017〕37 号）中规定的范围，税率为11％。

（2）提供有形动产租赁服务，税率为17％。

（3）纳税人发生提供增值电信服务、金融服务、现代服务（租赁服务除外）、生活服务、转让土地使用权以外的其他无形资产的应税行为，税率为6％。

（4）纳税人出口货物，境内单位和个人发生符合规定的跨境应税行为，税率为零。

增值税一般纳税人销售或者进口货物，提供应税劳务，发生应税行为，除上述（1）（3）（4）外，一律为17%的基本税率。

（二）征收率

征收率是对特定的货物或特定的纳税人销售货物、提供应税劳务、发生应税行为在某一生产流通环节应纳税额与销售额的比率。除下列情况适用5%的征收率以外的纳税人选择简易计税方法销售货物、提供应税劳务、发生应税行为均为3%：

（1）小规模纳税人销售自建或者取得的不动产。

（2）一般纳税人选择简易计税方法计税的不动产销售。

（3）房地产开发企业中的小规模纳税人，销售自行开发的房地产项目。

（4）其他个人销售其取得（不含自建）的不动产（不含其购买的住房）。

（5）一般纳税人选择简易计税方法计税的不动产经营租赁。

（6）小规模纳税人出租（经营租赁）其取得的不动产（不含个人出租住房）。

（7）其他个人出租（经营租赁）其取得的不动产（不含住房）。

（8）个人出租住房，应按照5%的征收率减按1.5%计算应纳税额。

（9）一般纳税人和小规模纳税人提供劳务派遣服务选择差额纳税的。

（10）一般纳税人2016年4月30日前签订的不动产融资租赁合同，或以2016年4月30日前取得的不动产提供的融资租赁服务，选择适用简易计税方法的。

（11）一般纳税人收取试点前开工的一级公路、二级公路、桥、闸通行费，选择使用简易计税方法的。

（12）一般纳税人提供人力资源外包服务，选择适用简易计税方法的。

（13）纳税人转让2016年4月30日前取得的土地使用权，选择简易计税方法的。

（三）兼营不同税率或者征收率项目的处理原则

纳税人兼营不同税率或者征收率的货物、应税劳务或者应税行为的，应当分别核算不同税率的货物或者应税劳务的销售额。未分别核算的，从高适用税率。

二、税率的筹划原则

1. 对于兼营不同税率的货物、应税劳务或者应税行为的，应当分别核算不同税率的销售额。避免从高适用税率的情况发生。

2. 了解掌握低税率货物的内容和界定标准，有可能时应力争达到相关标准，以享受低税率的待遇。

第四节　增值税税收优惠的税收筹划

一、增值税的税收优惠

增值税税收优惠的内容较多，可以按照优惠形式大致归类。①

（一）免税

1. 法定项目。纳税人销售或进口下列项目，免征增值税：

（1）农业生产者销售的自产农产品；

（2）避孕药品和用具；

（3）古旧图书；

（4）直接用于科学研究、科学试验和教学的进口仪器、设备；

（5）外国政府、国际组织无偿援助的进口物资和设备；

（6）由残疾人的组织直接进口供残疾人专用的物品；

（7）销售自己使用过的物品。

2. "营改增"规定的免税政策。

（1）托儿所、幼儿园提供的保育和教育服务；

（2）养老机构提供的养老服务；

（3）残疾人福利机构提供的育养服务；

（4）婚姻介绍服务；

（5）殡葬服务；

（6）残疾人员为社会提供的服务；

（7）医疗机构提供的医疗服务；

---

① 本书没有罗列已经执行到期的优惠政策，另外针对具体企业或个别特定行业的、不具有一般意义、没有筹划空间的优惠政策没有罗列。

（8）从事学历教育的学校提供的教育服务；

（9）学生勤工俭学提供的服务；

（10）农业机耕、排灌、病虫害防治、植物保护、农牧保险以及相关技术培训业务，家禽、牲畜、水生动物的配种和疾病防治；

（11）纪念馆、博物馆、文化馆、文物保护单位管理机构、美术馆、展览馆、书画院、图书馆在自己的场所提供文化体育服务取得的第一道门票收入；

（12）寺院、宫观、清真寺和教堂举办文化、宗教活动的门票收入；

（13）行政单位之外的其他单位收取的符合《试点实施办法》第十条规定条件的政府性基金和行政性收费；

（14）个人转让著作权；

（15）个人销售自建自住房屋；

（16）台湾航运公司、航空公司从事海峡两岸海上直航、空中直航业务在大陆取得的运输收入；

（17）纳税人提供的直接或者间接货物运输代理服务；

（18）以下利息收入：

①2016年12月31日前，金融机构农户小额贷款；

②国家助学贷款；

③国债、地方政府债；

④人民银行对金融机构的贷款；

⑤住房公积金管理中心用住房公积金在指定的委托银行发放的个人住房贷款；

⑥外汇管理部门在从事国家外汇储备经营过程中，委托金融机构发放的外汇贷款；

⑦统借统还业务中，企业集团或企业集团中的核心企业以及集团所属财务公司按不高于支付给金融机构的借款利率水平或者支付的债权票面利率水平，向企业集团或者集团内下属单位收取的利息。

（19）被撤销金融机构以货物、不动产、无形资产、有价证券、票据等财产清偿债务；

（20）保险公司开办的一年期以上人身保险产品取得的保费收入；

（21）再保险收入；

（22）下列金融商品转让收入：

①合格境外投资者（QFII）委托境内公司在我国从事证券买卖业务；

②香港市场投资者（包括单位和个人）通过沪港通买卖上海证券交易所上市

A 股；

③对香港市场投资者（包括单位和个人）通过基金互认买卖内地基金份额；

④证券投资基金（封闭式证券投资基金，开放式证券投资基金）管理人运用基金买卖股票、债权；

⑤个人从事金融商品转让业务。

（23）金融同业往来利息收入；

（24）同时符合下列条件的担保机构从事中小企业信用担保或者再担保业务取得的收入 3 年内免征增值税：

①已取得监管部门颁发的融资性担保机构经营许可证，依法登记注册为企（事）业法人，实收资本超过 2 000 万元；

②平均年担保费率不超过银行同期贷款基准利率的 50%。平均年担保费率＝本期担保费收入/（期初担保余额＋本期增加担保金额）×100%；

③连续合规经营 2 年以上，资金主要用于担保业务，具备健全的内部管理制度和为中小企业提供担保的能力，经营业绩突出，对受保项目具有完善的事前评估、事中监控、事后追偿与处置机制；

④为中小企业提供的累计担保贷款额占其两年累计担保业务总额的 80% 以上，单笔 800 万元以下的累计担保贷款额占其累计担保业务总额的 50% 以上；

⑤对单个受保企业提供的担保余额不超过担保机构实收资本总额的 10%，且平均单笔担保责任金额最多不超过 3 000 万元人民币；

⑥担保责任余额不低于其净资产的 3 倍，且代偿率不超过 2%。

（25）国家商品储备管理单位及其直属企业承担商品储备任务，从中央或者地方财政取得的利息补贴收入和价差补贴收入；

（26）纳税人提供技术转让、技术开发和与之相关的技术咨询、技术服务；

（27）同时符合下列条件的合同能源管理服务：

①节能服务公司实施合同能源管理项目相关技术，应当符合国家质量监督检验检疫总局和国家标准化管理委员会发布的《合同能源管理技术通则》（GB/T24915—2010）规定的技术要求；

②节能服务公司与用能企业签订《节能效益分享型》合同，其合同格式和内容，符合《中华人民共和国合同法》和国家质量监督检验检疫总局和国家标准化管理委员会发布的《合同能源管理技术通则》（GB/T24915—2010）等规定。

（28）政府举办的职业学校设立的主要为在校学生提供实习场所、并由学校出资自办、由学校负责经营管理、经营收入归学校所有的企业，对其从事营业税暂行条例

"服务业"税目规定的服务项目（广告业、桑拿、按摩、氧吧等除外）取得的收入；

（29）政府举办的从事学历教育的高等、中等和初等学校（不含下属单位），举办进修班、培训班取得的全部归该学校所有的收入；

（30）家政服务企业由员工制家政服务员提供家政服务取得的收入；

（31）福利彩票、体育彩票的发行收入；

（32）军队空余房产租赁收入；

（33）为了配合国家住房制度改革，企业、行政事业单位按房改成本价、标准价出售住房取得的收入；

（34）将土地使用权转让给农业生产者用于农业生产；

（35）涉及家庭财产分割的个人无偿转让不动产、土地使用权；

（36）土地所有者出让土地使用权和土地使用者将土地使用权归还给土地所有者；

（37）县级以上地方人民政府或者自然资源行政主管部门出让、转让或收回自然资源使用权（不含土地使用权）；

（38）随军家属、转业干部就业；

（39）各党派、共青团、工会、妇联、中科协、青联、台联、侨联收取党费、团费、会费，以及政府间国际组织收取会费，属于非经营活动，不征收增值税；

（40）青藏铁路公司提供的铁路运输服务；

（41）中国邮政集团公司及其所属邮政企业提供的邮政普遍服务和邮政特殊服务；

（42）自2016年1月1日起，中国邮政集团公司及其所属邮政企业为金融机构代办金融保险业务取得的代理收入，在"营改增"试点期间免征增值税；

（43）全国社会保障基金理事会、全国社会保障基金投资管理人运用全国社会保障基金买卖证券投资基金、股票、债权取得的金融商品转让收入；

（44）对下列国际航运保险业务免征增值税：

①注册在上海、天津的保险企业从事国际航运保险业务；

②注册在深圳市的保险企业向注册在前海深港现代服务业合作区的企业提供国际航运保险业务；

③注册在平潭的保险企业向注册在平潭的企业提供国际航运保险业务。

（45）对从事蔬菜批发、零售的纳税人销售的蔬菜免征增值税；

（46）除豆粕以外的其他粕类饲料产品，免征增值税；

（47）制种企业利用自有土地或承租土地，雇用农户或雇工进行种子繁育，再经烘干、脱粒、风筛等深加工后销售种子，以及制种企业提供亲本种子委托农户繁育并从农户手中收回，再经烘干、脱粒、风筛等深加工后销售种子，都属于农业生产者销售自产农业产品，可免征增值税；

（48）自2008年6月1日起，纳税人生产销售和批发、零售有机肥产品免征增值税；

（49）按债转股企业与金融自产管理公司签订的债转股协议，债转股原企业将货物资产作为投资提供给债转股新公司的，免征增值税；

（50）2014年10月1日起至2017年12月31日，对增值税小规模纳税人中月销售额不超过3万元的，免征增值税；

（51）自2014年3月1日起，对外购用于生产乙烯、芳烃类化工产品（以下称"特定化工产品"）的石脑油、燃料油（以下称"2类油品"），且使用2类油品生产特定化工产品的产量占本企业用石脑油、燃料油生产各类产品总量50%（含）以上的企业，其外购2类油品的价格中消费税部分对应的增值税额，予以退还；

（52）境内的单位和个人销售规定的服务和无形资产免征增值税，但财政部和国家税务总局规定的适用增值税零税率的除外；

（53）自2016年1月1日至2018年供暖期结束，对供热企业向居民个人供热而取得的采暖费收入免征增值税；

（54）自2016年1月1日起至2018年12月31日，继续对国产抗艾滋病病毒药品免征生产环节和流通环节增值税；

（55）对内资研发机构和外资研发机构采购国产设备全额退还增值税。

（二）即征即退

1. 增值税一般纳税人销售其自行开发生产的软件产品，按17%税率征收增值税后，对其增值税实际税负超过3%的部分即征即退；

2. 一般纳税人提供管道运输服务，对增值税实际税负超过3%的部分实行增值税即征即退；

3. 经人民银行、银监会或者商务部批准从事融资租赁业务的试点纳税人中的一般纳税人，提供有形动产融资租赁服务和有形动产融资性售后回租服务，对其增值税实际税负超过3%的部分实行增值税即征即退政策；

4. 纳税人享受安置残疾人增值税即征即退政策；

5. 纳税人销售自产的综合利用产品和提供资源综合利用劳务，享受增值税即征即退政策。

（三）扣减增值税规定

1. 退役士兵创业就业。

（1）对自主就业退役士兵从事个体经营的，在 3 年内按每户每年 8 000 元为限额依次扣减其当年实际应缴纳的增值税、城市维护建设税、教育费附加、地方教育附加和个人所得税。限额标准最高可上浮 20%，各省、自治区、直辖市人民政府可根据本地区实际情况在此幅度内确定具体限额标准，并报财政部和国家税务总局备案。

（2）对商贸企业、服务型企业、劳动就业服务企业中的加工型企业和街道社区具有加工性质的小型企业实体，在新增加的岗位中，当年新招用持《再就业优惠证》人员，与其签订 1 年以上期限劳动合同并缴纳社会保险费的，在 3 年内按照实际招用人数予以定额依次扣减增值税。

2. 重点群体创业就业。

（1）对持《就业创业证》人员从事个体经营的，在 3 年内按每户每年 8 000 元为限额依次扣减其当年实际应缴纳的增值税。

（2）对商贸企业、服务型企业、劳动就业服务企业中的加工型企业和街道社区具有加工性质的小型企业实体，在新增加的岗位中，当年新招用在人力资源社会保障部门公共就业服务机构登记失业半年以上且持有《就业创业证》人员或 2015 年 1 月 27 日前取得的《就业失业登记证》人员，与其签订 1 年以上期限劳动合同并缴纳社会保险费的，在 3 年内按照实际招用人数予以定额依次扣减增值税。

（四）起征点

个人（包括个体经营者及其他个人）销售货物、应税劳务和应税行为的，未达到规定起征点的，免征增值税。增值税的起征点幅度规定为：

按期纳税的，为月销售额 5 000 ~ 20 000 元（含本数）；

按次纳税的，为每次（日）销售额 300 ~ 500 元（含本数）。

二、税收优惠筹划的原则和方法

税收优惠的目的是鼓励企业从事相应的业务或项目，因此利用税收优惠来获得税收利益，在很大程度上是与国家利益、社会利益是一致的。在筹划过程中应把握的原则和方法如下：

（一）了解优惠政策范围，掌握具体内容和规定

想利用税收优惠进行筹划，首先必须了解优惠政策范围，知道哪些是国家鼓励的项目，哪些产品或者行为可以享受税收优惠。并且需要进一步知道，优惠的时期、方法、幅度，做到心中有数。

（二）综合考虑税收与非税因素，做出对企业最有利的决策

企业原本或计划内生产的产品、从事的项目或者经营活动属于税收优惠范畴的，享受优惠政策只是操作层面的问题——需要哪些步骤、哪些资料，具体落实即可；但如果企业为了享受优惠政策而改变产品、项目或者经营行为的，必须综合考虑税收与非税因素的结果，从企业整体利益高度考虑税收优惠利益背后的成本和机会成本，做出最有利于企业发展的决策。

（三）找准优惠政策的关键点，降低操作成本和税收风险

享受税收优惠，需要经过一定的申请和审核、审批程序。作为纳税人，必须清楚优惠政策的核心点，或者享受优惠政策需要具备的核心条件，或者在申请享受优惠政策时需要提交的资料中，哪些是税务机关审核的关键点。只有如此，才能最平稳顺利地享受政策，最大限度地降低操作成本，避免可能出现的税收风险。

案例 3 - 11

某市乳品厂为工业生产企业，增值税一般纳税人。该企业经营业务包括两大部分：内部奶牛场饲养奶牛产出原奶，再由加工厂加工成各种奶品出售。该厂牛奶制品适用 17% 的法定税率，而其可以抵扣的进项税额主要是饲养奶牛所消耗的饲料，包括草料及精饲料。草料大部分为向农民收购，购进免税的农产品准予按照买价和 11% 的扣除率计算进项税额（按 2017 年 7 月 1 日之后政策计算抵扣）。精饲料则由于无法取得进项税额抵扣凭证（按现行政策属于免税范畴）因而乳品厂的抵扣项目仅为外购草料金额的 11%，还有一小部分辅助生产耗用品，因此税收负担较重。

该厂研究现行税收政策后决定，将奶牛场和加工厂分开独立核算，成立两个独立法人企业，分别办理工商登记和税务登记。在生产上是协作关系，由奶牛场生产的原奶仍供应给加工厂加工销售，牧场和乳品加工厂之间按正常的企业间购销关系结算。

改制后，作为奶牛场，由于其自产自销未经加工的农产品（鲜牛奶），符合农业生产者自销农业产品的条件，可享受免税待遇，税负为零；销售给乳品加工厂的原奶

价格按正常的成本利润率核定。作为乳品加工厂，其购进奶牛场的原奶，可作为农产品收购处理，可按收购额计算扣除11%的进项税额；由于多出了原奶部分的进项税额抵扣，企业整体税负大幅度下降。

第五节　增值税出口退（免）税的税收筹划

一、出口退（免）税的政策规定

出口退（免）税是政府为了鼓励出口，对本国出口产品所负担的税款退还给纳税人的做法。对征收增值税的国家来说，对增值税出口货物实行零税率，就可以达到出口环节免税、前道环节所含的进项税额退付的效果。从理论上讲，要使本国产品以不含税价进入国际市场，应遵循"征多少、退多少"和"未征不退"的原则。现实中，各国根据自己的国情和对外贸易战略来制定具体的出口退税政策。

（一）出口退（免）税基本政策

出口退（免）税的基本政策，或者一般做法，有以下三种：

一是出口免税并退税，即出口环节免征、出口前实际承担的税负按规定的退税率计算退还；二是出口免税但不退税，是针对在前一道环节已享受免税的出口货物；三是对那些政府限制或禁止出口的货物，实施出口不免税也不退税的政策。

（二）我国出口退免税的适用范围和条件

对出口的凡属已征或应征增值税的货物，除国家明确规定不予退免税的货物和出口企业从小规模纳税人购进并持普通发票的部分货物外，均应予以退还已征增值税和消费税或免征应征的增值税和消费税。可以退税的出口货物必须满足以下条件：

必须是属于增值税、消费税征税范围的货物；

必须是报关离境的货物；

必须是在财务上作销售处理的货物；

必须是出口收汇并已核销的货物。

（三）不同政策的适用对象

1. 下列企业出口货物给予免税并退税：

生产企业自营出口或委托外贸企业代理出口的自产货物；

有出口经营权的外贸企业收购后直接出口或委托其他外贸企业代理出口的货物；

其他非生产性企业委托外贸企业出口的货物不予退（免）税。

2. 下列企业出口货物给予免税不退税：

来料加工复出口的货物；

小规模纳税人自营和委托出口的货物；

有出口卷烟经营权的企业出口国家计划内的卷烟；

避孕药具、古旧图书；

军品以及军队系统企业出口军需工厂生产或军需部门调拨的货物免税；

国家规定的暂时免税的其他免税货物也不办理退税。

3. 除经批准属于进料加工复出口贸易以外，下列出口货物不免税也不退税：

一般物资援助项下实行承包结算制的援外出口货物；

国家禁止出口的货物（天然牛黄、麝香、铜及铜基合金、白银等）；

生产企业自营或委托出口的非自产货物。国家规定不予退税的出口货物，应按照出口货物取得的销售收入征收增值税；

（四）出口货物的退税率

增值税出口退税率是出口货物实际退税额与退税计税依据的比例。除财政部和国家税务总局根据国务院决定而明确的增值税出口退税率外，出口货物退税率为其适用税率。

（五）我国出口货物退税的具体方法

1. "免、抵、退"。适用于生产企业（一般纳税人）自营或委托外贸企业代理出口自产货物；出口自产的属于应征消费税的产品，实行免征消费税办法。

免，是指对出口自产货物免征本企业生产销售环节增值税。

抵，是指出口自产货物所耗用的原材料、零部件、燃料、动力等所含应予退还的进项税额，抵顶内销货物的应纳税额。

退，是指当月内应抵顶的进项税额大于应纳税额时，对未抵顶完的部分予以退税。

2. "免、退"税办法。不具有生产能力的出口企业或企业单位出口货物、劳务，免征增值税，相应的进项税额予以退还。适用增值税一般计税办法的外贸企业外购服务或者无形资产出口实行"免、退"税办法。

二、出口退税的筹划的原则

首先，出口退税是一项专业性较强的工作。企业要想在出口退税方面获得更大的税收利益，首先需要熟悉并熟练掌握国家相关的政策规定，而且出口退税政策一般体现国家对外贸易的战略，因此政策有时效性，会经常变动。也需要企业及时更新自己的政策法规信息。

其次，出口退税业务本身涉及税务、海关、银行、外汇管理等部门，其办理和审核的关键点，最终落实在各种"表""证""单""书"上。对企业来说，熟悉办理流程，准确及时提供相关材料，能有效降低办理出口退税的成本，提高效率。

最后，出口退税的筹划，与其他所有税种的筹划一样，必须在法律法规允许的范围内操作。之所以单独提出这个原则，从我国税收征管实践来看，从出口退税政策出台，各种违法犯罪行为就层出不穷，其中不乏打着"税收筹划"旗号进行的活动。我国征管法和刑法都对骗取出口退税的违法和犯罪行为进行了界定。企业筹划时一定不要采用虚假或欺骗手段。

三、出口退税筹划的空间和方法

由于不同的生产经营方式、贸易方式的税收待遇不同，税收政策本身就给出口退税提供了筹划的空间。

（一）现行政策对生产企业自产产品的有关规定

1. 生产企业外购的产品同时满足以下条件，可视同自产货物办理退税：

与本企业生产的产品名称、性能相同；

使用本企业注册商标或外商提供给本企业使用的商标；

出口给进口本企业自产产品的外商。

2. 生产企业外购的与本企业所生产的产品配套出口的产品，若出口给进口本企业自产产品的外商，符合下列条件之一，可视同自产产品办理退税：

用于维修本企业出口的自产产品的工具、零部件、配件；

不经本企业加工或组装，出口后能直接与本企业自产产品组合成成套产品的。

3. 凡同时符合以下条件，可认定为集团成员，集团公司收购成员企业产品，可视同自产产品办理退免税：

经县级以上政府主管部门批准为成员的企业，或由集团公司控股的生产企业；

集团公司及其成员企业均实行生产企业财务会计制度；

将有关证明材料报送给主管退税的税务机关。

4. 生产企业委托加工收回的产品，同时符合以下条件的，可视同自产产品办理退税：

与本企业生产的产品名称、性能相同，或者是用本企业生产的产品再委托深加工收回的产品；出口给进口本企业自产产品的外商；委托方与受托方必须签订委托加工协议，主要原材料由委托方提供，受托方不垫付资金，只收取加工费，开具加工费的专用发票。

5. 用于本企业中标项目下的机电产品。

6. 用于对外承包工程下的货物。

7. 用于境外投资的货物。

8. 用于对外援助的货物。

9. 生产自产货物的外购设备和原材料（农产品除外）。

上述政策规定中，企业就可以尽量选择满足相关规定的生产经营方式，以最大限度获取税收利益。

（二）利用改变贸易方式筹划：来料加工和进料加工

出口企业的进口料件加工复出口的货物可采取两种贸易方式，各自的设计出口退税的政策规定也不同：一是来料加工方式，免征加工费的增值税，对其耗用的国产辅助材料不办理出口退税；二是进料加工方式，加工货物复出口后，可办理加工及生产环节已缴纳增值税的出口退税。由于我国多数货物的出口退税率都小于征税率。在这种情况下，选择何种出口方式，需要结合具体情况进行分析。

首先，应考虑耗用国产料件的比重。如果进口料件复出口货物耗用进口料件的同时，还耗用部分国产料件，在国产料件用量较少的情况下，进料加工虽可办理增值税出口退税，因退税率小于征税率，退税不是完全的退税，其耗用的国产原料件、零部件等支付的进项税额，不能从内销货物的销项税额中抵扣，而要计入出口产品成本。因此，在这种情况下，进料加工成本较高。来料加工业务免征增值税，因而应选用来料加工方式。

反之，如果出口货物耗用的国产料件越多，因国产料件不能办理退税，就存在出口成本随着国产料件数量的增加而增大的现象。在这种情况下，进料加工方式虽然仍因退税率低于征税率而增加了出口产品成本，但与来料加工相比，耗用的国产料件价值增加到一定程度时，进料加工成本会小于来料加工成本。因此，如果出口货物耗用的国产料件较多时，应采用进料加工方式。

其次，应考虑利润率的大小。如果耗用的料件全为进口，对于利润率较低的出口货物，宜采用进料加工方式。反之，则宜采用来料加工方式。

除此以外，从统筹兼顾原则考虑，出口企业是采用来料加工方式还是进料加工贸易方式，还有一个货物所有权和货物定价权问题。来料加工方式下，料件的所有权和成品的所有权归外商所有，承接来料加工的企业只收取加工费即通常所称的"工缴费"，出口企业也没有成品的定价权利；但进料加工下，料件和加工成品的所有权及定价权都属于承接进料加工的出口企业，因此，也可通过提高货物售价来增大出口盈利，这也是企业贸易筹划的一个方面。

案例 3 – 13

某出口型生产企业采用进料加工方式出口货物一批，进口料件价值 120 万元，加工完成后复出口售价为 150 万元，为加工该批货物耗用材料、备件的进项税额为 3 万元，该产品征税率为 17%，退税率为 13%。

出口退税额 = 进项税额 – (出口销售额 – 进口材料价款) × (征税率 – 退税率) = 3 – (150 – 120) × (17% – 13%) = 1.8 (万元)。

如果该批货物的复出口售价为 230 万元，其出口退税额 = 3 – (230 – 120) × (17% – 13%) = – 1.4 (万元)，即该企业还应纳税 1.4 万元。而采用来料加工方式则既不征税也不退税。

若令出口退税额等于零，可以计算出税负平衡时的商品售价，并判断出理论率。

假设复出口售价为 X 万元，则 3 – (X – 120) × (17% – 13%) = 0，则 X = 195，采用进料加工的退税额为零。也就是说，此时两种方式的税收待遇一致。因此可以得出结论，在退税率小于征税率 4 个百分点的情况下，若出口货物的利润率为 62.5%，即 (195 – 120)/120 时，采用进料加工和来料加工方式是一样的；若出口货物的利润率低于 62.5%。则宜采用进料加工方式；反之，则应采用采料加工方式。

本章小结

对许多企业来说，增值税是主体税种，构成企业税收负担的主要内容，增值税筹划在企业税收筹划中有非同寻常的意义。由于增值税一般纳税人和小规模纳税人计税方法的差异，企业在纳税人身份选择上存在筹划空间；另外，增值税在计税依据——销项税额和进项税额——的确定方面，在适用税率上，在税收优惠政策上，以及在出口退税政策上，由于纳税人的生产经营活动的方式、内容以及财务会计核算方法选择的差异，都会造成税收负担的差异，从而提供不同程度的筹划空间。企业应当了解和掌握相关的税收法律、法规和政策精神，找准政策的关键点和核心内容，结合自身的特点，统筹考虑各方面因素，选择最有利的生产经营活动方式、内容和财务会计核算方法，降低税收成本，规避税收风险，最终达到筹划的目的。

关键术语

一般纳税人身份　小规模纳税人简易计税办法　税负平衡点增值率　混合销售的税务处理　实物折扣销售的税务处理　税负平衡的进货价格折让点

思考题

1. 小规模纳税人的税收负担较重，这种说法正确吗？为什么？
2. 影响纳税人选择一般纳税人或者小规模纳税人的因素有哪些？
3. 不得抵扣的进项税额和进项税额转出的规定有哪些？
4. 举例说明销售结算方式筹划的方法有哪些？
5. 作为一般纳税人，是否应该拒绝或避免从小规模纳税人处购进货物？为什么？
6. 请说明运费筹划应考虑哪些因素？
7. 请说明增值税税收优惠筹划的原则和方法。
8. 我国现行出口退税政策中，对生产企业自产产品有哪些规定？

第四章　消费税的税收筹划

消费税是对我国境内从事生产、委托加工和进口应税消费品的单位和个人，就其销售额或销售数量，在特定环节征收的一种税。简单地说，消费税是对特定的消费品和消费行为征收的一种税。

消费税是在对货物普遍征收增值税的基础上，选择少数消费品再征收的一个税种，主要是为了调节产品结构，引导消费方向，保证国家财政收入。现行消费税的征收范围主要包括：烟、酒及酒精、鞭炮、焰火、化妆品、成品油、贵重首饰及珠宝玉石、高尔夫球及球具、高档手表、游艇、木制一次性筷子、实木地板、汽车轮胎、摩托车、小汽车等税目，有的税目还进一步划分若干子目。

小贴士：消费税的计征，主要取决于三个因素，即纳税人的选定、税率的高低及销售额的大小，因此这三项内容也成为消费税税收筹划的主要内容。

第一节　消费税纳税人的税收筹划

一、纳税人的法律界定

在《中华人民共和国消费税暂行规定》中，对纳税人的规定是在中华人民共和国境内生产、委托加工和进口应税消费品的单位和个人。具体包括：

（一）生产应税消费品的单位和个人

从事生产应税消费品的各类企业、单位和个人，对用于销售的应税消费品，在销售成立时以销售额为计税依据缴纳消费税；对用于其他方面的应税消费品，视其不同用途区别对待，用于连续生产应税消费品的，不缴纳消费税，用于非应税消费品生产和在建工程、管理部门、非生产机构、提供劳务，以及用于馈赠、赞助、集资、广告、样品、职工福利、奖励等方面的，在移送使用时缴纳消费税。

（二）委托加工应税消费品的单位和个人

委托加工应税消费品，以委托方为纳税人，税款由受托方代收代缴（受托方为个人的除外）。受托方为个人的，税款由委托方收回委托加工的应税消费品后，向委托方所在地的税务机关缴纳。委托加工收回的应税消费品如果直接用于销售，不再缴纳消费税，如果用于生产应税消费品，已税消费品已经缴纳的消费税可以按照实际领用数从应税消费品的消费税额中扣减。

（三）进口应税消费税的单位和个人

进口应税消费品，由收货人或其代理人在进口环节以组成计税价格为依据计算缴纳消费税。

二、纳税人的税收筹划

由于消费税是针对特定纳税人征收的，因此可以通过企业的合并把纳税环节向后推，递延纳税时间。

（一）合并会使原来企业间的购销环节转变为企业内部的原材料供应环节，从而递延部分消费税税款。如果两个合并企业之间存在着原材料供应关系，在合并之前，这种原材料供应关系就表现为商品购销关系，应该以正常的购销价格为依据缴纳消费税。而在合并之后，两个企业之间的原材料供应关系就转变为企业内部的原材料供应环节，按照税法规定，这个环节不需要缴纳消费税，直到销售环节才需要缴纳消费税，这样就递延了消费税的纳税时间。

（二）如果合并企业后一环节的消费税税率较前一环节的低，则合并后可直接减轻企业的消费税税负。因为前一环节应当征收的消费税推迟到后一环节征收，而后一环节的消费税适用税率较低，则前一环节的销售额因适用了较低的税率而减轻了企业的税负。

案例 4-1

某酒厂 H 一直从另一酒厂 M 购进散装粮食白酒，经过加工勾兑成新型酒销售，年购进量 1 200 吨，价格为 3 元/斤。如果酒厂 H 兼并酒厂 M，每年将增加费用支出 150 万元，试分析酒厂 H 是否值得兼并酒厂 M？

如果酒厂 H 不兼并酒厂 M，酒厂 H 每年多纳消费税：

$1\ 200 \times 2\ 000 \times 3 \times 20\% + 1\ 200 \times 2\ 000 \times 0.5 = 2\ 640\ 000$（元）

酒厂 H 兼并酒厂 M 后，H 与 M 成为一个企业，M 生产的散装粮食白酒再由 H 勾兑新型酒，属于自产应税消费品连续生产应税消费品，前一环节可免征消费税。虽然每年将增加费用支出 150 万元，但还是可以获得税收收益 114 万元（264 - 150），所以酒厂 H 应当选择兼并酒厂 M 的经营方式。

案例 4-2

某地区有两家大型酒厂 A 和 B，它们都是独立核算的法人企业。企业 A 主要经营粮食类白酒，以当地生产的高粱和玉米为原料进行酿造，按照消费税法规定，应该适用 20% 的税率，已知粮食白酒的定额税率为每斤 0.5 元。企业 B 以企业 A 生产的粮食酒为原料，生产系列药酒，按照税法规定，应该适用 10% 的税率。企业 A 每年要向企业 B 提供价值 2 亿元，计 5 000 万千克的粮食酒。经营过程中，企业 B 由于缺乏资金和人才，无法经营下去，准备破产。此时企业 B 欠企业 A 共计 5 000 万元贷款。经评估，企业 B 的资产恰好也为 5 000 万元，企业 A 领导人经过研究，决定对企业 B 进行收购，其决策的主要依据如下：

第一，这次收购支出费用较小。由于合并企业前，企业 B 的资产和负债均为 5 000 万元，净资产为零。因此，按照现行税法规定，该购并行为属于以承担被兼并企业全部债务方式实现吸收合并，不视为被兼并企业按公允价值转让、处置全部资产，不计资产转让所得，不用缴纳所得税。此外，两家企业之间的行为属于产权交易行为，按税法规定，不缴纳营业税。

第二，合并可以递延部分税款。合并前，企业 A 向企业 B 提供的粮食酒每年应该缴纳的税款为：消费税 9 000 万元（$20\ 000 \times 20\% + 5\ 000 \times 2 \times 0.5$）；增值税 3 400 万元（$20\ 000 \times 17\%$），而这笔税款一部分合并后可以递延到药酒销售环节缴纳（消费税从价计征部分和增值税），获得递延纳税的好处；另一部分税款（从量计征的消费税税款）则免于缴纳了。

第三，企业 B 生产的药酒市场前景很好，企业合并后可以将经营的主要方向转向药酒生产，而且转向后，企业应缴的消费税款将减少。由于粮食白酒的消费税税率为 20%，而药酒的消费税税率为 10%，如果企业转产为药酒生产企业，则税负将会大大减轻。

假定药酒的销售额为 2.5 亿元，销售数量为 5 000 万千克。合并前应纳消费税款为：

A 厂应纳消费税 = 20 000 × 20% + 5 000 × 2 × 0.5 = 9 000（万元）

B 厂应纳消费税 = 25 000 × 10% = 2 500（万元）

合计应纳税款 = 9 000 + 2 500 = 11 500（万元）

合并后应纳消费税款为 = 25 000 × 10% = 2 500（万元）

合并后节约消费税税款 = 11 500 - 2 500 = 9 000（万元）

第二节　消费税计税依据的税收筹划

一、计税依据的法律界定

计税依据是计算应纳税额的根据，是征税对象的量化表现。

正确掌握计税依据的确定，可以使企业减少不必要的损失，合理合法地承担税负。消费税关于计税依据的规定分为两种情况：一种是以销售额为计税依据从价计税，一种是以销售数量为计税依据从量计税。

由于消费税和增值税是交叉征收的税种，为了便于管理，消费税销售额的确定和增值税销售额的确定是一样的，为含消费税税款不含增值税税款的销售额，即纳税人出售应税消费品向购买方收取的除增值税款以外的全部价款和价外费用。

纳税人自产自用应税消费品，用于连续生产应税消费品的不纳税，用于其他方面的，移送使用环节缴纳消费税。其计税依据为纳税人生产的同类应税消费品的销售价格；没有同类应税消费品销售价格的，按照组成计税价格计算纳税。所谓"同类应税消费品的销售价格"，是指纳税人当月或最近时期销售同类应税消费品的平均价格；所谓"组成计税价格"，其计算公式为：

$$组成计税价格 = （成本 + 利润） ÷ （1 - 消费税税率）$$

其中，"成本"是指应税消费品的产品生产成本；"利润"是指根据应税消费品的全国平均成本利润率计算的利润。应税消费品的全国平均成本利润率由国家税务总局确定。

委托加工应税消费品，按照受托方同类应税消费品的销售价格计算纳税；没有同类应税消费品销售价格的，按照组成计税价格计算纳税。所谓"同类应税消费品的销售价格"是指受托方当月或最近时期销售的同类应税消费品的平均价格；所谓"组成计税价格"的计算公式为：

$$组成计税价格 = (材料成本 + 加工费) ÷ (1 - 消费税税率)$$

其中，"材料成本"是指委托方所提供的加工材料的实际成本；"加工费"是指受托方向委托方收取的全部费用，包括代垫辅助材料的实际成本。

进口应税消费品，实行从价定率征收办法的，按照组成计税价格计算纳税，组成计税价格的计算公式为：

$$组成计税价格 = (关税完税价格 + 关税) ÷ (1 - 消费税税率)$$

此外，在确定消费税计税依据时，还应注意以下两种特殊规定：一是纳税人通过自设的非独立核算的门市部销售自产应税消费品，以门市部实际对外收取的不含增值税的销售额为计税依据；二是纳税人用于换取生产资料和消费资料，以及投资入股和抵偿债务等方面的应税消费品，以其销售的同类应税消费品的最高价格为计税依据。

销售数量的确定主要规定如下：纳税人销售应税消费品的，以销售数量为计税依据；纳税人自产自用应税消费品的，以移送使用数量为计税依据；纳税人委托加工应税消费品的，以加工收回的数量为计税依据；纳税人进口应税消费品的，以海关核定的进口数量为计税依据。

二、计税依据的税收筹划

通过缩小计税依据，可以达到减轻税负的目的。针对消费税的计税特点，其方法主要有以下几个方面：

（一）设立独立核算的销售公司

消费税的纳税行为发生在生产领域而非流通领域（金银首饰、钻石及钻石饰品除外），如果将生产销售环节的价格降低，可直接取得节税的利益。因而，生产（委托加工、进口）应税消费品的企业，通过设立销售公司，以较低的价格将应税消费品销售给销售公司，则可以降低销售额，减少应纳消费税税额。

销售公司有独立核算和非独立核算两种形式，两种核算形式的税收处理是大不一样的。纳税人自设非独立核算的销售公司，根据税法规定，应当按照销售公司的对外销售额为计税依据缴纳消费税；纳税人设立独立核算的销售公司，在将产品以低价售给销售公司时，属于工业企业和商业企业之间的交易，可以按照出售给销售公司的销售额为计税依据缴纳消费税，这就大大降低了税负。而独立核算的销售公司，由于处在销售环节，只需缴纳增值税，无须缴纳消费税。

应当注意的是，由于独立核算的销售公司与生产企业之间存在关联关系，按照《中华人民共和国税收征收管理法》的有关规定，企业或者外国企业在中国境内设立的从事生产、经营的机构、场所与其关联企业之间的业务往来，应当按照独立企业之间的业务往来收取或者支付价款、费用。不按照独立企业之间的业务往来收取或者支付价款、费用，而减少其应纳税的收入或者所得额的，税务机关有权进行合理调整。因此，企业销售给下属销售公司的价格应当参照销售给其他商家当期的平均价格确定。

案例 4 – 3

某化妆品厂主要生产各种类型的高档化妆品，产品销往全国各地的批发商。按照以往的经验，本地的一些商业零售户、美容店、消费者每年到工厂直接购买的化妆品大约 10 000 盒。企业销售给批发部的价格为每盒（不含税）500 元，销售给零售户及消费者的价格为每盒（不含税）600 元。经过筹划，企业在本地设立了一个独立核算的经销部，企业按销售给批发商的价格销售给经销部，再由经销部销售给零售户、美容店及顾客。已知化妆品的比例税率为 15%。

直接销售给零售户、消费者的化妆品应纳消费税额：

$600 \times 10\ 000 \times 15\% = 900\ 000$（元）

销售给经销部的化妆品应纳消费税额：

$500 \times 10\ 000 \times 15\% = 750\ 000$（元）

节约消费税额：

$900\ 000 - 750\ 000 = 150\ 000$（元）

（二）选择合理的加工方式

委托加工应税消费品和自行加工应税消费品，因计税依据不同导致税负不同，纳税人可以结合本企业的实际情况选择合理的加工方式进行税收筹划。

委托加工时，受托方（个体工商户除外）代收代缴税款，计税依据为同类产品的销售价格或组成计税价格；自行加工时，计税依据为产品的销售价格。在通常情况下，委托方收回委托加工的应税消费品后，要以高于成本的价格售出以求盈利。不论委托加工费大于或小于自行加工成本，只要收回的应税消费品的计税价格低于收回后的直接出售价格，委托加工应税消费品的税负就会低于自行加工的税负。对委托方来说，其产品对外售价高于收回委托加工应税消费品的计税价格部分，实际上并未缴纳消费税。

作为价内税的消费税，企业在计算应税所得时，可以作为扣除项目在税前列支，因此，消费税的多少，会进一步影响所得税，进而影响企业的税后利润和所有者权益。而作为价外税的增值税，则不会因增值税税负的差异而造成企业税后利润的差异。

由于应税消费品加工方式不同而使纳税人税负不同，纳税人可以选择合理的加工方式进行税务筹划。

案例 4 – 4

委托加工与自行加工税负不同

1. 委托加工的消费品收回后，继续加工成另一种应税消费品。

A 卷烟厂委托 B 厂将一批价值 100 万元的烟叶加工成烟丝，协议规定加工费 75 万元；加工的烟丝运回 A 厂后继续加工成甲类卷烟，加工成本、分摊费用共计 95 万元，该批卷烟售出价格（不含税）900 万元，出售数量为 0.4 万大箱。烟丝消费税税率 30%，卷烟的消费税税率为 56%，每标准箱定额税率 150 元（增值税不计）。

（1）A 厂向 B 厂支付加工费的同时，向受托方支付其代收代缴的消费税：

$(100 + 75) \div (1 - 30\%) \times 30\% = 75$（万元）

（2）A 厂销售卷烟后：

应缴纳消费税 $= 900 \times 56\% + 0.4 \times 150 - 75 = 489$（万元）

应纳城市维护建设税及教育费附加 $= 489 \times (7\% + 3\%) = 48.9$（万元）

A 厂税后利润：

$(900 - 100 - 75 - 75 - 95 - 489 - 48.9) \times (1 - 25\%) = 12.825$（万元）

2. 委托加工的消费品收回后，委托方不再继续加工，而是直接对外销售。

如本例情况 1，A 厂委托 B 厂将烟叶加工成甲类卷烟，烟叶成本不变，支付加工费为 170 万元；A 厂收回后直接对外销售，售价仍为 700 万元。

A 厂支付受托方代收代缴的消费税：

$(100 + 170) \div (1 - 56\%) \times 56\% + 0.4 \times 150 = 403.64$（万元）

A 厂销售时不用再缴纳消费税，因此其税后利润的计算为：

$(900 - 100 - 170 - 403.64) \times (1 - 25\%) = 169.77$（万元）

两种情况的比较：在被加工材料成本相同、最终售价相同的情况下，后者显然比前者对企业有利得多，税后利润多 156.945 万元（169.77 – 12.825）。而在一般情况下，后一种情况支付的加工费要比前一种情况支付的加工费（向委托方支付的加上自己发生的加工费之和）要少。对受托方来说，不论哪种情况，代收代缴的消费税都与其盈利无关，只有收取的加工费与其盈利有关。

如果生产者购入原料后，自行加工成应税消费品对外销售，其税负如何呢？仍以本题为例，A 厂自行加工的费用为 170 万元，售价为 900 万元。

应缴纳消费税 $= 900 \times 56\% + 150 \times 0.4 = 564$（万元）

应缴纳城市维护建设税及教育费附加 $= 564 \times (7\% + 3\%) = 56.4$（万元）

税后利润 $= (900 - 100 - 170 - 564 - 56.4) \times (1 - 25\%) = 7.2$（万元）

由此可见，在各相关因素相同的情况下，自行加工方式的税后利润最小，其税负最重。

在进行此类筹划时，应注意委托加工产品与自制产品的区别。税法明确规定：委托加工产品是指由委托方提供原材料或主要材料，受托方只收取加工费和代垫部分辅助材料加工的产品。由受托方提供原材料或受托方先将原材料卖给委托方，再接受加工的产品，以及由受托方以委托方名义购进原材料生产的产品，不论企业在财务上是否做销售处理，都不是委托加工，都应按自制产品缴纳消费税。所以，纳税人在进行筹划时，应细心研究税法，不要违反税法，否则不仅达不到节税目的，还会带来严重后果。

第三节　消费税税率的税收筹划

消费税税率档次较多，税率形式既有比例税率又有定额税率。应税消费品不同，税率就不同，即便同种应税消费品，也会因为原材料构成不同或销售价格不同而适用不同的税率。纳税人应针对消费税的税率多档次的特点，根据税法的规定，正确进行必要的合并核算和分开核算，以求达到节税目的。

纳税人生产销售应税消费品，如果不是单一经营某一税率的产品，而是经营多种不同税率的产品，就属于兼营行为。对于这种兼营行为，税法明确规定，应当分别核算不同应税消费品的销售额、销售数量，未分别核算销售额、销售数量，或者将不同税率的应税消费品组成成套消费品销售的，从高适用税率。纳税人在进行筹划时，应在企业会计核算中做到账目清楚，尽量分开核算不同税率应税消费品的销售额、销售数量，尽量避免将不同税率应税消费品组成成套产品销售，以避免给企业造成不必要的税收负担。

另一种税率的筹划方法是根据税法的有关规定对不同等级的应税消费品进行定价筹划。应税消费品的等级不同，消费税的税率不同。如卷烟每条调拨价在 70 元以下，税率 36% 加 0.003 元/支，每条调拨价在 70 元以上，税率 56% 加 0.003元/支；啤酒每吨出厂价 3 000 元以下，税额 220 元/吨，每吨出厂价 3 000 元以上，税额 250 元/吨。

本章小结

消费税是以特定消费品为征税对象征收的一种税，采用一次课征制。根据消费税的特点，消费税的筹划主要侧重于选择适当的经营方式，以减少纳税环节，降低税率，递延纳税时间；或者设立关联销售公司，分解销售价格，减轻税负；或者选择适当的生产方式，达到节税的目的。

关键术语

纳税环节　计税依据　委托加工　代收代缴

思考题

1. 消费税的纳税环节有什么特点？如何根据这个特点进行纳税筹划？
2. 在消费税筹划中，委托加工和自行加工应如何选择？

第五章 企业所得税的税收筹划

学习指示

　　企业所得税是以企业为纳税人、以企业的生产经营所得和其他所得为课税对象而征收的一种税。企业所得税税额的确定通常涉及企业的绝大部分生产和经营活动，并可能涵盖活动的全部过程，同时与企业会计核算密切相关，是公认的筹划空间较大的税种。

　　小贴士：2007 年 3 月 16 日，第十届全国人民代表大会第五次会议通过《中华人民共和国企业所得税法》；2007 年 12 月 6 日，国务院批准了《中华人民共和国企业所得税法实施条例》。新税法和条例自 2008 年 1 月 1 日起施行，宣告长期以来我国内、外资企业所得税区别对待局面的终结。"两法合并"是我国"十一五"期间税制改革的开局大作。

　　在我国现行税制体系中，企业所得税是仅次于增值税的第二大税种。与原先内外两套制度并行的企业所得税体系相比，新税法的核心内容，包括纳税人、计税依据、税率以及税收优惠等方面，都有了许多实质性的变化。作为税收筹划的关键和重点，这些变化势必给企业所得税的筹划提出新的要求。

第一节　企业所得税纳税人的筹划

一、企业所得税纳税人的法律规定

　　新税法对纳税人的规定，主要包括以下内容：

　　1. 企业和其他取得收入的组织为企业所得税的纳税人。这条规定包括两层含义，首先，纳税人的认定以是否具有法人资格为标准；其次，将取得经营收入的单位和组织都纳入了征收范围。

2. 个人独资企业、合伙企业不作为企业所得税纳税人。

> 居民企业，是指依法在中国境内成立，或者依照外国（地区）法律成立但实际管理机构在中国境内的企业。非居民企业，是指依照外国（地区）法律成立且实际管理机构不在中国境内，但在中国境内设立机构、场所的，或者在中国境内未设立机构、场所，但有来源于中国境内所得的企业。

3. 企业分为居民企业和非居民企业。居民企业承担全面纳税义务，就其来源于我国境内外的全部所得纳税；非居民企业承担有限纳税义务，一般只就其来源于我国境内的所得纳税。

二、企业所得税纳税人筹划的空间

结合上述规定，企业所得税在纳税人方面，可以筹划的空间，或者说筹划的重点环节，包括以下几个方面。

1. 企业设立从属机构时，比如子公司或分公司，对其形式的选择能带来不同的税收待遇。

2. 个人独资企业、合伙企业缴纳个人所得税，不缴纳企业所得税。与公司/法人企业相比，可以避免对投资者的重复征税。因此，不同的企业组织形式的实际所得税负担不同，一般情况下，前者的总体所得税负担会低于后者。

3. 居民企业和非居民企业的纳税义务不同，税收负担也不同。居民企业和非居民企业的划分依据是"注册地标准"和"实际管理机构标准"。也就是说，不管是不是中国的法人单位，只要是符合这两个标准，都是我国居民企业，都负有全面纳税义务。

三、纳税人筹划的内容和方法

（一）从属机构设立的选择

在设立从属机构时，可综合考虑总分公司和母子公司不同形式选择所带来的税收待遇的差异。子公司是独立法人，而分公司不是独立法人。按照新税法的规定，不具法人资格的从属机构，可以自然享受与总机构汇总纳税的待遇，可以在总分公司之间实现盈亏互抵，减少当期的应纳税所得额。而母子公司的形式中，作为从属机构的子公司是独立的企业所得税纳税人，不得与母公司汇总纳税，各自用自己的所得来弥补亏损。两相对比，即使不考虑税法规定的弥补亏损的年限制约，前者也可以得到税款的时间价值。因此，在有选择从属机构形式的可能时，从所得税角度可以考虑选择设立分公司而不是子公司。不过分公司和子公司的法律地位不同，其设立程序、章程、会计核算、财务管理、利润分配乃至生产经营各方面都会有差异，企业在选择时应综合考虑各方面因素，不能单纯考虑汇总纳税的利益，因为税收利益最大化是服从企业整体利益最大化的，这也是税收筹划的一个基本原则。

小贴士： 税款的时间价值，也就是通过税款的推迟实现，来获得相当于税款金额部分的货币（或资金）的时间价值。税收利益最大化是税收筹划的主要目标之一，而获得税款的时间价值是实现目标的重要途径之一，因此推迟税款的实现也就是税收筹划最常见的手段之一。

（二）企业性质的选择

企业性质的选择，主要是针对法人性质的公司企业和非法人性质的个人独资企业、合伙企业在所得税税收待遇上的差异来考虑，一般只对准备投资兴办企业者有筹划空间。对投资者来说，举办非法人性质的企业，只就该企业的生产经营所得缴纳个人所得税，而举办法人性质的企业，在缴纳企业所得税后，还要对分得的股息、红利缴纳个人所得税，存在重复征税，税收负担会高一些。不过，由于企业所得税和个人所得税在税额计算上，包括扣除项目、适用税率以及税收优惠政策上都各不相同，需要结合实际情况来对税收负担有一个综合比较。同时生产经营规模、日常资金、行政管理以及利润分配模式本身也对企业性质的选择有相关的制约，这些制约要求投资者有一个全面的筹划。

（三）居民、非居民身份的选择

如果根据经营范围和所得的性质，有选择非居民身份的空间，必须注意，新税法在确定两者身份时采用的是双重标准，即"注册地标准"和"实际管理机构标准"。

也就是说，选择非居民身份，享受有限纳税义务，但不仅需要在中国境外注册，还必须保证实际管理机构不在中国境内。实施条例对"实际管理机构"的政策含义做了明确规定，即指对企业的生产经营、人员、账务、财产等实施实质性全面管理和控制的机构。

税法还规定，非居民企业在中国境内未设立机构、场所的，或者虽设立机构、场所但取得的所得与其所设机构、场所没有实际联系的，应当就其来源于中国境内的所得缴纳企业所得税，而且该所得适用 20% 的税率并可以减征、免征。实施条例明确，对此类所得，减按 10% 的税率征收企业所得税。因此，减少所得与所设机构、场所之间的联系，也可以享受到税收优惠。

第二节　企业所得税计税依据的筹划

一、应纳税所得额的法律规定

（一）应纳税所得额的确定

企业每一纳税年度的收入总额，减除不征税收入、免税收入、各项扣除以及允许弥补的以前年度亏损后的余额，为应纳税所得额。

企业所得税的计税依据就是应纳税所得额，它是决定税收负担的核心因素，因此也是税收筹划的重点环节。税法对应纳税所得确定有两条基本规定：其一，企业每一纳税年度的收入总额，减除不征税收入、免税收入、各项扣除以及允许弥补的以前年度亏损后的余额，为应纳税所得额。其二，企业实际发生的与取得收入有关的、合理的支出，包括成本、费用、税金、损失和其他支出，准予在计算应纳税所得额时扣除。也就是说，收入和扣除，是确定应纳税所得额的核心因素。

实施条例规定，企业应纳税所得额的计算，以权责发生制为原则，属于当期的收入和费用，不论款项是否收付，均作为当期的收入和费用；不属于当期的收入和费用，即使款项已经在当期收付，均不作为当期的收入和费用。

（二）收入的确定

1. 收入的内容和形式。企业以货币形式和非货币形式从各种来源取得的收入，为收入总额。包括销售货物收入、提供劳务收入、转让财产收入、股息、红利等权益性投资收益、利息收入、租金收入、特许权使用费收入、接受捐赠收入和其他收入。

2. 收入确认的时间。

（1）一般情况下，以权责发生制为原则。

（2）对一些具体的应税收入项目，新税法和实施条例规定了具体的确认收入实现的原则和标准。包括：股息、红利等权益性投资收益；利息收入；租金收入；特许权使用费收入；接受捐赠收入；分期收款方式销售货物取得的收入；受托加工制造大型机械设备、船舶、飞机，以及从事建筑、安装、装配工程业务或者提供其他劳务等，持续时间超过 12 个月的；采取产品分成方式取得的收入等。

（三）扣除项目的确定

1. 税前扣除的基本原则。从所得税的立法精神来看，税前扣除应该遵循以下几条基本原则：

（1）真实性原则，是指除税法规定的加计费用扣除外任何支出，除非确属已经真实发生，否则不得在税前扣除。真实性原则还要求，企业实际发生的有关支出，不得重复扣除。它是税前扣除的首要条件。

（2）相关性原则，是指纳税人税前扣除的支出从性质和根源上必须与取得的应税收入直接相关。企业的不征税收入用于支出所形成的费用或者财产，不得扣除或者计算对应的折旧、摊销扣除。

（3）合理性原则，是指扣除的支出必须是符合生产经营活动常规，应当计入当期损益或者有关资产成本的必要和正常的支出。

（4）合法性原则，是指必须符合税法有关扣除的规定。国家出于税收利益的考虑，会对扣除项目做出必要的限制，即使按照财务会计法规或制度规定可以作为费用扣除，如果不符合税收法律、行政法规的规定，也不得在企业所得税前扣除。

（5）区分收益性支出和资本性支出原则，是指企业发生的支出应当区分收益性支出和资本性支出。收益性支出在发生当期直接扣除；资本性支出应当分期扣除或者计入有关资产成本，不得在发生当期直接扣除。

（6）确定性原则，是指纳税人可扣除的费用不论何时支付，其金额必须是确定的。一般不允许按估计的支出额在税前扣除。

2. 税前扣除的基本内容。企业实际发生的与取得收入有关的、合理的支出，包括成本、费用、税金、损失和其他支出，准予在计算应纳税所得额时扣除。

成本，是指企业在生产经营活动中发生的销售成本、销货成本、业务支出以及其他耗费。

费用，是指企业在生产经营活动中发生的销售费用、管理费用和财务费用，已经计入成本的有关费用除外。

税金，是指企业发生的除企业所得税和允许抵扣的增值税以外的各项税金及其附加。

损失，是指企业在生产经营活动中发生的固定资产和存货的盘亏、毁损、报废损失，转让财产损失，呆账损失，坏账损失，自然灾害等不可抗力因素造成的损失以及其他损失。

其他支出，是指除成本、费用、税金、损失外，企业在生产经营活动中发生的与生产经营活动有关的、合理的支出。

3. 税前扣除的具体规定。除了一些原则性的规定外，税法和实施条例还对税前扣除的有关具体项目进行了明确规定。

（1）符合有关条件和按照规定计算的项目，准予据实扣除。包括：固定资产折旧；无形资产摊销费用；长期待摊费用；使用或销售存货的成本；转让资产的净值；工资薪金支出；借款费用；利息支出；汇兑损失；财产保险费；环境保护、生态恢复等方面的专项资金；租赁费；劳动保护支出等。

（2）符合有关条件，可按规定的规模和比例扣除的项目，包括：捐赠支出；基本社会保险费和住房公积金；补充养老和医疗保险费；职工福利费、工会经费、职工教育经费；业务招待费；广告费和业务宣传费等。

二、应纳税所得额的筹划空间

对应纳税所得额进行筹划，一般情况下，其原则应该是尽量减少或压缩应纳税所得额的规模，从而降低应纳税额的数量，达到筹划的目标。其筹划的空间，从应纳税所得额的计算过程来看，无非包括收入和扣除两个方面，一般情况下的方法或者原则，一方面是尽量压缩收入规模和延迟确认收入的时间；另一方面是对税法允许扣除的项目，应该及时和足额地安排扣除。但如果是享受定期税收优惠的企业，比如在一定时期内享受税额减免、低税率、税额抵免等政策，应尽量将优惠期外的应纳税所得安排在优惠期内实现，或者说提前实现应纳税所得，把纳税义务前移到优惠期，以获得更多的税收利益。在实际操作上，可以通过对生产经营活动和财务会计核算的合理安排来实现筹划目标。

三、应纳税所得额筹划的内容和方法

（一）收入的筹划

1. 明确界定不征税收入和免税收入，清晰划分，分别核算。

🌀**小贴士**：不征税收入包括：财政拨款；依法收取并纳入财政管理的行政事业

性收费、政府性基金；国务院规定的其他不征税收入（即规定专项用途并经批准的财政性资金）。

免税收入包括：国债利息收入；符合条件的居民企业之间的股息、红利等权益性投资收益；在中国境内设立机构、场所的非居民企业从居民企业取得与该机构、场所有实际联系的股息、红利等权益性投资收益；符合条件的非营利组织的收入。

不征税收入和免税收入的获得受企业生产性质和经营内容的限制，筹划空间不大，但是企业必须清晰掌握不征税收入和免税收入的范围，如果本企业有此类收入，务必做到与应税收入清晰划分、分别核算，并注意保证相应的凭证资料的真实、合法。

2. 应税收入的筹划。应税收入的大小直接决定了应纳税所得额的大小，但是由于企业利润最大化的目标要求，压缩应税收入规模的筹划空间不大。不过可以在收入确认的时间上进行合理的安排，尽量推迟应税收入确认的时间，使企业获得更多的货币时间价值，从而达到筹划目标。

一般情况下，收入确认以权责发生制为原则。但税法和实施条例对以下收入做出了具体规定：

（1）股息、红利等权益性投资收益，除国务院财政、税务主管部门另有规定外，按照被投资方做出利润分配决定的日期确认收入的实现。

（2）利息收入，按照合同约定的债务人应付利息的日期确认收入的实现。

（3）租金收入，按照合同约定的承租人应付租金的日期确认收入的实现。

（4）特许权使用费收入，按照合同约定的特许权使用人应付特许权使用费的日期确认收入的实现。

（5）接受捐赠收入，按照实际收到捐赠资产的日期确认收入的实现。

（6）企业的下列生产经营业务可以分期确认收入的实现：以分期收款方式销售货物的，按照合同约定的收款日期确认收入的实现；企业受托加工制造大型机械设备、船舶、飞机，以及从事建筑、安装、装配工程业务或者提供其他劳务等，持续时间超过12个月的，按照纳税年度内完工进度或者完成的工作量确认收入的实现。

（7）采取产品分成方式取得收入的，按照企业分得产品的日期确认收入的实现，其收入额按照产品的公允价值确定。

其中，利息、租金收入，特许权使用费收入，分期收款方式销售货物的，都是按照合同约定的日期确认收入的实现，这就需要在签订合同时，把税收筹划的目标考虑在内，在综合考虑其他制约因素或负面影响的基础上，尽可能将约定日期推后。

其他几种收入的确认是与企业的生产经营状况或相关方面有关具体行为发生日期相关联的。不过都有筹划的空间，如股息、红利收益，可以和被投资方协商利润分配日期；接受捐赠也可以和捐赠方协商安排实际收到捐赠物的日期；而对受托加工制造大型机械设备、船舶、飞机，以及从事建筑、安装、装配工程业务或者提供其他劳务等，持续时间超过12个月的，可以通过生产进度或完成工作量的安排上来调节收入确认的时间。当然，这些安排是有制约的，需要根据应税收入的金额、可推迟的时间计算出可能获得的货币时间价值，作为综合考虑各方面得失的因素。

（二）扣除项目的筹划

一般来说，税前扣除项目筹划应依次考虑以下因素：

其一，准予扣除项目首先要做到名实相符，有关支出必须符合税法的相关条件和规定。

其二，对准予据实扣除的项目，可以通过对其数量规模的安排达到对应纳税所得额和应纳税额的控制。

其三，对税法规定了扣除规模或比例的项目，应尽量在规定范围内安排支出，尽量减少因超出标准的纳税调整；在不违背财务会计规定的前提下，可以将此类项目的支出向允许据实扣除的项目转化，以增加企业对纳税的调控能力。

最后，企业不能单纯为了降低企业所得税负担一味多安排支出，还必须结合税后净收益指标来考虑。

以下对有关扣除项目进行具体分析说明。

1. 固定资产折旧。固定资产折旧筹划的方法有二：一是选择税法规定的最低折旧年限；二是采用加速折旧的方法。

（1）选择税法规定的最低折旧年限。实施条例对固定资产计算折旧的最低年限做出了明确规定：房屋、建筑物，为20年；飞机、火车、轮船、机器、机械和其他生产设备，为10年；与生产经营活动有关的器具、工具、家具等，为5年；飞机、火车、轮船以外的运输工具，为4年；电子设备，为3年。

一般情况下，选择税法规定的最低年限折旧，就可以在一定程度上获得货币的时间价值。

案例 5-1

某项价值500万元的机器设备，企业可以选择15年或10年作为折旧年限，假设市场年利率为10%，企业采取直线折旧法（不考虑残值），选择10年比15年折旧能多得到多少时间价值呢？

当折旧年限为15年时，每年提取的折旧为 $500 \div 15 = 33.33$（万元），其折旧的年金现值系数是 7.606，则全部折旧的现值为：33.33×7.606＝253.53（万元）。

当折旧年限为 10 年时，每年提取的折旧为 50 万元，其折旧的年金现值系数为 6.145，则全部折旧的现值为：50×6.145＝307.25（万元）。

10 年的折旧期比 15 年的折旧期折旧的现值多 53.72 万元，也就是应纳税所得额的现值少 53.72 万元，如果按照 25% 的税率计算，应纳所得税额就少 13.43 万元。也就是说，对于这项价值 500 万元的固定资产来说，在市场年利率为 10% 的情况下，缩短 5 年的折旧期限，可以为企业实现节税 13.43 万元。

🌰**小贴士：**对于其他资产，也可选择税法规定的最低摊销年限。比如，生产性生物资产计算折旧的最低年限如下：林木类生产性生物资产，为 10 年；畜类生产性生物资产，为 3 年。无形资产的摊销年限不得低于 10 年；作为投资或者受让的无形资产，有关法律规定或者合同约定了使用年限的，可以按照规定或者约定的使用年限分期摊销。

（2）缩短折旧年限。税法规定，企业的固定资产由于技术进步等原因，确需加速折旧的，可以缩短折旧年限。

可以采取缩短折旧年限的固定资产，包括：由于技术进步，产品更新换代较快的固定资产；常年处于强震动、高腐蚀状态的固定资产。采取缩短折旧年限方法的，最低折旧年限不得低于前述规定的最低折旧年限的 60%。最低折旧年限一经确定，不得改变。

企业可以根据本单位固定资产的实际状况，在符合税法规定的条件下，采取缩短折旧年限的方法。

（3）采用加速折旧方法。新税法规定，固定资产按照直线法计算的折旧，准予扣除。企业的固定资产由于技术进步等原因，确需加速折旧的，可以采取加速折旧的方法。

采取加速折旧方法的固定资产，包括：由于技术进步，产品更新换代较快的固定资产；常年处于强震动、高腐蚀状态的固定资产。采取加速折旧方法的，可以采取双倍余额递减法或者年数总和法。

与直线法相比，加速折旧方法的实质也是尽早多扣除折旧额从而获得资金的时间价值。

🏫 **案例 5－2**

某企业投资一套生产管理的网络设备共计 500 万元，假定企业采用的折旧年限为

5年。由于属于技术进步、产品更新换代较快的固定资产，还可以采用加速折旧方法。假设市场年利率为10%，且均不考虑残值因素，下面对比各种折旧方法对纳税的影响。

企业采用直线法折旧，每年折旧额为100万元。5年的年金现值系数为3.791，全部折旧的现值为379.1万元。

企业采用双倍余额递减法提取折旧，年折旧率 = 2/预计使用年限 = 2/5，第一年折旧额 = 固定资产账面净值 × 年折旧率 = 500 × 2/5 = 200（万元），第二年折旧额 = （500 - 200）× 2/5 = 120（万元），第三年折旧额 = （500 - 200 - 120）× 2/5 = 72（万元），后两年年折旧额 = （固定资产账面净值 - 预计净残值)/2 = 108/2 = 54（万元）。已知年利率为10%时，1～5年的复利现值系数（贴现系数）分别为0.909、0.826、0.751、0.683和0.621，则全部折旧的现值 = 200 × 0.909 + 120 × 0.826 + 72 × 0.751 + 54 × 0.683 + 54 × 0.621 = 405.41（万元）。

企业采取年数总合法计提折旧，年折旧率 = 尚可使用年限/预计使用年限之和，年折旧额 = （固定资产原值 - 预计净残值）× 年折旧率。预计使用年限之和 = 1 + 2 + 3 + 4 + 5 = 15，则第一年到第五年的折旧率分别是5/15，4/15，3/15，2/15，1/15。相应的折旧额分别为166.67万元、133.33万元、100万元、66.67万元和33.33万元。全部折旧的现值 = 166.67 × 0.909 + 133.33 × 0.826 + 100 × 0.751 + 66.67 × 0.683 + 33.33 × 0.621 = 402.97（万元）。

也就是说，双倍余额递减法和年数总合法分别比直线法折旧多扣除26.31万元和23.87万元现值，在税率为25%的情况下，相当于获得了税收利益6.58万元和5.97万元。

2. 无形资产摊销。无形资产摊销的税务筹划空间，集中在自行开发的无形资产的计价上。实施条例规定，自行开发的无形资产，以开发过程中该资产符合资本化条件后至达到预定用途前发生的支出为计税基础。这就涉及无形资产开发过程中相关支出的资本化的范围。也就是说，哪些支出是需要计入无形资产的初始成本分期摊销的，哪些是可以在支出发生时据实税前扣除的。企业会计准则对企业内部研究开发项目的支出，规定应当区分研究阶段支出与开发阶段支出。企业内部研究开发项目研究阶段的支出，应当于发生时计入当期损益，予以税前扣除。企业可以在一定程度上掌握研究开发支出的归属，对相关费用进行分配，因此也可以在一定程度上控制无形资产的计价，由此获得税收的时间价值。

3. 存货。存货是指企业持有以备出售的产品或者商品、处在生产过程中的在产品、在生产或者提供劳务过程中耗用的材料和物料等。税法规定，企业使用或者销售存货，按照规定计算的存货成本，准予在计算应纳税所得额时扣除。存货确定成本的方法，税法有明确规定，筹划空间不大。

自 2007 年 1 月 1 日起施行的《企业会计准则第 1 号——存货》第十四条规定，企业应当采用加权平均法或者个别计价法确定发出存货的实际成本。计价方法一经选用，不得随意变更。存货的计价方式可供选择的方法减少，筹划空间也大大缩小。

4. 工资薪金及三项费用。

> 工资薪金，是指企业每一纳税年度支付给在本企业任职或者受雇的员工的所有现金形式或者非现金形式的劳动报酬，包括基本工资、奖金、津贴、补贴、年终加薪、加班工资，以及与员工任职或者受雇有关的其他支出。企业发生的合理的工资薪金支出，准予扣除。

《企业所得税法实施条例》（国务院令第 512 号）（以下简称《实施条例》）第三十四条规定，统一了企业的工资薪金支出税前扣除政策，规定企业发生的合理的工资薪金支出，准予扣除。对"合理工资薪金问题"的判断，根据《国家税务总局关于企业工资薪金及职工福利费扣除问题的通知》（国税函〔2009〕3 号）规定，可按以下原则掌握：（一）企业制定了较为规范的员工工资薪金制度；（二）企业所制定的工资薪金制度符合行业及地区水平；（三）企业在一定时期所发放的工资薪金是相对固定的，工资薪金的调整是有序进行的；（四）企业对实际发放的工资薪金，已依法履行了代扣代缴个人所得税义务；（五）企业有关工资薪金的安排，不以减少或逃避税款为目的。

而关于工资薪金总额问题《实施条例》第四十条、第四十一条、第四十二条所称的"工资薪金总额"，是指企业按照本通知第一条规定实际发放的工资薪金总和，不包括企业的职工福利费、职工教育经费、工会经费以及养老保险费、医疗保险费、失业保险费、工伤保险费、生育保险费等社会保险费和住房公积金。

根据《国家税务总局关于企业工资薪金和职工福利费等支出税前扣除问题的公告》（国家税务总局公告 2015 年第 34 号）第一条的规定，列入企业员工工资薪金制度、固定与工资薪金一起发放的福利性补贴，符合《国家税务总局关于企业工资薪金及职工福利费扣除问题的通知》（国税函〔2009〕3 号）第一条规定的，可作为企业发生的工资薪金支出，按规定在税前扣除。不能同时符合上述条件的福利性补贴，应作为国税函〔2009〕3 号文件第三条规定的职工福利费，按规定计算限额税前扣除。

另外，属于国有性质的企业，其工资薪金，不得超过政府有关部门给予的限定数额；超过部分，不得计入企业工资薪金总额，也不得在计算企业应纳税所得额时扣除。国有性质企业在进行税收筹划时应关注该项限定数额。

企业发生的职工福利费、工会经费和职工教育费支出，即所谓的"三项费用"，其税前扣除的基数由原先的"计税工资"改为"工资薪金总额"，比例分别为14%、2%和2.5%，对职工教育经费，规定超过比例部分，准予在以后纳税年度结转扣除。基数的改变是核心，工资薪金总额大，则三项费用可扣除的金额也大，提高了工资薪金支出筹划的权重。

《国家税务总局关于企业工资薪金和职工福利费等支出税前扣除问题的公告》（国家税务总局公告2015年第34号）中还规定：企业接受外部劳务派遣用工所实际发生的费用，应分两种情况按规定在税前扣除：按照协议（合同）约定直接支付给劳务派遣公司的费用，应作为劳务费支出；直接支付给员工个人的费用，应作为工资薪金支出和职工福利费支出。其中属于工资薪金支出的费用，准予计入企业工资薪金总额的基数，作为计算其他各项相关费用扣除的依据。（适用于2014年度及以后年度企业所得税汇算清缴。公告施行前尚未进行税务处理的事项，符合公告规定的可按本公告执行。）

仅从减轻企业所得税税收负担的角度，可以在企业承受能力范围内从高发放工资薪金，这样做还可以激发员工的工作积极性、提高企业的凝聚力。但就高发放工资薪金，仍需注意符合《企业所得税法实施条例》中关于合理工资薪金的问题。

其一是需要在税法规定的"合理"的范围内进行。因为从税务机关的角度，过分背离市场工资水平、缺乏根据地发放工资可以被界定为不合理的侵蚀税基的手段，税务机关有权进行纳税调整。那么企业在确定工资薪金水平时必须有与市场工资水平挂钩的种种因素的考虑，比如地区、行业的可比工资水平；岗位性质；工作数量、质量和复杂程度；工作条件；个人教育和工作背景等因素。

其二是需要统筹考虑或安排工资薪金发放的形式和数量。实施条例界定的工资薪金，是指企业每一纳税年度支付给在本企业任职或者受雇的员工的所有现金形式或者非现金形式的劳动报酬，包括基本工资、奖金、津贴、补贴、年终加薪、加班工资，以及与员工任职或者受雇有关的其他支出。工资薪金不同的形式和数量，还直接关系到员工的税收利益——个人所得税。企业应该在进行税务筹划时考虑或兼顾员工个人的税收负担，使二者在税收利益上尽量协调一致。

5. 公益性捐赠。与原税法相比，公益性捐赠税前扣除的规定发生了一些变化，主要内容包括：

第一，对公益性捐赠的界定。与原先的"公益、救济性捐赠"相比，新税法中的

"公益性捐赠"是指企业通过公益性社会团体或者县级以上人民政府及其部门，用于《中华人民共和国公益事业捐赠法》规定的公益事业的捐赠。这是一个全新的概念。

第二，扣除的基数和比例。新税法规定，企业发生的公益性捐赠支出，在年度利润总额12%以内的部分，准予在计算应纳税所得额时扣除。其中年度利润总额，是指企业依照国家统一会计制度的规定计算的年度会计利润。自2016年9月1日起，超过年度利润总额12%的部分，准予结转以后三年内在计算应纳税所得额时扣除。这里的年利润总额，是指企业按照国家统一会计制度的规定计算的年度会计利润。

第三，明确规定了公益性社会团体的范围和条件。公益性社会团体，是指同时符合下列条件的基金会、慈善组织等社会团体：依法登记，具有法人资格；以发展公益事业为宗旨，且不以营利为目的；全部资产及其增值为该法人所有；收益和营运结余主要用于符合该法人设立目的的事业；终止后的剩余财产不归属任何个人或者营利组织；不经营与其设立目的无关的业务；有健全的财务会计制度；捐赠者不以任何形式参与社会团体财产的分配；国务院财政、税务主管部门会同国务院民政部门等登记管理部门规定的其他条件。

这些变化说明，企业实施公益性捐赠或者进行公益性捐赠筹划时，应考虑以下因素：

其一，捐赠本身必须属于"公益性捐赠"，能满足税法对公益性捐赠的范围、条件的规定。比如所通过的社会团体和政府及其部门，以及捐赠的目的和对象。

其二，捐赠数量的控制。超出年度利润总额12%的部分，需要做纳税调整，并入应纳税所得额中征税。因此企业在进行公益性捐赠时，如果超过这个比例，应考虑能否不在同一个会计年度进行，或者说将其分摊到不同的会计年度中，从而能够享受到更多的税前扣除。

比如对一个预计年利润100万元的企业，如果需要进行20万元的公益性捐赠，一次性在当年捐赠时，其中的8万元需要并入应纳税所得额中计税。而如果将捐赠放在年底，先支出12万元，余下8万元在下年初进行，在次年没有捐赠计划的情况下，这20万元捐赠可全额在税前扣除。

6. 业务招待费。实施条例对业务招待费的税前扣除的规定，一方面提高了扣除比例，规定最高不得超过当年销售（营业）收入的5‰，但同时增加了一个新标准，即按照发生额的60%扣除。而对从事股权投资业务的企业（包括集团公司总部、创意投资企业等），其从被投资企业所分配的股息、红利以及股权转让收入，可以按规定的比例计算业务招待费扣除限额。企业在发生业务招待费用时，即使在年销售

（营业）收入的5‰以内，也不是据实扣除，而是按照发生额的60%扣除，因此这部分费用应该尽量压缩支出规模，以减少纳税调整的幅度；同时可以考虑，能否将有关支出的内容和形式向税前扣除规定比较宽泛的项目转化——比如业务宣传费和广告费。例如，可以取消或减少对客户或关系单位的宴请，而向其赠送有广告或宣传本单位商品、服务性质的礼品，将这些支出作为广告费、业务宣传费核算，因为广告费和业务宣传费的扣除规定更加宽松。

7. 广告费和业务宣传费。企业发生的符合条件的广告费和业务宣传费支出，除国务院财政、税务主管部门另有规定外，不超过当年销售（营业）收入15%的部分，准予扣除；超过部分，准予在以后纳税年度结转扣除。企业发生相关支出时应注意，上述15%的扣除比例是对广告费和业务宣传费两项合并计算的。另外，非广告性质的赞助支出不在扣除之列，企业的赞助支出，应尽量赋予广告宣传企业的元素或功能，应尽量避免发生非广告性质的赞助支出。

另外，企业在筹建期间，发生的广告费和业务宣传费支出，可按实际发生额计入企业筹办费，并按有关规定在税前扣除。

8. 借款费用。借款费用是指企业为经营活动借入资金而需要承担的利息性质的费用。借款费用首先应该看其是否需要资本化。企业为购置、建造固定资产、无形资产和经过12个月以上的建造才能达到预定可销售状态的存货发生借款的，在有关资产购置、建造期间发生的合理的借款费用，应当作为资本性支出计入有关资产的成本；有关资产交付使用后发生的借款利息，可在当期扣除。而企业在生产经营活动中发生的合理的不需要资本化的借款费用，准予扣除。

企业通过发行债券、取得贷款、吸收保户储金等方式融资而发生的合理的费用支出，符合资本化条件的，应计入相关资产成本；不符合资本化条件的，应作为财务费用，准予在企业所得税前据实扣除。

借款费用的筹划，主要包括以下环节和内容：

（1）债权人的选择以及相关事项。实施条例规定，企业在生产经营活动中发生的下列利息支出，准予扣除：非金融企业向金融企业借款的利息支出、金融企业的各项存款利息支出和同业拆借利息支出、企业经批准发行债券的利息支出；非金融企业向非金融企业借款的利息支出，不超过按照金融企业同期同类贷款利率计算的数额的部分。也就是说，向非金融企业借款，或者说企业间的资金拆借，利息支出如果超过按照金融企业同期同类贷款利率的部分是不允许税前扣除的。而向银行或其他金融机构借款的利息支出是允许据实扣除的，而向银行借款的利率是可以在一定幅度内浮动的，这也为企业与银行协议确定利率从而间接影响借款费用提供了一个筹划的空间。

（2）借款费用资本化的筹划空间和方法。第一，需要资本化的利息支出的范围和计量。会计准则将需要资本化的借款确认为专门借款，除此之外为一般借款。为购建或生产符合资本化条件的资产占用了一般借款的，企业应该按照会计准则确定的方法来计算确定一般借款应予资本化的利息金额。由于企业在一定程度上可以调控一般借款的用向，所以在此存在一个筹划的空间。第二，对建造存货发生的借款资本化的控制。企业可以通过对建造时间的掌握（12 个月上下），在一定程度上控制其借款费用是否资本化，从而达到控制税前扣除借款费用的数量的目的。第三，借款费用暂停资本化的时间。符合资本化条件的资产在购建或生产过程中发生非正常中断且中断时间连续超过 3 个月的，应当暂停借款费用的资本化，其中断期间发生的借款费用，直接在当期扣除。企业对非正常中断也有一定程度的控制力。第四，借款费用停止资本化的时间。购建或者生产的符合资本化条件的资产达到预定可使用或者可销售状态时，借款费用应当停止资本化；购建或者生产的资产分别建造、分别完工，且每部分在其他部分继续建造过程中可供使用或者可对外销售且为使该部分资产达到预定可使用或可销售状态所必要的购建或者生产活动实质上已经完成的，应当停止与该部分资产相关的借款费用的资本化。同样，企业在这方面有一定的主观控制力，也就是说，通过对购建或生产的进度安排，来调节借款费用资本化的时间，可以达到筹划的目的。

9. 租赁费。实施条例根据租赁的性质，对企业的租赁费支出规定了不同的扣除方法：以经营租赁方式租入固定资产发生的租赁费支出，按照租赁期限均匀扣除；以融资租赁方式租入固定资产发生的租赁费支出，按照规定构成融资租入固定资产价值的部分应当提取折旧费用，分期扣除，租赁费不得在当期直接扣除。经营租赁和融资租赁的划分，企业会计准则中有明确的界定。

相对于自行购建固定资产，租赁的最大优点是可以减轻企业短期的资金压力，简单快捷地得到资产的使用权，保存企业的举债能力；从税收角度来看，租赁费的税前扣除的抵税作用明显，而且租赁是双方的合同约定的经济行为，租赁的形式、内容都是在承租、出租方的谈判、约定中实现的，双方可以通过资产租赁谋求各自利益的最大化。如果双方存在关联关系，还可以通过租赁来谋求共同利益的最大化，虽然税法加强了反避税的力度，增加了特别纳税调整的条款，但由于租赁项目、租赁对象可能具有的特殊性，使得纳税调整的规定无法完全覆盖。

经营租赁的租赁费是按照租赁期限均匀扣除。企业采取经营租赁方式租入固定资产，由出租方计提折旧，承租方租赁费扣除的税收效果比较直观，相对来说，融资租赁要相对复杂一些。实施条例规定，融资租入的固定资产，以租赁合同约定的付款总额和承租人在签订租赁合同过程中发生的相关费用为计税基础，租赁合同未约定付款总额的，以该资产的公允价值和承租人在签订租赁合同过程中发生的相关费用为计税基础。从经济实质来看，融资租入固定资产与具有融资实质的分期付款购入固定资产相似，所以承租方应为此承担一部分利息费用。对这部分费用，税法的精神是予以资本化，然后按照折旧的形式分期扣除。

案例 5-3

2016 年 12 月 1 日，甲企业与乙企业签订租赁合同一份，租入生产设备一套，协议具体内容包括：租赁期限从 2017 年 1 月 1 日起到 2019 年 12 月 31 日；租金支付自 2017 年 1 月 1 日起每隔 6 个月于月末支付租金 15 万元；租赁期间，甲企业每年按照该设备生产产品的年销售收入的 5% 支付给乙企业；该设备在 2016 年 12 月 1 日的公允价值为 70 万元；甲企业在租赁合同签订过程中发生差旅费、手续费 6 000 元；该设备估计使用年限为 5 年，已使用 1 年；租赁期满，该资产归甲企业所有。

每年允许税前扣除的租赁费的确定如下：

首先，根据《企业会计准则第 21 号——租赁》的有关规定，可以判定该项租赁为融资租赁。

其次，确定计税基础。合同约定的付款总额是 $15 \times 6 = 90$（万元），承租人在签订租赁合同过程中发生的相关费用为 5 000 元，则该资产的计税基础为 906 000 元，按照直线法，不考虑残值的情况，每年可以税前扣除的费用为 906 000 ÷ 4 = 226 500（元）。

最后，融资租赁相关的或有租金和履约成本项目的扣除。或有租金是指金额不固定、以时间长短以外的其他因素（如销售量、使用量、物价指数等）为依据计算的租金；履约成本，是指租赁期内为租赁资产支付的各种使用费用，如技术咨询和服务费、人员培训费、维修费、保险费等。或有租金和履约成本在发生时计入当期损益。上例中的产品年销售收入的 5% 支付给乙企业分享，可按实际数额作为销售费用在税前扣除。

可与其他方式的税收待遇相比较：

如果企业用自有资金购买该设备，按照公允价格 70 万元，每年可扣除的折旧费是 706 000 ÷ 4 = 176 500（元）。

如果企业贷款购买该设备，除了每年计提折旧外，还需要将支付银行的利息考虑在内。

通过以上案例可以看出，在融资租赁业务中，筹划的重点是租赁期限和租赁费的额度。其他可以进行筹划的项目包括：租赁期满可设置优惠购买选择权，购买价的确定；或有租金和履约成本的确定。

与自行购建固定资产相比，融资租入固定资产的税前扣除费用较高，可以起到节税作用。但是，租赁行为涉及协议的双方，因此在进行筹划时，尤其是关联企业，必须综合考虑双方的税收利益。在衡量所得税的税收成本时，还应综合考虑由此产生的流转税的成本。

（三）弥补亏损的筹划

新税法规定的用所得弥补以前年度亏损的年限仍是 5 年，但所得和亏损确认的方法略有变化。企业在用所得弥补亏损时，或者确认所得、亏损时，需要注意两点：

首先，企业每一纳税年度的收入总额，减除不征税收入、免税收入、各项扣除以及允许弥补的以前年度亏损后的余额，为应纳税所得额。企业应将不征税收入和免税收入在各项扣除之前先行扣除，避免可能对免税收入的课征。因此企业在确定所得或亏损时，务必按照新税法明确的方法和顺序来进行。

其次，最大限度使用弥补亏损政策。在亏损弥补时限的临界区间，尽量将弥补时限以外的所得确认或实现在弥补期限以内，使这部分所得可以弥补亏损而避免因超过期限而纳税。具体做法，可以提前确认收入（与购货方议定合适的结算方式，或者通过销售折扣刺激对方提前付款）或者推迟有关支出项目的扣除。这与纳税筹划的一般原则背道而驰，为的是获得最大的税收利益，把应纳税额降到最低。享受定期减免税的企业也可采用这种筹划的方式。

案例 5 – 4

某企业 2011 ~ 2015 年的应纳税所得额分别是 – 600 万元、120 万元、100 万元、50 万元、180 万元，假定 2016 年 12 月 25 日，企业已经实现的应纳税所得为 100 万元，同时有一项销售意向，预计可实现的销售利润为 50 万元，此时，如果按照常规做法，财务部门准备年度结账，该销售业务放在次年初进行处理；还有一种选择，在 12 月 31 日前促成销售实现，确认收入和利润，比如采取托收承付方式，并在 12 月 31 日前办妥托收手续；或者采取现金折扣的方式鼓励对方在年底前付款。

按照常规做法，该销售业务放在 2017 年处理，则 2016 年实现的应纳税所得全部用于弥补亏损后，还有 50 万元的未弥补亏损；在不考虑其他因素的情况下，2017 年的这笔业务应纳所得税为 $50 \times 25\% = 12.5$ （万元）。

如果在 2016 年 12 月 31 日前促成销售实现，确认收入和利润，那么该笔业务的利润将全部用于弥补以前年度亏损，没有所得税负担；即使采取现金折扣的方式，只要现金折扣额低于 12.5 万元，两者的差额就可看做是筹划带来的税收利益。

第三节　企业重组的筹划

《企业所得税法实施条例》第七十五条规定，除国务院财政、税务主管部门另有规定外，企业在重组过程中，应当在交易发生时确认有关资产的转让所得或者损失，相关资产应当按照交易价格重新确定计税基础。该条款是对企业重组过程中有关资产税务处理的原则性规定。本节专门介绍关于企业重组的处理原则和有关规定，并依据已有规定对典型事项的筹划空间和方法进行分析。

一、重组的定义和内容

根据《中华人民共和国企业所得税法》第二十条和《中华人民共和国企业所得税法实施条例》（国务院令第 512 号）第七十五条，企业重组，是指企业在日常经营活动以外发生的法律结构或经济结构重大改变的交易，包括企业法律形式改变、债务重组、股权收购、资产收购、合并、分立等。

1. 企业法律形式的简单改变：是指企业注册名称、住所以及企业组织形式等的简单改变，但符合《财政部　国家税务总局关于企业重组业务企业所得税处理若干问题的通知》（财税〔2009〕59 号）规定其他重组的类型除外。

2. 债务重组：是指在债务人发生财务困难的情况下，债权人按照其与债务人达成的书面协议或者法院裁定书，就其债务人的债务做出让步的事项。

3. 股权收购：是指一家企业（以下称为"收购企业"）购买另一家企业（以下称为"被收购企业"）的股权，以实现对被收购企业控制的交易。收购企业支付对价的形式包括股权支付、非股权支付或两者的组合。

4. 资产收购：是指一家企业（以下称为"受让企业"）购买另一家企业（以下称为"转让企业"）实质经营性资产的交易。受让企业支付对价的形式包括股权支付、非股权支付或两者的组合。

5. 企业合并：指一家或多家企业（以下称为"被合并企业"）将其全部资产和负债转让给另一家现存或新设企业（以下称为"合并企业"），被合并企业股东换取合并企业的股权或非股权支付，实现两个或两个以上企业的依法合并。

6. 企业分立：是指一家企业（以下称为"被分立企业"）将部分或全部资产分离转让给现存或新设的企业（以下称为"分立企业"），被分立企业股东换取分立企业的股权或非股权支付，实现企业的依法分立。

二、税务处理原则

《财政部　国家税务总局关于企业重组业务企业所得税处理若干问题的通知》（财税〔2009〕59 号）中第三条规定，企业重组的税务处理区分不同条件分别适用一般性税务处理规定和特殊性税务处理规定。企业重组同时符合下列条件的，适用特殊性税务处理规定：

（一）具有合理的商业目的，且不以减少、免除或者推迟缴纳税款为主要目的。

（二）被收购、合并或分立部分的资产或股权比例符合本通知规定的比例。

（三）企业重组后的连续 12 个月内不改变重组资产原来的实质性经营活动。

（四）重组交易对价中涉及股权支付金额符合本通知规定比例。

（五）企业重组中取得股权支付的原主要股东，在重组后连续 12 个月内，不得转让所取得的股权。

除符合通知规定适用特殊性税务处理规定的外，按以下规定进行税务处理：

（一）企业由法人转变为个人独资企业、合伙企业等非法人组织，或将登记注册地转移至中华人民共和国境外（包括港澳台地区），应视同企业进行清算、分配，股东重新投资成立新企业。企业的全部资产以及股东投资的计税基础均应以公允价值为基础确定。

企业发生其他法律形式简单改变的，可直接变更税务登记，除另有规定外，有关企业所得税纳税事项（包括亏损结转、税收优惠等权益和义务）由变更后企业承继，但因住所发生变化而不符合税收优惠条件的除外。

（二）企业债务重组，相关交易应按以下规定处理：

1. 以非货币资产清偿债务，应当分解为转让相关非货币性资产、按非货币性资产公允价值清偿债务两项业务，确认相关资产的所得或损失。

2. 发生债权转股权的，应当分解为债务清偿和股权投资两项业务，确认有关债务清偿所得或损失。

3. 债务人应当按照支付的债务清偿额低于债务计税基础的差额，确认债务重组所得；债权人应当按照收到的债务清偿额低于债权计税基础的差额，确认债务重组损失。

4. 债务人的相关所得税纳税事项原则上保持不变。

（三）企业股权收购、资产收购重组交易，相关交易应按以下规定处理：

1. 被收购方应确认股权、资产转让所得或损失。

2. 收购方取得股权或资产的计税基础应以公允价值为基础确定。

3. 被收购企业的相关所得税事项原则上保持不变。

（四）企业合并，当事各方应按下列规定处理：

1. 合并企业应按公允价值确定接受被合并企业各项资产和负债的计税基础。

2. 被合并企业及其股东都应按清算进行所得税处理。

3. 被合并企业的亏损不得在合并企业结转弥补。

（五）企业分立，当事各方应按下列规定处理：

1. 被分立企业对分立出去资产应按公允价值确认资产转让所得或损失。

2. 分立企业应按公允价值确认接受资产的计税基础。

3. 被分立企业继续存在时，其股东取得的对价应视同被分立企业分配进行处理。

4. 被分立企业不再继续存在时，被分立企业及其股东都应按清算进行所得税处理。

5. 企业分立相关企业的亏损不得相互结转弥补。

根据《实施条例》第七十五条规定，国务院财政、税务主管部门可以对企业重组过程中相关资产的税务处理做出除外规定，即可以不确认有关交易资产的转让所得或者损失的规定。保留这样的规定，是为了减少对企业正常的投资和重组行为的税收影响，或者说，放弃对有些重组行为的征税，可以减少税收对企业生产经营和管理活动的干预，是税收中性的一个体现。发达国家税法中对此类业务一般也有"应税重组"和"免税重组"的区别规定。

应税重组，即需要对重组中涉及的资产交易所得征税或者确认资产交易损失的重组行为；免税重组是对重组中涉及资产的交易所得和损失暂时不予课征或确认的重组行为。

注意免税重组也只是对重组中涉及的非现金资产交易所得给予暂免征税的待遇。为了保证有关资产的增值不致因转让而免除税收义务，税法一般规定接受资产的企业不能按有关资产的评估确认的价值调整计税成本，也就是说，免税重组实际上是一种递延纳税的待遇：待资产受让方将资产隐含的增值或损失最终实现时，也就履行了纳税义务。各国实施免税重组是有条件的，一般条件是要求受让企业保持经营的连续性，并要求转让资产的企业或其股东应通过持有接受资产企业的股权，继续保持对有关资产的控制，即所谓的"权益的连续性"。这样做可以在一定程度上规避企业单纯税收目的的重组行为。

三、现有规定下的筹划——以企业并购为例

税法仅确立了一个原则，具体的企业重组税务处理办法，将由国务院财政、税务主管部门根据税法的授权在部门规章中进行明确。不过在新规定出台以前，原先的处理方法依然有效。下面以企业并购重组为例，根据已有的规定，分析其筹划的空间和方法，也有助于理解对上述原则的分析。

企业并购是实现资源流动和有效配置的重要方式，在企业并购过程中不可避免地涉及企业的税收负担及筹划节税问题。企业并购的税收筹划是指在税法规定的范围内，并购双方从税收角度对并购方案进行科学合理的事先筹划和安排，尽可能减轻企业税负，从而达到降低合并成本、实现企业整体价值最大化的效果。

（一）选择并购目标的税收筹划

从目标企业的财务状况来看，若并购企业有较高盈利水平，为改变其整体的税收负担，则可选择一家有大量净经营亏损的企业作为并购目标。通过合并后盈利与亏损的相互抵消，可以实现企业所得税的免除。如果合并纳税中出现亏损，并购企业还可以实现亏损的递延，推迟纳税。因此，目标公司尚未弥补的亏损和尚未享受完的税收优惠应当是决定是否并购的一个重要因素。

需要注意的是：首先，根据《关于企业重组业务企业所得税处理若问题的通知》（财税〔2009〕15 号）规定，适用于一般重组的吸收合并，被合并企业的亏损不得在合并企业结转弥补，而适用于特殊重组的吸收合并，合并企业才可以限额弥补被合并企业的亏损。

因此，购并时应符合上面关于特殊性重组的条件，即

（1）具有合理的商业目的，且不以减少、免除或者推迟缴纳税款为主要目的。

（2）被收购、合并或分立部分的资产或股权比例符合本通知规定的比例。

（3）企业重组后的连续 12 个月内不改变重组资产原来的实质性经营活动。

（4）重组交易对价中涉及股权支付金额符合本通知规定比例。

（5）企业重组中取得股权支付的原主要股东，在重组后连续 12 个月内，不得转

让所取得的股权。

其次，购并亏损企业一般采用吸收合并或控股兼并的方式，不采用新设合并方式。因为新设合并的结果，被并企业的亏损已经核销，无法抵减合并后的企业利润。但此类购并活动必须警惕亏损企业可能给购并后的整体带来不良影响，特别是利润下降给整体企业市场价值的消极影响，甚至会由于向目标企业过度投资，可能导致不但没有获得税收抵免递延，反而将优势企业也拖入亏损的境地。

最后，根据《国家税务总局关于企业重组业务企业所得税征收管理若干问题的公告》（国税〔2015〕48 号）中第五条规定，企业重组业务适用特殊性税务处理的，申报时，应从以下方面逐条说明企业重组具有合理的商业目的：重组交易的方式；重组交易的实质结果；重组各方涉及的税务状况变化；重组各方涉及的财务状况变化；非居民企业参与重组活动的情况。第六条规定，企业重组业务适用特殊性税务处理的，申报时，当事各方还应向主管税务机关提交重组前连续 12 个月内有无与该重组相关的其他股权、资产交易情况的说明，并说明这些交易与该重组是否构成分步交易，是否作为一项企业重组业务进行处理。

根据《国家税务总局关于企业重组业务企业所得税征收管理若干问题的公告》（国税〔2015〕48 号）第十条规定，适用特殊性税务处理的企业，在以后年度转让或处置重组资产（股权）时，应在年度纳税申报时对资产（股权）转让所得或损失情况进行专项说明，包括特殊性税务处理时确定的重组资产（股权）计税基础与转让或处置时的计税基础的比对情况，以及递延所得税负债的处理情况等。

（二）选择并购出资方式的税收筹划

在税收法律的立法原则中，对企业或其股东的投资行为所得征税，通常以纳税人当期的实际收益为税基。对于没有实际收到现金红利的投资收益，不予征税。这就给购并企业提供了免税并购的可能。

并购按出资方式可分为现金购买资产式并购、现金购买股票式并购、股票换取资产式并购、股票换取股票式并购。后两种并购以股票方式出资，对目标企业股东来说，在并购过程中，不需要立即确认其因交换而获得并购企业股票所形成的资本利得，即使在以后出售这些股票需要就资本利得缴纳所得税，也已起了延迟纳税的效果。

股票换取资产式并购也称为"股权置换式并购"，这种模式在整个资本运作过程中，没有出现现金流，也没有实现资本收益，因而这一过程是免税的。企业通过股权置换式并购，可以在不纳税的情况下，实现资产的流动与转移，并达到追加投资和资产多样化的理财目的。

在股权收购中，如果是以现金购买股票，也会使被并购企业形成大量的资本利得，进而产生资本利得税或所得税的问题，有时被收购企业还会把这些税负转嫁给收购企业，这种时候，并购企业需要考虑"以股票换取资产"或"以股票换取股票"。

因为后两种以股票出资的方式对目标企业股东来说，在并购过程中，不需要立刻确认其因交换而获得并购企业股票所形成的资本利得，即使在以后出售这些股票需要就资本利得缴纳所得税，也已起了延迟纳税的效果。

不过，纯粹的"以股票换取资产"或"以股票换取股票"有可能形成目标企业反收购并购企业的情况，所以，企业在出资方式上往往是在满足多方需求的利益平衡状况下，计算出税负成本最低、对企业最有利的一种方式。

如果最终采纳的方式，是复合的，即一部分采用现金收购，另一部分用股票收购。则按照"关于企业合并分立业务有关所得税问题的通知"（国税发〔2000〕119号），合并企业支付给被合并企业或其股东的收购价款中，除合并企业股权以外的现金、有价证券和其他资产（以下简称"非股权支付额"）不高于所支付股权票面价值（或支付股本的账面价值）20%的，可以不计算所得税。

同时该文对企业合并有两种不同的税务处理方法：

第一种情况是指在通常情况下，被合并企业应视为按公允价值转让、处置全部资产，计算资产的转让所得，依法缴纳所得税；被合并企业以前年度的亏损，不得结转到合并企业弥补。合并企业接受被合并企业的有关资产，计税时可以按经评估确认的价值确定成本。这种合并可称为应税合并。

相对应的第二种情况，可称为免税合并，处理方法是，被合并企业不确认全部资产的转让所得或损失，不计算缴纳所得税。被合并企业合并以前的全部企业所得税纳税事项由合并企业承担，以前年度的亏损，如果未超过法定弥补期限，可由合并企业继续按规定用以后年度实现的与被合并企业资产相关的所得弥补。

两种税收处理方法的差异，为企业合并行为提供了筹划的空间。进行筹划的前提是企业有选择合并方式的可能性，因对于免税合并资格的取得，需要合并企业必须达到以下要求：合并企业支付给被合并企业或其股东的收购价款中，除合并企业股权以外的现金、有价证券和其他资产（以下简称"非股权支付额"），不高于所支付的股权票面价值（或支付的股本的账面价值）20%的情况，现实中我们也称之为换股合并。在达到前述标准的情况下，还需经税务机关审核确认后方可享受免税合并的税收待遇。

现实中企业合并形式受制于多重因素，比如合并方的财务状况、现金流量以及被并企业股东的风险厌恶程度，只有在企业可以采取符合条件的换股合并形式，并经税务机关审核确认之后，才可以进一步选择自身利益最大化的税务处理方式。

3. 选择并购融资方式的税收筹划。企业并购通常需要筹大量的资金，其融资方式主要有债务融资和股权融资。债务融资利息允许在税前列支，而股权融资股息只能在税后列支。因此，企业并购采用债务融资方式会产生利息抵税效应，这主要体现在节税利益及提高权益资本收益率方面。其中，节税利益反映为负债成本计入财务费用以抵减应纳税所得额，从而相应减少应纳所得税额。在息税前收益率不低于负债成本率的前提下，债务融资比率越高，额度越大，其节税效果也就越显著。当然，负债最重要的杠杆作用则在于提高权益资本的收益率水平及普通股的每股收益率方面，这可以从下面公式得以充分的反映。

$$权益资本收益率（税前）= 息税前投资收益率 + 负债/权益资本$$
$$× （息税前投资收益率 - 负债成本率）$$

案例 5 - 5

若甲公司为实行并购需融资 400 万元，假设融资后息税前利润有 80 万元。现有三种融资方案可供选择：

方案一，完全以权益资本融资。方案二，债务资本与权益资本融资的比例为 10 : 90。方案三，债务资本与权益资本融资的比例为 50 : 50。假设税法允许列支的债务资金成本率为 10%，企业所得税税率为 25%。在这种情况下应如何选择方案呢？

当息税前利润额为 80 万元时，税前投资回报率 = 80 ÷ 400 × 100% = 20% > 10%（债务资金成本率），税后投资回报率会随着企业债务融资比例的上升而上升。因此，应当选择方案三，即 50% 的债务资本融资和 50% 的权益资本融资，这种方案下的纳税额最小，即：应纳企业所得税 = （80 - 400 × 50% × 10%）× 25% = 15（万元）。

但并购企业同时也必须考虑因大量债务融资给企业资本结构带来的影响。如果并购企业原来的负债比率较低，通过债务融资适当提高负债比率是可行的，如果并购企业原来的负债比率比较高，继续采取债务融资可能导致加权平均资金成本上升、财务状况急剧恶化、破产风险增大等负面影响。此时，更好的融资方式也许是股权融资，或债务融资与股权融资并用，以保持良好的资本结构。

税收并非企业合并的首要动因，企业合并需要将管理、生产经营以及合并的成本和风险等各种因素综合考虑，合并方式本身也有许多制约因素。在可以进行税收筹划的前提下，需要将合并双方的税收利益综合考虑，并需要结合税后净收益、货币的时间价值等因素来进行筹划。

第四节　企业所得税税收优惠的筹划

一、法律规定的优惠政策

企业所得税法的主要改革内容之一就是统一和规范税收优惠政策，建立"产业优惠为主、区域优惠为辅"的新税收优惠体系。税法规定的税收优惠有以下 12 类：

1. 企业的下列收入为免税收入：国债利息收入；符合条件的居民企业之间的股息、红利等权益性投资收益；在中国境内设立机构、场所的非居民企业从居民企业取得与该机构、场所有实际联系的股息、红利等权益性投资收益；符合条件的非营利组织的收入。

2. 企业的下列所得，可以免征、减征企业所得税：从事农、林、牧、渔业项目的所得；从事国家重点扶持的公共基础设施项目投资经营的所得；从事符合条件的环境保护、节能节水项目的所得；符合条件的技术转让所得；非居民企业在中国境内未设立机构、场所的，或者虽设立机构、场所但取得的所得与其所设机构、场所没有实际联系的来源于中国境内的所得；企业取得的 2009 年以后年度发行的地方政府债券利息所得。

3. 符合条件的小型微利企业，减按 20% 的税率征收企业所得税。按照财税〔2015〕34 号文件规定，自 2015 年 1 月 1 日至 2017 年 12 月 31 日，对年应纳税所得额低于 20 万元（含 20 万元）的小型微利企业，其所得按 50% 计入应纳税所得，按 20% 的税率缴纳企业所得税。按照财税〔2015〕99 号文件规定，自 2015 年 1 月 1 日至 2017 年 12 月 31 日，对年应纳税所得额低于 20 万～30 万元（含 30 万元）之间的小型微利企业，其所得按 50% 计入应纳税所得额，按 20% 的税率缴纳企业所得税。在 2017 年 3 月 5 日政府工作报告中提出将小微企业年应纳税所得额上限由 30 万元提高到 50 万元。

4. 国家需要重点扶持的高新技术企业，减按 15% 的税率征收企业所得税。

5. 民族自治地方的自治机关对本民族自治地方的企业应缴纳的企业所得税中属于地方分享的部分，可以决定减征或者免征。

6. 企业的下列支出，可以在计算应纳税所得额时加计扣除：企业开展研发活动中实际发生的研发费用（加计 50% 扣除）；安置国家鼓励安置的其他就业人员所支付的工资（国务院另行规定）。均可在计算应纳税所得额时加计扣除。

7. 创业投资企业从事国家需要重点扶持和鼓励的创业投资，可以按投资额的一定比例抵扣应纳税所得额。

8. 企业的固定资产由于技术进步等原因，确需加速折旧的，可以缩短折旧年限或者采取加速折旧的方法。

9. 企业综合利用资源，生产符合国家产业政策规定的产品所取得的收入，可以在计算应纳税所得额时减计收入。

10. 企业购置用于环境保护、节能节水、安全生产等专用设备的投资额，可以按一定比例实行税额抵免。

11. 根据国民经济和社会发展的需要，或者由于突发事件等原因对企业经营活动产生重大影响的，国务院可以制定企业所得税专项优惠政策。

12. 对设在西部地区国家鼓励类产业企业，在 2011 年 1 月 1 日至 2020 年 12 月 31 日期间，减按 15% 的税率征收企业所得税。

二、筹划空间

税收优惠政策是税收筹划关注的一贯重点，利用优惠政策进行筹划也是企业最常见的手段。其核心内容就是最大限度地享受优惠政策，以减轻企业的税收负担。从上述企业所得税减免税的内容可以看出，采取的优惠方式总共有 10 种，即：免税收入、定期减免税、降低税率、加计扣除、加速折旧、减计收入、税额抵免。相对于不同的优惠方式，企业筹划的空间，或者说筹划的重点环节，也各有不同。

1. 免税收入政策，对国债利息收入和符合条件的非营利组织的收入，筹划空间不大；有对外直接投资项目时，企业应尽量安排向享受低税率或减免税优惠政策的企业投资，这样可以获得税收负担较低的权益性投资收益。

2. 特定项目减免税的政策，需要企业的经营项目或所得内容符合国家政策要求，同时，如果企业同时有正常应税项目和享受减免税的项目，在收入确认和费用分摊上，尽量将应纳税所得额向有减免税优惠的项目上倾斜。还有，享受定期减免税的，比如享受"三免三减半"政策的企业，应安排企业的所得在优惠期内更多地实现，尤其是费用分摊，应尽量推迟，能在免税期实现的所得，避免在减半期间实现；能在减半期间实现的所得，避免在优惠期结束之后实现。

3. 优惠税率政策，应确保纳税人身份符合有关要求，并尽量满足其他相关条件，比如小型微利企业的应纳税所得额。

4. 加计扣除的政策，企业可以在自身条件许可的情况下多支出相关项目，以取得加计扣除产生的抵税效果。

5. 加速折旧的政策，需要企业对符合条件的固定资产主动采取缩短折旧年限或加速折旧的方法。

6. 减计收入的政策，需要企业生产相关产品时，尽量多地安排符合规定的资源作为主要原材料，以达到相应的标准。

7. 投资额抵扣应纳税所得额的政策，是指创业投资企业采取股权投资方式投资于未上市的中小高新技术企业2年以上的，可以按照其投资额的70%在股权持有满2年的当年抵扣该创业投资企业的应纳税所得额；当年不足抵扣的，可以在以后纳税年度结转抵扣。只有符合条件的企业的相关投资，才可以享受政策。由于创业投资本身的风险性，税收优惠的刺激作用是有限的，但是可对已发生相关投资的企业提供一种事后的资金的支持，该政策是一种间接优惠，其筹划空间有限。

8. 税额抵免政策，需要企业在购置和使用相关专用设备时，尽量在国家规定的优惠目录中选择，同时要考虑，尽量在5个纳税年度内实现全部抵免。

9. 区域性优惠政策，主要指民族自治地方决定减征或者免征本地方的企业应缴纳的企业所得税中属于地方分享的部分。区域性政策的筹划，主要是将企业设立在相关优惠区域内以享受优惠政策。

10. 过渡期优惠政策的筹划。其一，对原享受低税率优惠的企业，逐年递增向法定税率过渡。此类企业的筹划，可以通过尽早确认收入、推迟支出扣除的办法来将税款实现在税率较低的年份；其二，对原享受企业所得税"两免三减半""五免五减半"等定期减免税优惠的企业，其筹划空间和筹划原则应与上述享受低税率优惠的企业，以及上述享受定期减免税政策的企业相同；其三，对保留的西部大开发企业所得税的优惠，其筹划空间与一般地域性优惠的筹划一样，可在区内投资举办相应的企业和项目，或者区内的企业尽量安排有税收优惠的经营活动或项目。

三、税收优惠筹划的内容和方法

（一）免税收入的筹划

税法规定的免税收入共四种，对国债利益收入和非营利性组织的收入，主要是需要单独核算相应的免税收入，并保证会计凭证的合法有效；属于非营利组织的，要保证同时符合实施条例规定的有关身份的条件。还有，免税的国债利息收入，不包括国债持有者在二级市场上转让国债获得的收入。

对符合条件的权益性投资收益，新税法确定为免税收入，也就是采用免税法来消除可能存在的重复征税。在被投资方企业享受低税率或减免税优惠时，相对于抵免法而言，其分回给投资方企业的股息、红利不需要再补缴税款，相当于投资方企业也享受到了税收优惠政策。因此，在有选择的可能性时，企业应考虑选择向享受税收优惠的企业投资。比如，向符合条件的高新技术企业投资，向处于优惠过渡期的仍享受低税率优惠的企业投资，向西部地区享受优惠政策的企业投资——由于这些投资的权益性收益免税，而其在被投资方因享受税收优惠而负担了更低的税款，相比对那些没有税收优惠的企业的投资，投资方也相当于享受了税收优惠。

需要注意的是，上述免税的投资收益，是指直接投资，不包括连续持有居民企业公开发行并上市流通的股票不足 12 个月取得的投资收益。

（二）特定项目减免税的筹划

1. 免征或减半征税的项目，主要是企业从事农、林、牧、渔业项目的所得，包括：

（1）企业从事下列项目的所得，免征企业所得税：蔬菜、谷物、薯类、油料、豆类、棉花、麻类、糖料、水果、坚果的种植；农作物新品种的选育；中药材的种植；林木的培育和种植；牲畜、家禽的饲养；林产品的采集；灌溉、农产品初加工、兽医、农技推广、农机作业和维修等农、林、牧、渔服务业项目；远洋捕捞。

（2）企业从事下列项目的所得，减半征收企业所得税：花卉、茶以及其他饮料作物和香料作物的种植；海水养殖、内陆养殖。

上述免税所得，取决于企业的经营项目，筹划的空间不大。但应注意，如果企业同时有正常应税项目和享受减免税的项目，第一是分别核算，第二是在收入确认和费用分摊上，尽量将应纳税所得额向有减免税优惠的项目上倾斜。

2. 定期减免的项目，包括从事国家重点扶持的公共基础设施项目投资经营的所得，以及从事符合条件的环境保护、节能节水项目的所得。

国家重点扶持的公共基础设施项目，是指《公共基础设施项目企业所得税优惠目录》规定的港口码头、机场、铁路、公路、城市公共交通、电力、水利等项目（不包括企业承包经营、承包建设和内部自建自用该条规定的项目）。符合条件的环境保护、节能节水项目，包括公共污水处理、公共垃圾处理、沼气综合开发利用、节能减排技术改造、海水淡化等。项目的具体条件和范围由国务院财政、税务主管部门协商国务院有关部门制定，报国务院批准后公布施行。

企业从事上述两类项目的所得，自项目取得第一笔生产经营收入所属纳税年度起，第一年至第三年免征企业所得税，第四年至第六年减半征收企业所得税。

对享受定期减免税优惠企业，其筹划的方法与正常纳税企业正好"反其道而行之"：正常纳税企业为了获得税收的时间价值，应尽量推迟纳税义务发生的时间；而对享受定期减免税的企业，应将纳税义务尽量提前在减免税期间发生，以享受减免税的待遇，相应减少其在减免税期满后的纳税义务。

因此，对上述企业，在取得第一笔生产经营收入所属纳税年度起，应安排企业的所得在优惠期内更多地实现，尤其是费用分摊，应尽量推迟，能在免税期实现的所得，避免在减半期间实现；能在减半期间实现的所得，避免在优惠期结束之后实现。

比如某企业从事符合条件的环境保护项目，在减税期初有一笔100万元的所得，则该所得应纳税款为12.5万元；如果将该笔所得通过经营和财务安排提前到免税期末，则应纳税款为0。

3. 对技术转让所得的减免，即在一个纳税年度内，居民企业技术转让所得不超过500万元的部分，免征企业所得税；超过500万元的部分，减半征收企业所得税。

也就是说，对有符合条件的技术转让所得的企业，如果年度技术转让所得的规模在500万元左右，或者说略超过500万元的情况下，能获得一定的筹划收益。比如，企业有510万元的技术转让所得，应纳税额为1.25万元；假如说年末的一个10万元所得可以推迟到下一个纳税年度，则可以不用纳税。技术转让一般是双方在协议、合同中约定付款和结算的方式和时间，企业在一定程度上可以控制所得实现时间。

（三）税率的筹划

企业所得税的法定税率为25%。除此之外，还规定了几个优惠税率，涉及对象包括非居民纳税人、小型微利企业和高新技术企业。

1. 非居民纳税人。对非居民企业在中国境内未设立机构、场所的，或者虽设立机构、场所但取得的所得与其所设机构、场所没有实际联系的，应当就其来源于中国境内的所得缴纳企业所得税，税法规定此类所得适用税率是20%，同时规定对此类所得可以减征、免征企业所得税。实施条例据此明确，对上述所得，减按10%的税率征收企业所得税。

20%的税率适用条件首先是纳税人的身份，要求是非居民企业；其次是所得的性质，必须是没有设立机构、场所而有所得的，或者是设立了机构、场所但取得的所得与设立的机构场所没有关系的。两个条件必须同时具备。纳税人身份选择的筹划，前面已有表述。需要注意的是，对此类非居民企业，税率可享受优惠待遇，同时对其所得的确认也有专门规定。

税法规定非居民企业取得上述所得，按照所得类型分别规定了计算应纳税所得额的方法。具体有三类。

第一类，股息、红利等权益性投资收益和利息、租金、特许权使用费所得，以收入全额为应纳税所得额。这实际上是参照国际惯例按照征收预提所得税的办法进行处理的，在计算应纳税所得额时不允许扣除任何成本费用项目。

第二类，转让财产所得，是以收入全额减除财产净值后的余额为应纳税所得额。出于技术和操作原因，税法规定仅以财产净值为可扣除项目，与转让财产相关的费用不得扣除。

第三类，其他所得，应包括咨询费收入、保险费收入等，参照前两项规定的方法计算应纳税所得额，也就是按收入全额征收预提所得税。

从以上规定可以看出，对非居民纳税人的相关所得虽然规定了优惠税率，但税前扣除的规定是比较严格的。因此企业在进行筹划时应该通盘考虑，根据自身的业务范围、经营方式、所得类别、利润空间等因素，进行税率的相关筹划。

> 小型微利企业是指从事国家非限制和禁止行业，并符合下列条件的企业：工业企业，年度应纳税所得额不超过50万元（原30万元），从业人数不超过100人，资产总额不超过3 000万元；其他企业，年度应纳税所得额不超过30万元，从业人数不超过80人，资产总额不超过1 000万元。

2. 小型微利企业。税法取消了原来的两档优惠税率，规定对符合条件的小型微利企业，减按20%的税率征收企业所得税。从规定内容来看，也是两个条件：一是年度应纳税所得额的规模，不得超过30万元；二是企业规模的限制，包括从业人数和资产总额。对能够达到规模要求的企业，只有在年度应纳税所得额略超过30万元的前提下才有筹划的空间和意义。同时，小型微利企业，全部生产经营活动所产生的所得均负有我国企业所得税纳税义务，不能是非居民企业。

企业应根据自身的经营范围、业务性质和业务量的需求等因素来确定自身的规模，从业人数和资产规模处在与税法临界的水平时，可以考虑将从业人数和资产总额控制在相应规模以内。在此基础上，如果在年度终了时实现的应纳税所得额略超过30万元，可以进行一定程度的调整，比如推迟部分收入确认、提前部分费用的扣除，不过这种做法会加大下一个年度的应纳税所得额；如果在当期加大费用支出，比如多发工资、适量捐赠，还要对比支出和所获得的税收利益的大小。

案例 5 - 6

　　某机床厂在某年末资产总额为 2 800 万元，从业人员 90 人，年末实现应纳税所得额 30.5 万元，按照法定税率应纳税额为 7.625 万元；如果该企业在 12 月 31 日前进行公益性捐赠 1 万元，或者工资支出多 1 万元，将应纳税所得控制为 29.5 万元，按照 20% 税率计算应纳税额是 5.9 万元，相比之下获得了 1.725 万元的税收利益；考虑多支出的项目，税后净收益多得到 0.725 万元。

　　如果该企业年末实现应纳税所得额 40 万元，应纳税额为 10 万元；如果将应纳税所得额调整到 30 万元，应纳税额是 6 万元，获得税收利益为 4 万元，但需要调整的收入或支出项目是 10 万元，考虑税后净收益，企业可能得不偿失。

　　所以，如果仅仅为了适用 20% 的税率来选择企业规模和调整应纳税所得额，显然是不明智的，因为所能获得的税收利益是很有限的。

　　2017 年 3 月 5 日，中国国务院总理李克强在北京向十二届全国人大五次会议作政府工作报告时表示，今年将多措并举降成本，小微企业年应纳税所得额上限提高到 50 万元人民币，以此扩大小微企业享受减半征收所得税优惠的范围。

　　3. 高新技术企业。税法保留了对高新技术企业的税收优惠，并取消了区域的限制，对国家需要重点扶持的高新技术企业，减按 15% 的税率征收企业所得税。实施条例将高新技术企业的界定范围，由现行按高新技术产品划分改为按高新技术领域划分，规定了高新技术企业的认定指标：拥有核心自主知识产权；产品（服务）属于《国家重点支持的高新技术领域》规定的范围；研究开发费用占销售收入的比例、高新技术产品（服务）收入占企业总收入的比例、科技人员占企业职工总数的比例，均不低于规定标准。这样规定，强化以研发比例为核心，税收优惠重点向自主创新型企业倾斜。企业要享受高新技术企业的优惠税率，必须满足国家有关高新技术企业认定管理办法的规定。

　　2017 年 3 月 5 日，中国国务院总理李克强在北京向十二届全国人大五次会议作政府工作报告时，还表示科技型中小企业研发费用加计扣除比例由 50% 提高到 75%，做到"千方百计使结构性减税力度和效应进一步显现"。

　　我国目前税法还对特定区域新设立的国家需要重点扶持的高新技术企业规定了"两免三减半"的优惠政策。内容是，对经济特区（深圳、珠海、汕头、厦门和海南经济特区）和上海浦东新区内在 2008 年 1 月 1 日（含）之后完成登记注册的国家需要重点扶持的高新技术企业，在经济特区和上海浦东新区内取得的所得，自取得第一笔生产经营收入所属纳税年度起，第一年至第二年免征企业所得税，第三年至第五年按照 25% 的法定税率减半征收企业所得税。其中对高新技术企业的认定按照税法统一规定执行。这个政策存在税收筹划的空间。

首先，是身份的确认。这与企业所在区域无关，必须符合国家统一规定。

其次，尽量享受区域优惠提供的筹划空间。国家对在经济特区和上海浦东新区依然保留了一定幅度的税收优惠，对这种优惠，投资者可以在综合考虑各种因素的前提下，尽量在上述地区注册登记。

再次，是所得的划分。区内新设高新技术企业同时在区外从事生产经营的，应当单独计算其在区内取得的所得，并合理分摊企业的期间费用。按照规定，没有单独计算的，不得享受企业所得税优惠。

最后，尽量把所得提前在享受优惠的区间实现，以减轻正常纳税期间的所得税支出。虽然高新技术企业可享受 15% 的优惠税率，但在"两免三减半"期间更为优惠，"三减半"期间的税率是 12.5%。因此应该尽可能地提前确认所得，包括提前确认收入和推迟支出扣除，以达到压缩后期的应纳税所得额和应纳税额的目的。当然，提前确认收入和推迟支出扣除必须在税法和会计准则许可的空间内操作。

（四）加计扣除的筹划

税法对安置特殊人员就业和研究开发费用设定了加计扣除的税收优惠。

1. 开发新技术、新产品、新工艺发生的研究开发费用

实施条例规定，企业为开发新技术、新产品、新工艺发生的研究开发费用，未形成无形资产计入当期损益的，在按照规定据实扣除的基础上，按照研究开发费用的 50% 加计扣除；形成无形资产的，按照无形资产成本的 150% 摊销。

2. 安置残疾人员及国家鼓励安置的其他就业人员所支付的工资

实施条例规定，企业安置残疾人员所支付的工资的加计扣除，是指企业安置残疾人员的，在按照支付给残疾职工工资据实扣除的基础上，按照支付给残疾职工工资的 100% 加计扣除。残疾人员的范围适用《中华人民共和国残疾人保障法》的有关规定。企业安置国家鼓励安置的其他就业人员所支付的工资的加计扣除办法，由国务院另行规定。

加计扣除的优惠政策就是为了鼓励或者刺激企业发生相关的支出，而且这两个政策都没有原先优惠政策对企业身份或者其他相关指标的限制，相应降低了这方面的筹划成本和风险。因此企业在有可能的情况下可尽量安排相关支出，以取得加计扣除的抵税效果。

比如，某企业在未考虑加计扣除时的年度应纳税所得额是 10 万元，如果该企业当年实际发生研究开发费用 20 万元，那么除据实扣除外，还可加计扣 10 万元，企业

当年不必纳税。工资支出亦然，假如企业每月支付给残疾人职工工资 2 000 元，年工资为 2.4 万元，可额外抵税 12 000 × 25% = 3 000（元）。

（五）加速折旧的筹划

企业加速折旧的筹划，在前面扣除项目中的固定资产折旧的筹划中已有表述。

（六）减计收入的筹划

这项优惠政策有技术条件的限制，即必须是企业以《资源综合利用企业所得税优惠目录》规定的资源作为主要原材料，生产国家非限制和禁止并符合国家和行业相关标准的产品取得的收入，达到这个要求，才可享受减按 90% 计入收入总额的优惠；也只有在满足了上述条件，才存在一个筹划的空间，这个筹划也需要企业在生产的技术环节来完成，即原材料占生产产品材料的比例不得低于《资源综合利用企业所得税优惠目录》规定的标准。

> 税法规定的税额抵免，是指企业购置并实际使用《环境保护专用设备企业所得税优惠目录》《节能节水专用设备企业所得税优惠目录》和《安全生产专用设备企业所得税优惠目录》规定的环境保护、节能节水、安全生产等专用设备的，该专用设备的投资额的 10% 可以从企业当年的应纳税额中抵免；当年不足抵免的，可以在以后 5 个纳税年度结转抵免。

（七）税额抵免的筹划

税额抵免政策是国家刺激企业购置和使用符合产业政策的相关设备出台的政策，与原先的国产设备投资抵免政策相比，适用的范围宽了（特定企业到所有企业）、设备内容调整了（由符合国家产业政策的技改项目的国产设备，调整为符合条件的环保、节能节水、安全生产等专用设备）、可抵免的投资额的幅度低了（由 40% 到 10%）、可抵免税额的条件宽松了（取消了在比上年新增所得税中抵扣的规定）。出于反避税的考虑，实施条例还规定了相应的限制条件：享受税额抵免优惠的企业，应当实际购置并自身实际投入使用符合规定的专用设备；企业购置上述专用设备在 5 年内转让、出租的，应当停止享受企业所得税优惠，并补缴已经抵免的企业所得税税款。

因此，企业要享受税额抵免，首先，必须在购置使用相关设备上完全符合国家规定。其次，在符合有关规定的前提下，要把税额抵扣的政策用足用好。税法规定当年的应纳税额不足抵免的，可以在以后 5 个纳税年度结转抵免。企业在实际操作中，应尽量在抵免期内完成全额抵免，这要求在 5 个纳税年度内，要有可供抵免的税额。因此，可能会与正常情况下，企业尽量推后实现应纳税额的原则冲突，应在对比分析的基础上选择经营或财务方案。

案例 5-7

某企业购置使用一套符合政策规定的节能专用设备 500 万元，在不考虑该套设备折旧金额情况下，假设从购置当年开始的 10 年中，每年实现应纳税所得额为 100 万元；假设企业可以选择 5 年或者 10 年作为这套设备的折旧年限，在企业采取直线折旧法且不考虑残值的情况下，企业 10 年中的应纳税额情况见表 5-1 和表 5-2。

表 5-1 　　　　　　　　　　方案 A 税负测算　　　　　　　　单位：万元

年份	折旧前所得	应扣除折旧额	应纳税所得	抵免前应纳税额	可抵免税额	应纳税额
1	100	100	0	0	0	0
2	100	100	0	0	0	0
3	100	100	0	0	0	0
4	100	100	0	0	0	0
5	100	100	0	0	0	0
6	100	0	100	25	25	0
7	100	0	100	25	0	25
8	100	0	100	25	0	25
9	100	0	100	25	0	25
10	100	0	100	25	0	25

表 5-2 　　　　　　　　　　方案 B 税负测算　　　　　　　　单位：万元

年份	折旧前所得	应扣除折旧额	应纳税所得	抵免前应纳税额	可抵免税额	应纳税额
1	100	50	50	12.5	12.5	0
2	100	50	50	12.5	12.5	0
3	100	50	50	12.5	12.5	0
4	100	50	50	12.5	12.5	0
5	100	50	50	12.5	0	12.5
6	100	50	50	12.5	0	12.5
7	100	50	50	12.5	0	12.5

续表

年份	折旧前所得	应扣除折旧额	应纳税所得	抵免前应纳税额	可抵免税额	应纳税额
8	100	50	50	12.5	0	12.5
9	100	50	50	12.5	0	12.5
10	100	50	50	12.5	0	12.5

从表 5-1 和表 5-2 中可以看出，方案 A 每年扣除折旧 100 万元，在前 5 个纳税年度提完折旧并无应纳税额，其后每年应纳税额为 25 万元，但只在第 6 年享受抵免，其后 4 年全额纳税，10 年共计应纳税额 100 万元；方案 B 每年扣除折旧 50 万元，每年应纳税额 12.5 万元，在前 4 个纳税年度充分享受了 50 万元的税额抵免，10 年共计应纳税 75 万元。两相比较，前者比后者多纳税 25 万元。

假设贴现率为 10%，方案 A 的应纳税额的现值 = 25 × (0.513 + 0.467 + 0.424 + 0.386) = 44.75 （万元），而方案 B 的应纳税额的现值 = 12.5 × (0.621 + 0.564 + 0.513 + 0.467 + 0.424 + 0.386) = 37.19 （万元），也就是说，考虑资金的时间价值，方案 A 仍比方案 B 多纳税 7.56 万元。

虽然方案 A 采用缩短折旧年限的办法，将应纳税义务推后，能够得到一部分资金的时间价值；但同时由于放弃了一部分税额抵免的权利，反而使纳税成本大大提高。

在这里，由于税额抵免存在期限，也可将其看做是一种定期减免税的优惠，如前面所述，应将纳税义务尽量提前在减免税期间发生，以享受减免税的待遇，相应减少其在减免税期满后的纳税义务。

(八) 优惠过渡期的筹划

根据国务院实施西部大开发有关文件精神，财政部、税务总局和海关总署联合下发的《财政部、国家税务总局、海关总署关于西部大开发税收优惠政策问题的通知》（财税〔2001〕202 号）中规定的西部大开发企业所得税优惠政策继续执行。

该政策的适用范围包括重庆市、四川省、贵州省、云南省、西藏自治区、陕西省、甘肃省、宁夏回族自治区、青海省、新疆维吾尔自治区、新疆生产建设兵团、内蒙古自治区和广西壮族自治区（上述地区以下统称"西部地区"）。湖南省湘西土家族苗族自治州、湖北省恩施土家族苗族自治州、吉林省延边朝鲜族自治州，可以比照西部地区的税收优惠政策执行。

该文件规定的税收优惠政策包括以下内容。

（1）对设在西部地区国家鼓励类产业的内资企业和外商投资企业，在 2001～2010 年期间，减按 15% 的税率征收企业所得税。

国家鼓励类产业的内资企业是指以《当前国家重点鼓励发展的产业、产品和技术目录（2000 年修订)》中规定的产业项目为主营业务，其主营业务收入占企业总收入 70% 以上的企业。国家鼓励类的外商投资企业是指以《外商投资产业指导目录》中规定的鼓励类项目和由国家经济贸易委员会、国家发展计划委员会和对外经济贸易合作部联合发布的《中西部地区外商投资优势产业目录》（第 18 号令）中规定的产业项目为主营业务，其主营业务收入占企业总收入 70% 以上的企业。

（2）经省级人民政府批准，民族自治地方的内资企业可以定期减征或免征企业所得税，外商投资企业可以减征或免征地方所得税。

（3）对在西部地区新办交通、电力、水利、邮政、广播电视企业，上述项目业务收入占企业总收入 70% 以上的，可以享受企业所得税以下优惠政策：内资企业自开始生产经营之日起，第一年至第二年免征企业所得税，第三年至第五年减半征收企业所得税；外商投资企业经营期在 10 年以上的，自获利年度起，第一年至第二年免征企业所得税，第三年至第五年减半征收企业所得税。

新办交通企业是指投资新办从事公路、铁路、航空、港口、码头运营和管道运输的企业。新办电力企业是指投资新办从事电力运营的企业。新办水利企业是指投资新办从事江河湖泊综合治理、防洪除涝、灌溉、供水、水资源保护、水力发电、水土保持、河道疏浚、河海堤防建设等开发水利、防治水害的企业。新办邮政企业是指投资新办从事邮政运营的企业。新办广播电视企业是指投资新办从事广播电视运营的企业。

对此类优惠政策，需要企业必须在规定的区域内，同时满足相关的产业条件；优惠政策的内容是定期的税率优惠——15% 税率，或者"两免三减半"，可按照前面特定区域新设立的高新技术企业税收筹划的原则和方法进行。需要说明的是，对新办的交通、电力、水利、邮政、广播电视企业，需要有关项目业务收入占企业总收入 70% 以上，才可以享受"两免三减半"的政策。因此企业应该在有关项目业务收入的比重上进行控制，必要时可以压缩其他业务占总业务收入的比重。

企业所得税过渡优惠政策与新税法及实施条例规定的优惠政策存在交叉的，由企业选择最优惠的政策执行，不得叠加享受，且一经选择，不得改变。企业在选择时需要综合考虑各方面的因素，比较不同政策在若干个纳税年度的整体税负情况后做出选择。

第五节　境外所得抵免的筹划

新税法明确规定了计算应纳税额的方法和顺序，即：企业的应纳税所得额乘以适用税率，减除依照本法关于税收优惠的规定减免和抵免的税额后的余额，为应纳税额。可以用公式表示为：

应纳税额 = 应纳税所得额 × 适用税率 − 减免税额 − 允许抵免的税额

公式中的减免税额，是指根据税法和实施条例的相关规定涉及的企业所得税各项优惠政策计算出的减免税额；而允许抵免的税额是指针对企业购置用于环保、节能节水、安全生产等专用设备的投资抵免。有关内容的筹划前面已进行了说明。

在这个基础之上计算出的应纳税额，还可以对境外所得进行抵免。为了避免国际上或地区间的双重征税，促进国际上、地区间资本、技术和劳务的合理流动，税法还对境外所得税收抵免确定了原则和方法。

税法规定，企业取得的下列所得已在境外缴纳的所得税税额，可以从其当期应纳税额中抵免，抵免限额为该项所得依照本法规定计算的应纳税额；超过抵免限额的部分，可以在以后5个年度内，用每年度抵免限额抵免当年应抵税额后的余额进行抵补：居民企业来源于中国境外的应税所得；非居民企业在中国境内设立机构、场所，取得发生在中国境外但与该机构、场所有实际联系的应税所得。

对此规定，实施条例做了进一步的解释：

1. "已在境外缴纳的所得税税额"，是指企业来源于中国境外的所得依照中国境外税收法律以及相关规定应当缴纳并已经实际缴纳的企业所得税性质的税款。不包括纳税后又得到补偿或者由他人代为承担的税款，也不包括企业因各种原因多缴纳的税款。另外，除税收协定有明确规定外，境外所得在境外实际享受的税收优惠，一般不给予税收饶让待遇，也就是将实缴数视同已缴纳数。

2. 所谓抵免限额，是指企业来源于中国境外的所得，依照企业所得税法和实施条例的规定计算的应纳税额。除国务院财政、税务主管部门另有规定外，该抵免限额应当分国（地区）不分项计算，计算公式如下：

$$抵免限额 = \frac{中国境内、境外所得依照企业所得税法和实施条例的规定计算的应纳税总额}{1} \times \frac{来源于某国（地区）的应纳税所得额}{中国境内、境外应纳税所得总额}$$

其中，中国境内、境外所得依照企业所得税法和实施条例的规定计算的应纳税总额 = 境内、境外应纳税所得总额 × 25%

所以抵免限额的公式还可以表达为：

$$抵免限额 = 来源于某国（地区）的应纳税所得额 × 25\%$$

3. 可以在 5 个年度内抵补，是指从企业取得的来源于中国境外的所得，已经在中国境外缴纳的企业所得税性质的税额超过抵免限额的当年的次年起连续 5 个纳税年度，不论在这 5 个纳税年度内其抵免限额是否超过在境外已纳税额。

4. 对非居民企业在中国境内设立机构、场所，取得发生在中国境外但与该机构、场所有实际联系的应税所得，原先采取的是扣除法的方式，新税法改为限额抵免的方式。

案例 5 - 8

假设甲企业有境外投资项目，投资选择地分别是 A 国和 B 国，两国的企业所得税率分别为 20% 和 30%，预计来自境外的税前年所得为 500 万元，境内年所得为 800 万元，那么投资 A 国和 B 国，在税收待遇上会有哪些差异？

由于两国的税率不同，税收负担不同，抵免的情况也不同，下面具体分析。

方案 A：投资于 A 国

该笔所得在 A 国已纳税额 = 500 × 20% = 100（万元）

抵免限额 = 500 × 25% = 125（万元）

在 A 国已纳税额小于抵免限额，可全部抵免。

甲企业在我国应纳所得税额 = (500 + 800) × 25% - 100 = 325 - 100 = 225（万元）

整体所得税负为 225 + 100 = 325（万元）。

方案 B：投资于 B 国

该笔所得 B 国已纳税额 = 500 × 30% = 150（万元）

抵免限额 = 500 × 25% = 125（万元）

在 B 国已纳税额大于抵免限额，可抵免 125 万元。

甲企业在我国应纳所得税额 = (500 + 800) × 25% - 125 = 325 - 125 = 200（万元）

整体所得税负为 200 + 150 = 350（万元）。

对比可以看出，投资于税率较低的 A 国，国外税款可获全额抵免，但须补缴税率差额部分的税额，因此企业在我国境内所得税负高于投资于 B 国的情况；不过从整体税负来看，却低于投资于 B 国的情况。投资于 B 国的情况下，B 国政府获得了更多的税收收益，即使超出抵免限额的部分在以后年度可以抵扣，相比之下损失了资金的时间价值。因此在其他条件一致的情况下，建议选择税率较低的 A 国进行投资。

上述案例有一个前提假设，就是 AB 两国和我国的税法在确定应纳税所得方面是一致的，仅有税率差异。在现实中，需要考虑投资地区的实际税收负担或政策，因为各国税法规定的差异，法定或名义税率并不代表实际的税收负担。上面案例中，如果 B 国确定所得税税基的政策更为宽松，比如说税前扣除更宽松，或者有许多优惠政策，那么即使名义税率高于 A 国，在相同的资本投入和经营策略下，实际税收负担也会低于 A 国。而可以抵免的税额是企业按照所在国法律计算并实际缴纳的税款。

上述的税收抵免都属于直接抵免，新税法还对间接抵免做出了规定，即：居民企业从其直接或者间接控制的外国企业分得的来源于中国境外的股息、红利等权益性投资收益，外国企业在境外实际缴纳的所得税税额中属于该项所得负担的部分，可以作为该居民企业的可抵免境外所得税税额，在税法规定的抵免限额内抵免。其中所称的直接控制，是指居民企业直接持有外国企业 20% 以上股份；所称的间接控制，是指居民企业以间接持股方式持有外国企业 20% 以上股份，具体认定办法由国务院财政、税务主管部门另行制定。

第六节　特别纳税调整项目的筹划

企业所得税法专设了"特别纳税调整"一章，这一章是专门针对避税行为在实体法上的全面立法，标志着我国反避税立法水平的提高。不过客观地说，我国的反避税工作尚处在起步阶段。通过对反避税的有关政策规定的梳理和分析，来发现和明晰企业纳税筹划的空间界限，规避企业纳税筹划的风险，对征纳双方都有积极的意义。本节对有关内容进行分析，提供一个原则性的意见，作为企业在相关方面进行纳税筹划的参考框架[①]。

一、关联方业务往来

《税法》第41条规定，企业与其关联方之间的业务往来，不符合独立交易原则而减少企业或者其关联方应纳税收入或者所得额的，税务机关有权按照合理方法调

[①] 本章对税法的解释，参见孙瑞标、缪慧频、刘丽坚主编，《〈中华人民共和国企业所得税法实施条例〉操作指南》，中国商业出版社 2007 年版，第 177～197 页。

整。企业与其关联方共同开发、受让无形资产，或者共同提供、接受劳务发生的成本，在计算应纳税所得额时应当按照独立交易原则进行分摊。

（一）关联方企业的认定

对关联方的认定，是反避税的核心——转让定价税制的法律起点。实施条例对关联方的界定如下：是指与企业有下列关联关系之一的企业、其他组织或者个人：在资金、经营、购销等方面存在直接或者间接的控制关系；直接或者间接地同为第三者控制；在利益上具有相关联的其他关系。

我国的《企业会计准则第 36 号——关联方披露》对关联方认定提供了一个更为明晰的界定：一方控制、共同控制另一方或对另一方施加重大影响，以及两方或两方以上同受一方控制、共同控制或重大影响的，构成关联方。同时列举，下列各方构成企业的关联方：该企业的母公司；该企业的子公司；与该企业受同一母公司控制的其他企业；对该企业实施共同控制的投资方；对该企业施加重大影响的投资方；该企业的合营企业；该企业的联营企业；该企业的主要投资者个人及与其关系密切的家庭成员；该企业或其母公司的关键管理人员及与其关系密切的家庭成员；该企业主要投资者个人、关键管理人员或与其关系密切的家庭成员控制、共同控制或施加重大影响的其他企业。

企业会计准则还规定，仅仅存在下列关系的各方，不构成企业的关联方：与该企业发生日常往来的资金提供者、公用事业部门、政府部门和机构；与该企业发生大量交易而存在经济依存关系的单个客户、供应商、特许商、经销商或代理商；与该企业共同控制合营企业的合营者。

可以看出，税法对关联方判定仅规定了一个原则框架，而企业会计准则的规定较为详尽，这些规定为纳税筹划提供了一些空间。从中可以得出企业要规避成为关联方应该注意的事项，现实中，与该企业发生大量交易而存在经济依存关系的单个客户、供应商、特许商、经销商或代理商，已经具备了进行实际关联交易的前提，只要通过一些合理的安排，就可以避免成为企业的关联方。主要可以对一些有经济法律和血缘关系的事实进行规避，比如尽量避免母子公司、投资、联营、合营各方以及家庭成员各方关系的出现。

（二）独立交易原则

独立交易原则是转让定价税制的核心原则，也是世界各国通用的原则。具体是指没有关联关系的交易各方，按照公平成交价格和营业常规进行业务往来遵循的原则。

其中公平成交价格，是指独立企业之间进行业务往来所采用的在市场上由价值规律所决定而形成的价格。现实中，有些产品或服务项目没有成熟的可比市场价格，而有些市场价格有较大幅度的波动空间，在这种情况下，交易双方就拥有一定程度转让定价的空间，通过双方的协议来安排税收负担的转移，并通过税收负担的转移来换取其他经济或其他利益。

（三）税务调整方法

税法规定对不符合独立交易原则而减少企业或者其关联方应纳税收入或者所得额的，税务机关有权按照合理方法调整。实施条例对合理方法进行了罗列，具体包括：

1. 可比非受控价格法，是指按照没有关联关系的交易各方进行相同或者类似业务往来的价格进行定价的方法；

2. 再销售价格法，是指按照从关联方购进商品再销售给没有关联关系的交易方的价格，减除相同或者类似业务的销售毛利进行定价的方法；

3. 成本加成法，是指按照成本加合理的费用和利润进行定价的方法；

4. 交易净利润法，是指按照没有关联关系的交易各方进行相同或者类似业务往来取得的净利润水平确定利润的方法；

5. 利润分割法，是指将企业与其关联方的合并利润或者亏损在各方之间采用合理标准进行分配的方法；

6. 其他符合独立交易原则的方法。

上述方法在具体采用时，可以根据具体情况来选择最合适的方式，最重要的是，纳税人可以参与方法的选择，税企双方都能够接受是运用方法适当性的判断标准之一。因此，作为纳税人，可选择自己认为最有利的方式。

二、成本分摊协议

税法规定，企业与其关联方共同开发、受让无形资产，或者共同提供、接受劳务发生的成本，在计算应纳税所得额时应当按照独立交易原则进行分摊。实施条例明确，企业可以依照上述规定，按照独立交易原则与其关联方分摊共同发生的成本，达成成本分摊协议。

企业与其关联方分摊成本时，应当按照成本与预期收益相配比的原则进行分摊，并在税务机关规定的期限内，按照税务机关的要求报送有关资料。

也就是说，成本分摊办法应遵循成本与预期收益相匹配的原则，协议的各方应该保留或提供相关资料，能够说明或支持自己的分摊办法。实际上，通过成本分摊协议来有效扣除相关支出项目，比起向关联方支付特许权使用费或者服务费的做法，减少了营业税、企业所得税等相关税收负担。

三、预约定价税制

税法规定，企业可以向税务机关提出与其关联方之间业务往来的定价原则和计算方法，税务机关与企业协商、确认后，达成预约定价安排。实施条例明确，预约定价安排，是指企业就其未来年度关联交易的定价原则和计算方法，向税务机关提出申请，与税务机关按照独立交易原则协商、确认后达成的协议。

预约定价是当前国际上比较普遍采用的针对转让定价的一种税务安排。它是一种双方在谈判基础上对关联交易涉税事宜的事前约定。由于对自身交易信息的掌握和有关事项预期的相对准确程度，纳税人在整个协议过程中应该具有更多的相对主动性和灵活性，是掌握信息更多更准确的一方。因此也可以在整个过程中通过筹划来实现预期目标，或者对结果实施积极影响，从而获得利益最大化。

纳税人在预约定价协议过程中享有的权利包括：

要求税务机关认可事先约定的有关定价事项，税务机关不能单方终止或撤销本安排；要求税务机关为企业在预约定价安排相关事项的过程中所获得到的信息情况保密；要求税务机关不得将协商过程中所获得的非事实性信息（例如各种提议、推理、观念和判断等）用于以后对该预约定价安排涉及的关联交易的审计；在预约定价安排的执行和解释中，企业和税务机关发生分歧，企业享有陈述和申辩权，企业对协调结果或决定仍不能接受的，有权考虑终止安排的执行。纳税人应该在自身合法权利的范围内采取积极行动。

另外，税法规定，税务机关在进行关联业务调查时，企业及其关联方，以及与关联业务调查有关的其他企业，应当按照规定提供相关资料。包括：与关联业务往来有关的价格、费用的制定标准、计算方法和说明等同期资料；关联业务往来所涉及的财产、财产使用权、劳务等的再销售（转让）价格或者最终销售（转让）价格的相关资料；与关联业务调查有关的其他企业应当提供的与被调查企业可比的产品价格、定价方式以及利润水平等资料；其他与关联业务往来有关的资料。这些资料同时也是在预约定价过程中企业谈判的依据和主要法律文本的重要内容，因此需要企业进行充分科学地准备。

四、受控外国企业规则

受控外国企业规则是防止受控外国企业保留利润不做分配或对利润做不合理分配引发的避税行为的一种管理制度。新税法规定，由居民企业，或者由居民企业和中国居民控制的设立在实际税负明显低于我国法定税率水平的国家（地区）的企业，并非由于合理的经营需要而对利润不作分配或者减少分配的，上述利润中应归属于该居民企业的部分，应当计入该居民企业的当期收入。

其中所称控制，包括：居民企业或者中国居民直接或者间接单一持有外国企业10%以上有表决权股份，且由其共同持有该外国企业50%以上股份；居民企业，或者居民企业和中国居民持股比例没有达到前述标准，但在股份、资金、经营、购销等方面对该外国企业构成实质控制。

其中所称实际税负明显低于规定税率水平，是指低于法定税率的50%，也就是12.5%。

从上述规定可以看出，我国的受控外国企业规则的建设也属起步阶段，仅有一个原则性的框架，而且有关标准也相对宽泛，对企业来说也存在一定的筹划空间，可以在不违背规则的基础上，通过利润分配的安排，获得一定程度的避税收益。

五、资本弱化及其调整

所谓资本弱化，是指企业集团通过操纵融资方式来增加利息扣除并减少对股息课税，从而降低集团整体税收负担的一种避税方式。我国税法规定，企业从其关联方接受的债权性投资与权益性投资的比例超过规定标准而发生的利息支出，不得在计算应纳税所得额时扣除。

实施条例进一步明确，债权性投资是指企业直接或者间接从关联方获得的，需要偿还本金和支付利息或者需要以其他具有支付利息性质的方式予以补偿的融资。企业间接从关联方获得的债权性投资，包括：关联方通过无关联第三方提供的债权性投资；无关联第三方提供的、由关联方担保且负有连带责任的债权性投资；其他间接从关联方获得的具有负债实质的债权性投资。

权益性投资，是指企业接受的不需要偿还本金和支付利息，投资人对企业净资产拥有所有权的投资。

但是目前还没有对标准进行规定，纳税筹划有较大空间。

六、一般反避税条款

税法规定，企业实施其他不具有合理商业目的的安排而减少其应纳税收入或者所得额的，税务机关有权按照合理方法调整。

实施条例明确，所称不具有合理商业目的，是指以减少、免除或者推迟缴纳税款为主要目的。具体而言，"不具有合理商业目的的安排"应该同时满足以下三个条件：

一是必须存在一个安排，是指人为规划的一个或一系列行动或交易；二是企业必须从该安排中获取"税收利益"，即减少企业的应纳税收入或者所得额；三是企业将获取税收利益作为其从事某种安排的唯一或主要目的。

那么从纳税人角度来讲，从事筹划时应避免同时满足这三个条件，或者应该尽量避免产生对这三个条件进行判断的依据。

本章小结

企业所得税的筹划也是在税收筹划的基本原则指引下展开的。与其他税种相比，企业所得税的筹划因税种本身的特点而显得更加灵活和复杂。企业所得税在纳税人、计税依据、税收优惠、境外所得抵免等方面，以及企业重组业务和特别纳税调整项目中均存在不同程度的筹划空间，企业可以在遵守税法规定的基础上，结合自身的特点，统筹考虑各方面因素，通过对生产经营活动的安排以及财务会计核算方法的选择等手段，获得不同程度的税收利益，最终达到筹划的目的。

关键术语

居民企业　应纳税所得额　工资薪金及其扣除　应税重组和免税重组　小型微利企业　税额抵免　独立交易原则

思考题

1. 企业设立从属机构时有哪些选择，相应的税收待遇有什么区别？
2. 实施条例对企业重组的税务处理原则是如何规定的？
3. 企业合并时，什么情况下可以享受免税合并的待遇？企业是否应该争取免税合并，为什么？
4. 试说明企业所得税应纳税所得额筹划的原则和空间。

5. 固定资产折旧筹划的方法有哪些?

6. 请说明企业所得税税收优惠的筹划空间。

7. 对享受定期减免税优惠的企业, 其所得税筹划方法有什么特点?

8. 我国企业所得税法中的特别纳税调整项目的主要内容是什么?

第六章　个人所得税的税收筹划

学习指示

　　个人所得税，是指对个人（自然人）取得的各项应税所得征收的一种税。我国现行个人所得税采用了分项目所得税制，对工资薪金所得、个体工商户的生产经营所得、劳动报酬所得、稿酬所得和利息、股息、红利所得以及财产租赁所得、财产转让所得、偶然所得等11个应税项目按所规定的费用扣除标准和适用税率。

　　小贴士： 对个人所得税进行纳税筹划，就是根据政府的税收政策导向，通过对个人取得收入的经济活动的安排，对纳税方案进行优化选择，以获得更多的税收优惠政策，从而减轻纳税负担，取得正当的税收利益。更具体地说，个人在纳税前，经过一些人为的调整，对个人收入的来源方式和途径进行比较和选择，以获得最大的税收减免，减轻纳税人的税收负担。

第一节　个人所得税纳税人的税收筹划

一、个人所得税的纳税人范围

　　个人所得税是对个人（自然人）取得的各项应税所得征收的一种税。个人所得税的纳税人包括中国公民、个体工商户以及在中国有所得的外籍人员（包括无国籍人员，下同）和香港、澳门、台湾同胞。个人所得税的纳税人按照国际通常的做法，依据住所和居住时间两个标准，区分为居民和非居民，并分别承担不同的纳税义务。

（一）居民纳税义务人

> 居民纳税人是指在中国境内有住所，或者无住所而在中国境内居住满 1 年的个人。

居民纳税人负有无限纳税义务，其取得的应纳税所得，无论是来源于中国境内还是境外任何地方，都要在中国缴纳个人所得税。个人所得税的居民纳税人包括以下两大类，具备一个就成为居民纳税人：

1. "在中国境内有住所"，即指因户籍、家庭、经济利益关系而在中国习惯性居住。

2. "在中国境内居住满 1 年"，即指在一个纳税年度（即公历 1 月 1 日起至 12 月 31 日止）内，在中国居住满 365 日。在计算居住天数时，对临时离境应视同在华居住，不扣减其在华居住的天数。"临时离境"是指在一个纳税年度内，一次不超过 30 日或者多次累计不超过 90 日的离境。

（二）非居民纳税人

> 非居民纳税人是指"在中国境内无住所又不居住或者无住所在境内居住不满 1 年的个人"。

非居民纳税人承担有限纳税义务，只就其来源于中国境内的所得，向中国境内缴纳个人所得税。非居民纳税人的判定条件是以下两条必须同时具备：

1. 在我国无住所。

2. 在我国不居住或居住不满 1 年。

二、个人所得税纳税人身份的筹划

（一）居民纳税义务人与非居民纳税义务人的筹划

个人所得税法规定，居民纳税义务人负有无限纳税义务，其所取得的应纳税所得，无论是来源于中国境内还是境外任何地方，都要在中国缴纳个人所得税。非居民纳税义务人承担有限纳税义务，即仅就其来源于中国境内的所得，向中国缴纳个人所得税。

利用税法对居民和非居民身份的认定规定进行纳税筹划，主要是合理确定在中国的境内居住和临时离境的时间，避免成为中国的居民纳税人。筹划的对象主要是针对跨国纳税人。

利用居民和非居民身份减轻税负的方法主要是：利用临时离境的规定，恰当安排离境时间，使自己成为非居民纳税人以减轻税负。

案例 6 – 1

法国人麦克是一位美国工程师，受雇于一家位于美国的公司（总公司）。从 2015 年 10 月起，他到中国境内的分公司帮助筹建某建筑工程。2016 年度内他曾离境 50 天回国向总公司述职，又曾离境 30 天回国探亲。2016 年度，他共领取薪金 96 000 元。由于这两次离境时间相加没有超过 90 天，因此，这名工程师为居民纳税义务人，应当缴纳个人所得税 2 580 元 $\{12 \times [(96\ 000 \div 12 - 4\ 800) \times 10\% - 105]\}$。

筹划方案：如果麦克因公离境或探亲再增加 10 天，即可成为非居民纳税义务人，可以仅就来源于中国境内的收入缴纳个人所得税，而从美国总公司取得的 96 000 元可以经主管税务机关批准后不缴纳个人所得税。从而合法地利用"非居民纳税义务人"的身份节约了在中国境内应缴纳的个人所得税 2 580 元。当然，因为美国实行的是居民税收管辖权，该美国工程师从美国取得的所得要按美国税法缴纳个人所得税。如果在中国境内缴纳了税款，也可以在美国得到抵免。这时也应分析他在美国的纳税情况，综合考虑。

（二）个人对企事业单位承包、承租的筹划

对于个人承包、承租企事业单位，《国家税务总局关于个人对企事业单位实行承包经营、承租经营取得所得征税问题的通知》（国税发〔1994〕第 179 号）给出了相应的税务处理办法：

1. 个人对企事业单位承包、承租经营后，工商登记改为个体工商户的，应按个体工商户的生产经营所得计征个人所得税，不再征收企业所得税。

2. 个人对企事业单位承包、承租经营后，工商登记仍为企业的，不论其分配方式如何，均应先按照企业所得税的有关规定缴纳企业所得税，然后根据承包、承租经营者按合同（协议）规定取得的所得，依照个人所得税法的有关规定缴纳个人所得税。具体为：

（1）承包、承租人对企业经营成果不拥有所有权，仅按合同（协议）规定取得一定所得的，应按工资、薪金所得征收个人所得税。

（2）承包、承租人按合同（协议）规定只向发包方、出租人缴纳一定费用，缴纳承包、承租后的企业的经营成果归承包、承租人所有的，其取得的所得，按企事业单位承包经营、承租经营所得征收个人所得税。

也就是说，纳税人对企事业单位的承包、承租经营方式是否变更营业执照将直接决定纳税人税负的轻重。若使用原企业的营业执照，要多征一道企业所得税；如果变

更为个体营业执照，则只征一道个人所得税。

案例 6 – 2

A 企业是一家原材料生产企业，由于经营管理不善，造成了大量的产品积压，企业在近几个纳税年度内亏损。该企业的管理层决定将企业对外租赁，来避免企业破产的风险。吴某通过竞标得以出资经营该 A 企业。合同上规定，吴某平时不拿工资，从企业净利润中缴纳承包费 200 000 元，多余的部分全部归属于张某本人所有。2015 年张某生产、经营的所得为 350 000 元。吴某应如何进行税收筹划。

筹划方案一： 若吴某不改变企业性质，仍然使用原来集体企业的经营执照，按我国税法规定，其所得应缴纳企业所得税，并且吴某的税后所得还应按承包、承租经营所得缴纳相应的个人所得税。则吴某应缴纳税额为：

首先吴某承包 A 企业，应缴纳企业所得税 $350\ 000 \times 25\% = 87\ 500$（元）

吴某承包 A 企业经营所得 $= 350\ 000 - 87\ 500 - 200\ 000 = 62\ 500$（元）

吴某应缴纳个人所得税 $= (62\ 500 - 3\ 500 \times 12) \times 10\% - 750 = 1\ 300$（元）

吴某税后所得 $= 62\ 500 - 1\ 300 = 61\ 200$（元）

筹划方案二： 若吴某改变企业的性质，将原 A 企业的工商登记改为个体工商户，这只用对其承包经营的所得缴纳个人所得税即可。则吴某应纳税额为：

吴某应纳个人所得税 $(350\ 000 - 200\ 000 - 3\ 500 \times 12) \times 35\% - 14\ 750 = 23\ 050$（元）

吴某税后所得 $= 350\ 000 - 200\ 000 - 23\ 050 = 126\ 950$（元）

将筹划方案一与筹划方案二进行比较，可发现方案一比方案二应多缴纳所得税 65 750 元（87 500 + 1 300 − 23 050）。方案二比方案一税后可多获利 65 750 元（126 950 − 61 200）。在这两种投资方式中我们可以发现，一般来说，在收入相同的情况下，公司制企业的税负最重，首先其需要缴纳企业所得税，另外对个人承包、承租经营的所得还需要缴纳个人所得税。因此将公司制企业改为个体工商户的税收筹划方法可以大大降低企业的负担，有利于企业的经营发展。

需要指出的是，在实际操作中，税务部门判断承包、承租人对企业经营成果是否拥有所有权，一般是按照对经营成果的分配方式进行的。如果是定额上交，成果归己，则属于承包、承租所得；如果对经营成果按比例分配，或者承包、承租人按定额取得成果，其余成果上交，则属于工资、薪金所得。因此，纳税人可以根据预期的经营成果测算个人所得税税负，然后确定具体的承包、分配方式，以达到减轻税负的目的。此外，还要考虑纳税筹划的成本问题。

（三）投资人兴办多家企业的筹划

《国家税务总局关于〈关于个人独资企业和合伙企业投资者征收个人所得税的规定〉执行口径的通知》（国税发〔2001〕84号）规定："投资者兴办两个或两个以上企业，并且企业性质全部是独资的，年度终了后汇算清缴时，应纳税款的计算按以下方法进行：汇总其投资兴办的所有企业的经营所得作为应纳税所得额，以此确定适用税率，计算全年经营所得的应纳税额，再根据每个企业的经营所得占所有企业经营所得的比例，分别计算出每个企业的应纳税额和应补缴税额"。也就是说，投资人兴办两个或两个以上企业，需要合并汇总其所有企业经营额作为应纳税所得额，这样就会适用相对较高的税率。如果投资人将企业改为个体工商户，那么其经营所得就不用合并到企业的经营所得合并纳税，可以适用相对较低的税率，从而降低个人所得税税收负担。

案例 6 – 3

刘某办了甲、乙两家个人独资企业，2016年度，甲企业账面实现利润3万元，乙企业账面实现利润4万元。另外，刘某从甲企业领取工资2万元，从乙企业领取工资2.5万元（个体户业主的费用扣除标准在2016年为每月3500元）。

筹划方案： 刘某兴办的两个个人独资企业的所得应当汇总计算缴纳个人所得税，因此2016年度刘某应缴纳的个人所得税为：

$$(30\ 000 + 40\ 000 + 20\ 000 + 25\ 000 - 42\ 000) \times 30\% - 9\ 750 = 12\ 150\ （元）$$

如果刘某将乙企业变更为个体工商户，那么按规定就不需要合并计算个人所得税了。按此方案实施后刘某应纳个人所得税为：

个人独资企业（甲企业）所得应纳个人所得税：

$$(20\ 000 + 30\ 000 - 42\ 000) \times 5\% = 400\ （元）$$

个体工商户（原乙企业）所得应纳个人所得税：

$$(25\ 000 + 40\ 000 - 42\ 000) \times 10\% - 750 = 1\ 550\ （元）$$

筹划后，刘某合计应缴纳个人所得税为1 950元，比筹划前节税10 200元。

（四）经营期不满1年的筹划

国家税务总局所得税管理司2000年编写的《个人所得税操作实务》中明确指出，个体工商户的生产经营所得应以每一纳税年度取得的收入计算纳税，对于生产经营期不满1年的，应将实际生产经营期间内取得的所得换算为全年所得，以正确确定适用税率。所以根据这条规定，我们就可以在应纳税所得额变化不大的情况下适当延长经营期，从而在换算成全年所得时降低应纳税所得额，也就降低了税负。

案例 6－4

某个人独资企业于 2016 年 2 月 28 日关闭，当年投资者个人所得税应纳税所得额为 10 000 元。投资者刘某申报缴纳个人所得税为：

10 000 × 5% = 500（元）

而按照上述规定，刘某实际应当按照以下方法申报缴纳个人所得税：

1. 换算全年应纳税所得额，确定适用税率：

10 000 ÷ 2 × 12 = 60 000（元）

适用税率 20%，速算扣除数为 3 750 元。

2. 计算应缴个人所得税：

(60 000 × 20% － 3 750) × 2 ÷ 12 = 1 375（元）

因此，刘某应补缴个人所得税 875 元（1 375 － 500）。

筹划方案：如果该企业关闭日期推迟到 3 月 1 日以后，那么企业当年的实际经营期就变为 3 个月，刘某应缴个人所得税就变为：

1. 换算全年应纳税所得额，确定适用税率：

10 000 ÷ 3 × 12 = 40 000（元），适用税率为 20%，速算扣除数为 3 750 元。

2. 计算应缴个人所得税：

(40 000 × 20% － 3 750) × 3 ÷ 12 = 1 062.5（元）

可见，筹划后刘某可少补缴个人所得税 312.5 元（1 375 － 1 062.5）。

第二节　个人所得税计税依据的税收筹划

一、工资薪金的纳税筹划

工资薪金所得是指个人因任职或者受雇而取得的工资、薪金、奖金、年终嘉奖、劳动分红、津贴、补贴以及与任职或者受雇有关的其他所得。

在我国，工资、薪金所得个人所得税占全部个人所得税收入的 55% 左右[①]，是个人所得税的主要来源。工资、薪金所得适用 3%～45% 的七级超额累进税率，当取得的收入达到某一档次时，就要支付于该档次税率相适应的税额，也就是说，月收入越高，税率越高，所缴纳的个人所得税也就越多。自 2017 年 7 月 1 日起，对个人购买符合规定的商业健康保险产品的支出，允许在当年（月）计算应纳税所得额时予以税前扣除，扣除限额为 2 400 元/年（200 元/月）。

（一）工资、薪金的一般筹划思路

对于累进税率的纳税项目，应纳税的计税依据在各期分布越平均，越有利于节省纳税支出。要最大限度地降低个人所得税负担，就必须尽可能每月均衡发放工资，从而减少工资薪金所得适用高档税率征税的部分。

案例 6-5

李某是在一家旅游公司工作的职员，业务淡旺季分明，工资在一年中波动不稳。2016 年 7 月和 8 月其工资收入为 8 000 元，9 月和 10 月工资为 2 000 元。企业的财务人员对李某 7～10 月的工资薪金收入共代扣代缴了 1 850 元。

企业的财务人员扣缴李某个人所得税计算如下：

7 月应纳个人所得税 =（8 000 - 3 500）×10% - 105 = 345（元）

8 月应纳个人所得税 =（8 000 - 3 500）×10% - 105 = 345（元）

9 月应纳个人所得税 = 0（元）

10 月应纳个人所得税 = 0（元）

合计应纳个人所得税 = 345 + 345 = 690（元）

筹划方案：如果李某所在单位将李某 7～10 月收入调整为每月 5 000 元，即总收入不变，只是将工资平均发放到 4 个月当中，那么单位 7～10 月应扣缴李某个人所得税计算如下：

7～10 月应扣缴个人所得税 =（5 000 - 3 500）×3% ×4 = 180（元）

可见，筹划后与筹划前相比，李某可少负担个人所得税 510 元（690 - 180）。

从这个例题可以看出，在均衡发放工资的情况下，李某 7～10 月适用个人所得税税率为 3%，而筹划前适用的税率为 10%，通过均衡工资使个人所得税的税率降低。但均衡工资并不意味着每月工资绝对额相等，而是要尽可能使每月适用的个人所得税

---

① 高金平，《税收筹划操作实务》，中国财政经济出版社 2006 年版，第 219 页。

最高税率相等。

（二）全年一次性奖金的筹划

2005 年初，国家税务总局出台了《国家税务总局关于调整个人取得全年一次性奖金等计算征收个人所得税方法问题的通知》（以下简称《通知》）。该《通知》规定，从 2005 年 1 月 1 日起，纳税人取得的全年一次性奖金，单独作为一个月的工资、薪金所得计算纳税，但在计征时，应先将雇员当月内取得的全年一次性奖金，除以12 个月，按其商数确定适用税率和速算扣除数。如果在发放一次性奖金的当月，雇员工资薪金所得低于税法规定的费用扣除额，还应将全年一次性奖金减除"雇员当月工资薪金所得低于与费用扣除额的差额"后的余额，按上述办法确定全年一次性奖金的适用税率和速算扣除数。该《通知》明确，在一个纳税年度里，对每一个纳税人，该计算办法只允许采用一次。同时，雇员取得的除全年一次性奖金以外的其他各种名目奖金，如半年奖、季度奖、加班奖、先进奖、考勤奖等，一律与当月工资、薪金合并，按税法规定缴纳个人所得税。

将雇员个人当月内取得的全年一次性奖金，按上述确定的适用税率和速算扣除数计算征税，计算公式如下：

1. 如果雇员当月工资薪金所得高于（或等于）税法规定的费用扣除额的，适用公式为：

$$应纳税额 = 雇员当月取得全年一次性奖金 \times 适用税率 - 速算扣除数$$

2. 如果雇员当月工资薪金所得低于税法规定的费用扣除额的，适用公式为：

$$应纳税额 = \left(雇员当月取得全年一次性奖金 - \genfrac{}{}{0pt}{}{雇员当月工资薪金所得}{与费用扣除额的差额} \right)$$

$$\times 适用税率 - 速算扣除数$$

下面的例题将对比几种奖金发放的方式，从中得出一种税负最轻的发放方式。

案例 6 - 6

2016 年孙先生每月工资 5 000 元，奖金 48 000 元，下面我们对奖金按月发放和年度一次性发放两种不同方式进行比较。

筹划方式一：奖金按月发放

则孙先生每月奖金 4 000 元，每月应纳所得额为 5 000 + 4 000 - 3 500 = 5 500（元）

5 500 元适用的最高税率为 20%，速算扣除数为 555，所以：

每月应纳税额 = 5 500 × 20% − 555 = 545 （元）

全年应纳税额 = 545 × 12 = 6 540 （元）

筹划方式二：年终一次性发放

孙先生每月应纳税所得额 = 5 000 − 3 500 = 1 500 （元），适用最高税率3%，速算扣除数0，则：

孙先生每月应纳税额 = 1 500 × 3% = 45 （元）

年终一次性发放奖金48 000 元，适用税率和速算扣除数分别为10%、105 （根据48 000 ÷ 12 = 4 000 元确定），所以：

年终一次性奖金应纳税额 = 48 000 × 10% − 105 = 4 695 （元）

年度纳税总额 = 45 × 12 + 4 695 = 5 235 （元）

由此可见，在此种情况下，年终一次性发放奖金比按月发放节约税款 1 305 元（6 540 − 5 235）。

筹划方式三：每月发放奖金3 000 元，年终一次性再发放奖金12 000 元，总共合计还是48 000 元。

此时，孙先生每月应纳税所得额 = 5 000 + 3 000 − 3 500 = 4 500 （元），适用税率10%，速算扣除数105。

孙先生每月应纳税额 = 4 500 × 10% − 105 = 345 （元）

年终一次性奖金12 000 元适用的税率和速算扣除数分别为3%、0 （根据12 000 ÷ 12 = 1 000 元确定），所以：

孙先生年终一次性奖金的应纳税额 = 12 000 × 3% = 360 （元）

孙先生年度应纳税总额 = 345 × 12 + 360 = 4 500 （元）

可以看出方式三比方式二节约税款 735 元（5 235 − 4 500），比方式一节约税款2 040 元（6 540 − 4 500）。

通过方式一和方式二我们可以看出，在年终一次性发放奖金要比按月发放所缴纳税款低，这是因为，按月发放的奖金要与当月工资合并计算所得税，从而就提高了每月应纳税款所适用的最高税率，所以缴纳的税款就多。而方式二保持了每月的最高税率不变，只在年终一次性发放奖金，奖金不用与工资合并计算所适用的税率，因此税率就低，所缴纳的税款就少。

通过方式二和方式三我们可以看出，将一部分奖金分散到各月发放，剩余部分再在年终一次发放可以有效降低所得税。这是因为将奖金分出一部分在每月作为月奖发放，降低了年终奖的适用税率，同时保持月收入适用的最高税率不变，这样也可以降低税负。所以，通过适当的合理分配，尽可能降低年终一次性奖金的适用税率，这样的节税效果明显。如果月收入适用税率高于年终一次性奖金的适用税率，那么应将一部分月收入调整到年终一次性奖金中，使（年终一次性奖金÷12）的商数应尽量接近该档税率的临界值。总之，充分利用月工资或年终一次性奖金的低税率，当商数或月工资与临界值相等时，税负最低。也就是说，将在税率高的部分所得调到税率低的所得当中，并使其适用税率不变，从而降低所得税税负。

（三）工资薪金福利化筹划

取得高薪可以提高每个人的消费满足程度，但是由于工资薪金个人所得税的税率是累进的，随着收入的提高，税收负担也会加重。当累进到一定程度时，新增薪金带给纳税人的可支配现金将会逐步减小。所以，把纳税人现金性工资转为提供福利，这样不但可以增加其满足程度，还可以减轻税负。

案例 6 - 7

某公司会计师张先生 2016 年每月从公司获取工资、薪金所得 5 000 元，由于租住一套两居室，每月付房租 2 000 元，除去房租，张先生可用的收入为 3 000 元。这时张先生应纳的个人所得税是：（暂不考虑社会保险及住房公积金）

（5 000 - 3 500）×3% = 45（元）

如果公司为张先生提供免费住房，每月工资下调为 3 000 元，则张先生无须缴纳个人所得税。

筹划后，张先生可节省个人所得税 45 元，而公司也没有增加支出。

但需要注意的是，个人取得的应税所得，包括现金、实物和有价证券。所得为实物时，应当按照取得的凭证上所注明的价格计算缴纳所得税；无凭证的实物或者凭证上注明的价格明显偏低的，由主管税务机关参照当地的市场价格核定应纳税所得额。

另外，企业也可向员工提供各种福利设施，只要其不能转化为现金，则不会视为工资收入，从而不用计算缴纳个人所得税。

二、劳务报酬的筹划

劳务报酬所得是指个人独立从事各种非雇用的各种劳务所取得的所得。

劳务报酬所得以每次收入额减除一定的费用后的余额为应纳税所得额，适用

20% 的比例税率，每次收入不足 4 000 元的可扣除 800 元的费用，收入额在 4 000 元以上的可扣除 20% 的费用计算缴纳个人所得税。对劳务报酬所得一次收入畸高的，可实行加成征收。其具体办法是：个人一次取得劳务报酬，其应纳税所得额超过 20 000 元的，为畸高收入；对应纳税所得额超过 20 000 ~ 50 000 元的部分，依照税法规定计算应纳税额后再按照应纳税额加征五成；超过 50 000 元的部分加征十成。这种做法实际上相当于劳务报酬所得适用 20%、30%、40% 的三级超额累进税率。

💬 **小贴士**：劳务报酬所得和工资薪金所得的主要区别在于：前者不存在雇用和被雇用关系，后者提供所得的单位与个人之间则存在稳定的雇用与被雇用关系。

（一）劳务报酬取得时间的筹划

对于劳务报酬，根据不同劳务项目的特点，规定属于一次性收入的以取得该项收入为一次；属于同一项目连续性收入的，以一个月内取得的收入为一次。如果将所得分为多个月所取得，那么就可以分开核算个人所得税，从而降低税负。

📚 案例 6 - 8

孙某于 2016 年 11 月给某设计院设计了一套工程图纸，设计时间为 11 月 21 日 ~ 11 月 30 日，每天取得不含增值税的收入 4 000 元，收入总额 40 000 元。孙某该项劳务所得应纳个人所得税计算如下（现代服务增值税税率为 6%，城市维护建设税税率为 7%，教育费附加为 3%）。

应纳城市维护建设税以及教育费附加 = 40 000 × 6% × (3% + 7%) = 240（元）

应纳个人所得税 = (40 000 - 240) × (1 - 20%) × 30% - 2 000 = 7 542.4（元）

筹划方案：如果孙某将设计时间改为 11 月 26 日 ~ 12 月 5 日，那么就属于两个月内取得的连续性收入，应按两次计算纳税。筹划后孙某应纳个人所得税为：

11 月应纳城市维护建设税以及教育费附加 = 20 000 × 6% × (3% + 7%) = 120（元）

11 月应纳个人所得税 = (20 000 - 120) × (1 - 20%) × 20% = 3 180.8（元）

12 月应纳城市维护建设税以及教育费附加同 11 月，为 120 元。

12 月应纳个人所得税同 11 月份，为 3 180.8 元。

合计应纳城市建设维护费、教育费附加为 240 元，应纳个人所得税为 6 361.6 元。

通过比较可以发现，筹划后城市建设维护费以及教育费附加并没有增加，而应纳个人所得税降低了 1 180.8 元（7 542.4 - 6 361.6）。其关键之处在于将一次收入分为两次，降低了税负。

（二）劳务报酬取得项目的筹划

上述提到的关于劳务报酬，属于同一项目连续性收入的，以一个月内取得的收入为一次。这里的"同一项目"是指劳务报酬所得列举具体劳务项目中的某一单项，如果兼有不同的劳务报酬所得，还应该分别减除费用，计算缴纳个人所得税。

案例 6 - 9

张某于 2016 年 5 月给几家公司提供劳务，同时取得多项收入：为装修公司设计图纸，取得劳务报酬 2 万元；为某公司培训员工，取得收入 1.5 万元；给某民营企业提供咨询服务，获得该公司 3 万元报酬。

张某应将每项劳务分项计算，可节省大量税款，计算如下：设计图纸取得收入应纳税额 $= 20\ 000 \times (1 - 20\%) \times 20\% = 3\ 200$（元）；培训员工收入应纳税额 $= 15\ 000 \times (1 - 20\%) \times 20\% = 2\ 400$（元）；提供咨询服务应纳税额 $= 30\ 000 \times (1 - 20\%) \times 30\% - 2\ 000 = 5\ 200$（元）。总共应纳税额 $= 3\ 200 + 2\ 400 + 5\ 200 = 10\ 800$（元）。筹划后比筹划前少缴纳 3 000 元（13 800 - 10 800）。

（三）劳务报酬取得人员的筹划

对多人合作承担同一劳务而言，劳务的需求方是根据该项劳务本身支付报酬的，而承担劳务者则是根据合作者人数和工作量分配报酬的。对同一项劳务报酬而言，承担劳务者为一人和多人，其税负是不一样的。

案例 6 - 10

王某为某公司提供装修服务，取得了 5 000 元的收入。在装修过程中，王某的朋友张某也参与了部分装修工作。

如果只计算王某一人的收入，该笔劳务应缴纳个人所得税 $= 5\ 000 \times (1 - 20\%) \times 20\% = 800$（元）

如果算两个人各取得 2 500 元报酬，则两人一共应缴纳个人所得税 $= (2\ 500 - 800) \times 20\% \times 2 = 680$（元）

节税额为 120 元（800 - 680）

如果上述报酬能够分给三个人，一人 1 000 元，另两人每人 2 000 元，则三人缴纳个人所得税计算如下：

(2 000 – 800) × 20% × 2 = 480（元）

(1 000 – 800) × 20% = 40（元）

一共缴纳个人所得税 520 元。

比分配给两个人又节省了 160 元（680 – 520）。

三、稿酬所得的筹划

> 稿酬所得是指个人因其作品以图书、报刊形式出版、发表而取得的所得。

稿酬所得适用 20% 的比例税率，并按应纳税额减征 30%，故其实际适用税率为 14%（20% – 20% × 30%）。每次收入不足 4 000 元的可扣除 800 元的费用，收入额在 4 000 元以上的可扣除 20% 计算缴纳个人所得税。

（一）系列丛书筹划法

税法规定，个人以图书、报刊方式出版发表同一作品（文字作品、书画作品、摄影作品以及其他作品），不论出版单位是预付还是分笔支付稿酬，或者加印该作品再付稿酬，均应合并稿酬所得按一次计征个人所得税。但对于不同的作品却是分开计税。如果一本书可以分成几个部分，以系列丛书的形式出现，则该作品将被认为几个单独的作品，单独计算纳税，从而降低税负。

案例 6 – 11

李某是一位税务专家，打算编写一本《税法辅导》的作品。该书大约 100 万字，预计稿费 30 000 元。

该税务专家应纳税额 = 30 000 ×（1 – 20%）× 20% ×（1 – 30%）= 3 360（元）

如果李某与出版社协商，将此书取得不同书号，编成一套系列丛书，将《税法辅导》分成若干本出版，分别是《增值税税法辅导》《消费税税法辅导》等共 10 本，平均每本书 10 万字，稿费 3 000 元，那么李某应缴纳个人所得税为：

[（3 000 – 800）× 20% ×（1 – 30%）] × 10 = 3 080（元）

可以看出，筹划后比筹划前少缴纳个人所得税 280 元（3 360 – 3 080）。

以系列丛书的形式出版，一方面可以使自己的书尽快面市，另一方面还可以减轻读者购买的压力，此外，还节省了稿酬所得应纳个人所得税。

（二）增加著作组成员筹划法

根据税法规定，两个或两个以上的个人共同取得同一项目收入的，如编著一本书，参加同一场演出等，应当对每个人取得的收入分别按照税法规定减除费用后计算纳税，即实行"先分、后扣、再税"的办法。因此如果一项稿酬数额较大，缴纳个人所得税也相应较多，此时可考虑增加著作组成员的办法，即改一本书由一个人写为多个人合作创作，这样就可以少负担部分个人所得税。这种筹划方法利用的是低于4 000 元稿酬的 800 元费用抵扣，该项抵扣的效果大于 20% 的抵扣标准。

案例 6 - 12

张某是一位财政专家，准备写一本关于财政的书，出版社同意该书出版之后支付稿费 30 000 元。如果该财政专家单独著作，则其应缴纳的个人所得税为：$30\,000 \times (1 - 20\%) \times 20\% \times (1 - 30\%) = 3\,360$（元）。如果张某采取增加著作组成员的筹划方法，将著作组增加至 10 人，则该著作组一共应缴纳个人所得税：$(3\,000 - 800) \times 20\% \times (1 - 30\%) \times 10 = 3\,080$（元）。比筹划前降低税负 280 元（$3\,360 - 3\,080$）。如果再利用系列丛书法，税负将进一步降低。

四、利息、股息和红利所得的筹划

> 利息、股息、红利所得是指个人拥有债权、股权而取得的利息、股息、红利所得。

根据税法规定，个人取得的利息所得，除国债和国家发行的金融债券外，均应依法缴纳个人所得税。另外规定，对个人取得的教育储蓄存款利息所得以及国务院财政部门确定的其他专项储蓄存款或者储蓄性专项基金存款的利息所得，免征个人所得税。同时为配合国家有关制度改革，又规定按国家或各级地方政府规定的比例交付的住房公积金、医疗保险金、基本养老保险金、失业保险基金等专项基金存入银行个人账户取得的利息，免征个人所得税。

因此，利息、股息和红利所得的筹划一般就是将个人的存款以教育基金或其他免税基金的形式存入金融机构，充分利用国家的优惠政策，以减轻自己的税收负担。以下列举几种方法：

1. 进行国债投资。购买国债是一种较好的筹划选择，好处是票面利率高，有时还高于教育储蓄的利率；缺点是一次性投入。所以对于个人而言，不能一次拿出较大数额的资金进行投资时，国债投资的减税好处并不明显。

2. 投资股票。对于资金充裕的投资者可以考虑投资股票，但是风险较大，如果能保证投资回报率比银行利率高就可以。

3. 保险。保险虽然实际利率相对较低，但是它的目的并不在于投资而是投保，因此在某些情况下也是一种不错的选择。

总之，对于利息、股息和红利和税收筹划还要结合每个人的实际情况做出适合自己的最佳选择。

五、纳税人公益性捐赠的税收筹划

按照符合国际惯例的原则，为了鼓励高收入者对公益、教育事业做贡献，我国个人所得税法规定，个人将其所得通过中国境内的社会团体、国家机关向教育和其他社会公益事业以及遭受严重的自然灾害地区、贫困地区的捐赠，只要捐赠额未超过其申报的应纳税所得额的 30% 的部分，就可以从其应纳税所得额中扣除。该政策实际上是允许纳税人将自己对外捐赠的一部分改为由税收来负担。其立法宗旨就是将个人捐赠方向引入公益、救济渠道、从而为社会和国家减轻负担。

（一）捐赠时期的筹划

纳税人对外捐赠是出于自愿，什么时候捐是由纳税人自己决定的。因此纳税人打算对外捐多少取决于本期收入的多少，如果本期收入较多，则可以多捐，反之如果本期收入较少，则可分开来捐，一部分本期捐，剩余部分可安排在下一期。

案例 6 - 13

李先生 2016 年 2 月和 3 月每月取得工资薪金收入 8 000 元。李先生 2 月发生公益救济性捐赠 2 000 元。

李先生 2 月和 3 月应纳个人所得税计算如下：

2 月允许税前扣除的捐赠 = (8 000 - 3 500) × 30% = 1 350 （元）

2 月应纳个人所得税 = (8 000 - 3 500 - 1 350) × 10% - 105 = 210 （元）

3 月应纳个人所得税 = (8 000 - 3 500) × 10% - 105 = 345 （元）

李先生一共缴纳个人所得税 555 元。

如果李先生改变捐赠时间，在 2 月捐 1 000 元，3 月捐 1 000 元。那么李先生 2 月和 3 月应纳个人所得税计算如下：

2 月和 3 月允许税前扣除的捐赠仍为 1 350 元。

2 月应纳个人所得税 = (8 000 − 3 500 − 1 000) × 10% − 105 = 245 （元）

3 月应纳个人所得税 = (8 000 − 3 500 − 1 000) × 10% − 105 = 245 （元）

李先生一共缴纳个人所得税 490 元，比筹划前少缴纳 65 元（555 − 490）。

（二）捐赠来源的筹划

如果纳税人本期取得收入属于不同应税项目，那么在计算捐赠扣除时，属哪项所得捐赠的，就应从哪项应税所得额中扣除捐赠支出，然后按适用税率计算缴纳个人所得税。因此，在计算捐赠扣除时，纳税人应当对捐赠额进行适当的划分，将捐赠额分散到各个应税所得项目之中，最大限度地利用捐赠扣除额，以降低税负。

案例 6 − 14

王女士于 2016 年 11 月取得工资收入 8 000 元。另外，王女士还取得福利彩票中奖收入 20 000 元，王女士在中奖时即从中奖收入中拿出 8 000 元捐赠给民政部门，并取得公益、救济性捐赠票据。

工资薪金应纳个人所得税 = (8 000 − 3 500) × 10% − 105 = 345 （元）

偶然所得捐赠扣除限额 = 20 000 × 30% = 6 000 （元）

偶然所得应纳个人所得税 = (20 000 − 6 000) × 20% = 2 800 （元）

如果王女士在中奖时，从中奖收入中拿出 6 000 元捐赠给民政部门，另外从工资收入中拿出 2 000 元捐赠给民政部门，并分别取得公益、救济性捐赠票据，那么王女士应纳个人所得税计算如下：

工资薪金所得捐赠扣除限额 = (8 000 − 3 500) × 30% = 1 350 （元）

工资薪金收入应纳个人所得税 = (8 000 − 3 500 − 1 350) × 10% − 105 = 210 （元）

偶然所得应纳个人所得税仍为 2 800 元。

可以看出，筹划后比筹划前少缴纳个人所得税 135 元（345 − 210）。

第三节 个人所得项目的划分与筹划

个人所得税是分类所得税制，各种不同收入所负担的税负是不同的。因此，在合理合法的情况下，将所得收入进行应税项目的转换，即从税率高的应税项目转换为税率低的项目，可以有效降低个人所得税税负。

一、劳务报酬与特许权使用费的转换

根据《个人所得税法实施条例》规定，劳务报酬属于独立个人劳务，也就是说个人要付出劳动，其所得的性质属于劳动所得。而特许权使用费所得，"是指个人提供专利权、商标权、著作权、非专利技术权以及其他特许权取得的所得。"关于二者的纳税筹划在广告市场上是屡见不鲜的。《国家税务总局关于引发〈广告市场个人所得税征收管理暂行办法〉的通知》（国税发〔1996〕148 号）规定："纳税人在广告设计、制作、发布过程中提供名义、形象而取得的所得，应按劳务报酬所得项目计算纳税。纳税人在广告设计、制作、发布过程中提供其他劳务取得的所得，视其情况分别按照税法规定的劳务报酬所得、稿酬所得、特许权使用费所得等应税项目计算纳税。劳务报酬以纳税人每参与一项广告的设计、制作、发布所取得的所得为一次。"也就是说，纳税人应分清自己提供的是哪种应税行为，将劳务报酬所得、稿酬所得以及特许权使用费所得税区分开来分别依照不同的税率纳税，这样才能有效降低税负。下面就一道例题来具体说明。

案例 6 – 15

2014 年 1 月，某明星与甲企业签订了一份一年的形象代言合同。合同中规定，该明星在 2014 年 12 月到 2016 年 12 月期间为甲企业提供形象代言劳务，每年亲自参加企业安排的四次（每季度一次）广告宣传活动，并且允许企业利用该明星的姓名、肖像。甲企业分两次支付代言费用，每次支付 100 万元（不含税），合同总金额为 200 万元。由甲企业负责代扣代缴该明星的个人所得税。（假设仅考虑个人所得税）

由于在签订的合同中没有明确具体划分各种所得所占的比重，因此应当统一按照劳务报酬所得征收个人所得税。

每次收入的应纳税所得额 = [（不含税收入额 – 速算扣除数）× (1 – 20%)] ÷ [1 – 税率 × (1 – 20%)] = [（1 000 000 – 7 000）× (1 – 20%)] ÷ [1 – 40% × (1 – 20%)] ≈ 1 168 235（元）

所以一年中甲企业累计应扣缴个人所得税 = (1 168 235 × 40% – 7 000) × 2 = 920 588（元）

本题目中明星参加的广告宣传活动应属于劳务报酬所得，而企业利用明星的姓名、肖像则应该属于明星的特许权使用费所得，如果甲企业能够将合同一分为二，即先签订一份参加广告宣传活动的合同，每次向明星支付不含税收入 20 万元，再签订一份姓名、肖像权使用的合同，向明星支付不含税收入 120 万元。则支付总额保持不变，只是签订了两份不同应税项目的合同。实施此方案后，甲企业应扣缴的个人所得税计算如下：

①甲企业应当扣缴该明星劳务报酬所得个人所得税为：

$$\{[(200\ 000 - 7\ 000) \times (1 - 20\%)] \div [1 - 40\% \times (1 - 20\%)] \times 40\% - 7\ 000\} \times 4 \approx 335\ 294\ （元）$$

②甲企业应当扣缴该明星特许权使用费个人所得税为（特许权使用费所得税率只有一档 20%）：

$$1\ 200\ 000 \times (1 - 20\%) \div [1 - 20\% \times (1 - 20\%)] \times 20\% \approx 228\ 571\ （元）$$

合计应扣缴个人所得税 = 335 294 + 228 571 = 563 865（元）

由此可以看出，按劳务报酬和特许权使用费分开计算缴纳个人所得税比合并缴纳共节约税款 356 723 元（920 588 - 563 865）。

通过本例题我们可以清楚地看出把收入所得按不同应税项目分开计算个人所得税能够节约大量税款，节税效果明显。劳务报酬所得适用的税率属于超额累进税率，但劳务报酬所得的应纳税所得额超过 50 000 元时，其适用税率高达 40%。而特许权使用费所得适用 20% 的比例税率，在收入超过 50 000 元的情况下，特许权使用费所得的税负要明显低于劳务报酬所得的税收负担。因此，在纳税人的收入中，如果有几种不同性质的收入应当分别核算，尤其在收入数额巨大时，避免劳务报酬的高税率征收是节约税款的重要手段。另外，在一定情况下，企业也可以分次支付劳务报酬，因为税法规定劳务报酬所得连续取得的，以一个月内取得的收入为一次，这样就能在支付收入总额不变的情况下，进一步降低劳务报酬所得的个人所得税负担。

二、稿酬所得与特许权使用费所得的转换

根据税法规定，作者将自己的文字作品手稿原件或复印件公开拍卖（竞价）取得的所得，应按特许权使用费所得项目征收个人所得税。我们可以根据这条规定将稿酬所得转换为特许权使用费所得来缴纳个人所得税。

案例 6 - 16

某著名艺人准备创作一部个人自传小说，经过市场前期调查，预计该书出版后将引起社会各界的广泛关注。某出版社决定出版该书，并愿意支付稿费 100 万元。有人

建议作者公开拍卖小说的著作所有权，根据以往的这类拍卖情况，估计拍卖价格为110万元，支付拍卖有关费用为拍卖价的3%。

如果将该小说交由出版社出版，那么艺人将获得100万元的稿费收入。

稿酬所得应纳税额 = 1 000 000 × (1 - 20%) × 20% × (1 - 30%) = 112 000 （元）

艺人净收入 = 1 000 000 - 112 000 = 888 000 （元）

如果采用公开拍卖，则应按特许权使用费所得项目征收个人所得税。

艺人应纳税所得额 = 1 100 000 × (1 - 3%) = 1 067 000 （元）

应纳税额 = 1 067 000 × (1 - 20%) × 20% = 170 720 （元）

净收入 = 1 067 000 - 170 720 = 896 280 （元）

可见，采取拍卖方式税额增加58 720元（170 720 - 112 000），但净收入增加了8 280元（896 280 - 888 000）。

但是这并不代表在所有的情况下，拍卖著作权比拿稿费更好。关键在于拍卖所增加的收入是否能够超过缴纳税额的增加。如果仅从税收负担来讲，由于稿酬所得有减征30%的规定，所以稿酬所得比拍卖所得税负更轻。

三、财产租赁所得改为个体工商户生产经营所得

（一） 对转租房产的筹划

根据《国家税务总局关于个人所得税若干问题的批复》（国税函〔2002〕46号）规定："个人出租财产取得的财产租赁收入，在计算缴纳个人所得税时，应依次扣除以下费用：①财产租赁过程中缴纳的税费；②由纳税人负担的该出租财产实际开支的修缮费用（每月800元为限）；③税法规定的费用扣除标准"。所以，纳税人在出租房屋的折旧、租金等其他费用，在计征个人所得税时都不得在税前扣除。

而在《个人所得税法实施条例》当中规定，个体工商户的生产、经营所得包括个体工商户从事服务业经营取得的所得。《国家税务总局关于个体工商户个人所得税计税办法》（国税发〔1997〕43号）规定，个体工商户的收入总额包括财产出租收入。因此，如果将财产租赁收入转变为个体工商户从事房产出租而取得的收入，也就是成为个体工商户生产经营所得，那么，对于出租取得的收入就可以进行相关费用的扣除再缴纳个人所得税。

案例 6 – 17

2012 年 1 月，李某租赁了某市商业区写字楼的一间办公室，租赁期为 10 年，每年支付租金 60 000 元（每月 5 000 元）。李某经营 5 年后由于经营效益不好，将办公室后面的 5 年使用权转租给王某，并且每月向王某收取租金 5 500 元。那么李某在这后 5 年当中每月应缴纳税费为多少？

李某应负担的税费计算如下：

转租房产应缴纳增值税，税率按"不动产经营租赁"5% 征收。

每月应纳增值税 = 5 500/(1 + 5%) × 5% = 261.9（元）

每月应纳城市维护建设税、教育费附加 = 261.9 × (7% + 3%) = 26.19（元）

每月应纳财产租赁个人所得税 = [5 500/(1 + 5%) − 26.19] × (1 − 20%) × 20% = 833.91（元）

合计每月应纳税费 = 261.9 + 26.19 + 833.91 = 1 122（元）

因此，在此后的 5 年当中李某每月会发生亏损 622 元（5 500 − 1 122 − 5 000）。

如果李某将财产转让所得转变为个体工商户生产经营所得，那么李某每月应缴纳税费计算如下：

每月应纳增值税、城市维护建设税、教育费附加同上，共 288.09 元（261.9 + 26.19）。

个人所得税应纳税所得额 = 5 500 − 5 000 − 26.19 − 3 500（3 500 元为个体工商户统一扣除标准，下同）< 0，因此不需要缴纳个人所得税。

可见，筹划后比筹划前少缴纳个人所得税 833.91 元（1 122 − 288.09），此外，李某每月还可取得净收益 211.91 元（5 500 − 5 000 − 288.09）。

（二）正常出租房产的筹划

对于正常出租的房产也可以按照上面的思路来进行筹划。具体来说，对个人取得的房产租赁收入征收个人所得税时，税法规定不得扣除房产折旧，但是如果按照个体经营所取得的房产租赁收入，就可以从应纳税所得额中扣除折旧，从而达到降低税负的目的。

案例 6 – 18

2015 年张某从银行贷款 12 万元购买了一处小商铺并于 2016 年 6 月出租给他人经营，每月收取租金 1 500 元。（城市维护建设税税率和教育费附加分别按 7%

和 3% 计算）

张某每月应纳税费计算如下：

应按"不动产经营租赁"5% 的税率缴纳增值税

张某每月应缴纳增值税 = 1 500/(1 + 5%) × 5% = 71.43（元）

每月应纳城市维护建设税、教育费附加 = 71.43 × (7% + 3%) = 7.14（元）

每月应纳财产租赁个人所得税 = [1 500/(1 + 5%) − 7.14 − 800] × 20% = 124.29（元）

合计应负担相关税费 = 71.43 + 7.14 + 124.29 = 202.86（元）

如果张某领取营业执照，并在税务机关登记，从事个体经营，那么房产折旧就可以从应纳税所得额中扣除（假设房产的折旧年限为 10 年），具体计算过程如下：

每月应缴纳增值税、城市维护建设税、教育费附加同上，共计 78.57 元（71.43 + 7.14）。

每月房产可提取折旧 = 120 000 ÷ 10 ÷ 12 = 1 000（元）

每月张某应缴纳的个人所得税 = 1 500 − 78.57 − 1 000 − 3 500 < 0

因此，张某不需要缴纳个人所得税。筹划后比筹划前每月共节约税款 124.29 元（202.86 − 78.57）。

四、个人独资企业财产出租、转让的筹划

税法规定，个人独资企业按"生产、经营"所得征收个人所得税，不再征收企业所得税。对于个人独资企业来说，企业的财产就是个人的财产，但是个人的财产和企业的财产是有区别的，如果将两者的财产加以区别，就可以分开计算，如果都是按企业的财产出租、转让则要并入企业的生产、经营所得一并征收个人所得税。因此，这就提供了税收筹划的空间。

案例 6 − 19

某个人独资企业 2016 年度实现内部生产经营所得 16 000 元，另外，固定资产出租取得租金收入 60 000 元，与之相关的税费为每月 275 元，每月租金 5 000 元。

筹划方案一：将该财产作为企业财产，租赁收益并入生产经营所得统一纳税。

应纳税所得额 = 60 000 − 275 × 12 = 56 700（元）

2016 年个人独资企业投资者应纳个人所得税 = (16 000 + 56 700) × 30% − 9 750 = 12 060（元）

筹划方案二：将该财产作为投资者个人的其他财产，则租赁收益按"财产租赁所得"单独纳税。

财产租赁所得应纳个人所得税 = [（5 000 – 275）×（1 – 20%）]×20%×12 = 9 072（元）

生产经营所得应纳税额 = 16 000×10% – 750 = 850（元）

个人独资企业投资者合计应纳个人所得税 = 9 072 + 850 = 9 922（元）

可以看出，方案二将财产作为投资者个人的其他财产来缴纳个人所得税比方案一作为企业资产一共节约税款 2 138 元（12 060 – 9 922）。

案例 6–20

某个人独资企业 2016 年度实现内部生产经营所得 100 000 元，另外，将固定资产转让，其原值为 300 000 元，已提折旧 200 000 元，转让价格 150 000 元，转让过程中发生税费 8 300 元。

筹划方案一：将该财产作为企业财产，转让收益并入生产、经营所得统一纳税。

该固定资产转让收益 = 150 000 –（300 000 – 200 000）– 8 300 = 41 700（元）

该个人独资企业投资者应纳个人所得税 =（100 000 + 41 700）×35% – 14 750 = 34 845（元）

筹划方案二：将该财产作为投资者个人的其他财产，转让收益按"财产转让所得"单独纳税。

该固定资产转让收益计算同上，为 41 700 元。

财产转让所得应纳个人所得税 = 41 700×20% = 8 340（元）

个人独资企业投资者应纳个人所得税 = 100 000×30% – 9 750 = 20 250（元）

合计应纳个人所得税 = 8 340 + 20 250 = 28 590（元）

方案二比方案一可降低个人所得税 6 255 元（34 845 – 28 590）。因此，将财产转让收益与个人独资企业投资者的生产经营所得分开纳税能否有效降低税负，要视税率状况而定。但是如果将财产转让收益与个人独资企业投资者生产经营所得合并后适用的最高税率为 20%，则分开计算不能降低税负。因为无论是财产转让所得还是个人独资企业投资者生产经营所得适用的税率都是 20%，分开核算与合并纳税税负都不发生变化。

现在假设财产转让发生损失，假定上例中其发生财产转让收入 60 000 元，转让税费 3 300 元，其计算如下：

财产转让损失 = 60 000 –（300 000 – 200 000）– 3 300 = –43 300（元）

方案一：将该财产作为企业财产，转让收益并入生产、经营所得统一纳税。

个人独资企业投资者应纳个人所得税 = (100 000 - 43 300) × 20% - 3 750 = 7 590 (元)

方案二：将该财产作为投资者个人的其他财产，转让收益按"财产转让所得"单独纳税。

那么，财产转让所得应纳个人所得税为0。

个人独资企业投资者应纳个人所得税 = 100 000 × 30% - 9 750 = 20 250 （元）

方案二比方案一增加税负 12 660 元（20 250 - 7 590）。由于将财产转让损失与个人独资企业投资者的生产经营收入分开核算，使财产转让损失无法弥补。所以，将财产转让损失与个人独资企业投资者的生产经营收入合并，可以递减一部分收益，从而降低应纳个人所得税，起了节约税款的作用。

第四节　个人所得税优惠政策的税收筹划

一、个人所得税减免税的优惠规定

（一）法定免税项目

按照现行个人所得税法规定，个人取得的下列所得免予缴纳个人所得税：

1. 省级人民政府、国务院部委、中国人民解放军军以上单位，以及外国组织、国际组织颁发的科学、教育、技术、文化、卫生、体育、环境保护等方面的奖。

2. 国债和国家发行的金融债券利息。即个人持有中华人民共和国财政部发行的债券和经国务院批准发行的金融债券而取得的利息所得。

3. 按照国家统一规定发给的补贴、津贴。即按照国务院规定发给的政府特殊津贴和国务院规定免税的补贴、津贴。

4. 福利费、抚恤金、救济金。

5. 保险赔款。

6. 军人的转业费、复员费。

7. 按照国家统一规定发给干部、职工的安家费、退职费、退休工资、离休工资、离休生活补助费。

8. 按照中国有关法律规定应当免税的各国驻华使馆、领事馆的外交代表、领事官员和其他人员的所得。

9. 中国政府参加的国际公约、签订的协议中规定免税的所得。

10. 经国务院财政部门批准免税的所得。这是一个概括性项目，主要是针对税法执行中可能出现的一些确需免税的情况而定的。

（二）其他免税项目

1994 年实施新税制以来，国务院、财政部和国家税务总局相继对一些个人取得的所得项目做出了免予缴纳个人所得税的规定，主要包括：

1. 教育储蓄存款利息以及国家财政部门确定的其他专项储蓄存款或者储蓄性专项基金存款利息。

2. 乡、镇以上人民政府或者经县以上人民政府主管部门批准成立的见义勇为基金会或者类似组织发给见义勇为者的奖金和奖品。

3. 中国科学院和中国工程院院士津贴、资深院士津贴。

4. 企业和个人按照国家或者地方政府规定的比例提取并向指定的金融机构为个人缴付的住房公积金、基本医疗保险费、基本养老保险费、失业保险费，免征个人所得税；超过规定比例缴付的部分，应当并入个人当期的工资、薪金所得计税。个人领取原来提存的上述款项及其利息的时候，也免征个人所得税。

5. 下岗职工从事社区居民服务业取得的经营所得和劳务报酬所得，可以定期免征个人所得税。

6. 军队干部取得的某些特殊补贴、津贴，如军粮差价补贴、夫妻分居补助费等。

7. 个人与用人单位因解除劳动关系而取得的一次性经济补偿收入，相当于当地上年职工平均工资 3 倍数额以内的部分，免征个人所得税。

（三）暂免征税项目

1. 符合国家规定的外籍专家（如联合国组织直接派往我国工作的专家，根据世界银行专项贷款协议由世界银行直接派往我国工作的专家等）的工资、薪金所得。

2. 外籍个人的某些所得（包括以非现金形式或者实报实销形式取得的住房补贴、伙食补贴、搬迁费、洗衣费；按照合理标准取得的出差补贴；取得的探亲费、语言训练费、子女教育费等，经主管税务机关核准为合理的部分；从外商投资企业取得的股息、红利等项目）。

3. 个人举报、协查各种违法、犯罪行为获得的奖金。

4. 个人按照规定办理代扣代缴税款手续取得的手续费。

5. 个人转让自用 5 年以上并且是唯一的家庭生活用房取得的所得。

6. 已经达到离休、退休年龄，由于工作需要而留任的享受政府特殊津贴的专家、学者，在其缓办离休、退休期间取得的工资、薪金所得。

7. 股票转让所得。

8. 科研机构、高等学校转化职务科技成果，以股份、出资比例等股权形式给予个人的奖励。

9. 个人购买社会福利有奖募捐奖券和体育彩票，一次中奖不超过 1 万元的中奖所得。

10. 集体所有制企业改为股份合作制企业时职工个人以股份形式取得的拥有所有权的企业量化资产。

11. 军队干部取得的军人职业津贴、军队设立的艰苦地区补助、专业性补助、基层军官岗位津贴、伙食补贴。

12. 个人从公开发行和转让市场取得的上市公司股票，持股期限超过 1 年的，股息红利所得暂免征收个人所得税。个人从公开发行和转让市场取得的上市公司股票，持股期限在 1 个月以内（含 1 个月）的，其股息红利所得全额计入应纳税所得额；持股期限在 1 个月以上至 1 年（含 1 年）的，暂减按 50% 计入应纳税所得额；上述所得统一适用 20% 的税率计征个人所得税。

（四）不征税项目

1. 独生子女补贴。

2. 执行公务员工资制度未纳入基本工资总额的补贴、津贴差额和家属成员的副食品补贴。

3. 托儿补助费。

4. 差旅费津贴、误餐补贴。

5. 个体工商户或个人专营种植业、养殖业、捕捞业取得的收入，其经营项目属于农业税、牧业税征税范围，并已征收了农业税、牧业税的。

6. 股份制企业以股票溢价发行收入所形成的资本公积金转增个人股本时，个人取得的转增股本，不作为个人所得，不征收个人所得税。

（五）减税项目

纳税人有下列情形的，经批准可以减征个人所得税：

1. 残疾、孤老人员和烈属的所得。

2. 因严重自然灾害造成重大损失的。

3. 其他经国务院财政部门批准减税的。

（六） 对在中国无住所的个人的减免税优惠

1. 在中国境内无住所，但是居住 1 年以上 5 年以下的个人，其来源于中国境外的所得，经主管税务机关批准，可以只就由中国境内公司、企业以及其他经济组织或者个人支付的部分缴纳个人所得税；居住超过 5 年的个人，从第 6 年起，应当就其来源于中国境外的全部所得缴纳个人所得税。

2. 在中国境内无住所，但是在一个纳税年度中在中国境内连续或者累计居住不超过 90 日的个人，其来源于中国境内的所得，由境外雇主支付并且不由该雇主在中国境内的机构、场所负担的部分，免予缴纳个人所得税。

二、国外已纳税额的扣除

我国税法规定，纳税义务人从中国境外取得的所得，准予其在应纳税额中扣除已在境外缴纳的个人所得税税额，但扣除额不得超过该纳税人境外所得依照本法规规定计算的应纳税额。

已在境外缴纳的个人所得税税款，是指纳税人从中国境外取得的所得，依照该所得来源国家或者地区的法律应当缴纳并且实际已经缴纳的税款。

依照税法规定计算缴纳的应纳税款，是指纳税人从中国境外取得的所得，区别不同国家或者地区和不同应税项目，依照税法规定的费用减除标准和适用税率计算的应纳税额；同一国家或地区不同应税项目的应纳税额之和，为该国家或者地区的扣除限额。

纳税人在中国境外一个国家或者地区实际已经缴纳的个人所得税税额，低于该国家或者地区扣除限额的，应当在中国缴纳差额部分的税额；超过该国家或者地区扣除限额的，其超过部分不得在本纳税年度的应纳税额中扣除，但是，可以在以后纳税年度的该国家或者地区扣除限额的余额中补扣，补扣期限最长不得超过 5 年。

也就是说，如果在境外所得应纳税额有超过扣除限额的部分，应充分利用 5 年的补扣期，以削减在我国境外缴纳的超过抵扣限额的部分，以降低总税负。

案例 6 - 21

居民纳税人王先生，2015 年从甲国取得两项应税收入。其中，在甲国公司工作取得工资薪金收入折合人民币共 75 600 元，平均每月 6 300 元，已纳所得税折合人民币 500 元。同时，王先生提供劳务，取得收入折合人民币共 30 000 元，已纳所得税折合人民币 8 000 元。

其抵扣方法如下：

工资薪金所得全年应纳税额 = (6 300 - 4 800) × 3% × 12 = 540 (元)

劳务报酬所得应纳税额 = 30 000 × (1 - 20%) × 30% - 2 000 = 5 200 (元)

因此其抵扣限额为：540 + 5 200 = 5 740 (元)

由于王先生在甲国实际已缴纳税款 8 500 元，超过了抵扣限额，因此不再纳税，但超过的部分 2 760 元 (8 500 - 5 740)，可以在今后 5 年的期限内，从甲国扣除限额的余额中补扣。

如果王先生 2016 年在甲国只有工资薪金收入，而且金额与 2015 年相同，那么，工资薪金收入应纳税额 540 元，已纳税额 500 元，应补缴个人所得税 40 元。这时候，就可以用 2015 年 "超过扣除限额的部分" 补扣。

假设王先生在抵扣完 2016 年的税款后还有在 2015 年取得的 "超过扣除限额的部分"，那么可以同样的方法在 2017 ~ 2020 年的 4 年内补扣，如在 2020 年还未抵扣完，那么以后将不再能扣除。

因此，在运用国外已纳税额的扣除方法进行纳税筹划时，一定要注意时间上的把握。同时，纳税人进行抵扣的必须是在某一个国家取得的收入，不得在各个国家取得的不同收入之间相互抵扣。

本章小结

个人所得税是对个人（自然人）取得的各项应税所得征收的一种税。

个人所得税的纳税人包括中国公民、个体工商户以及在中国有所得的外籍人员（包括无国籍人员，下同）和香港、澳门、台湾同胞。个人所得税的纳税人按照国际通常的做法，依据住所和居住时间两个标准，区分为居民和非居民，并分别承担不同的纳税义务。通过对纳税人的不同界定，可以有效降低税收负担。

由于个人所得税对于各项应税收入具有不同的计税依据，因此就可以针对各种计税依据进行筹划。利用取得收入的时间、地点、人员以及税率来进行筹划，以达到降低税负的目的。主要包括：（1）工资薪金所得税筹划；（2）劳务报酬所得筹划；（3）稿酬所得纳税筹划；（4）股息、利息及红利所得纳税筹划；（5）纳税人公益性捐赠的筹划等。

我国个人所得税实行的是分类征收的体制，因此项目不同，使用的税率和应纳税额也就不同，如何将处于高税率的所得转化成为处于低税率的所得是个人项目划分和筹划中重要的手段。

另外，个人所得税还有很多优惠政策，这可供我们来进行纳税筹划。通过最大利用优惠政策以及合理利用免税额，来减轻税收负担。

关键术语

居民纳税人　非居民纳税人　工资薪金所得　劳务报酬所得　稿酬所得　利息、股息和红利所得

思考题

1. 居民纳税人和非居民纳税人如何进行界定？
2. 工资、薪金是个人所得税的最主要征税项目，其纳税筹划方法有哪些？
3. 如何界定工资、薪金所得与劳务报酬所得？
4. 对于稿酬所得可采用哪几种方法？
5. 纳税人的公益性捐赠应如何筹划可使税负降低？
6. 劳务报酬和特许权使用费应如何转换能达到纳税筹划的目的？
7. 我国税法关于国外已纳税额的扣除是怎样规定的？

第七章　其他税种的税收筹划

第一节　关税的税收筹划

关税是海关依法对进出境货物、物品征收的一种税。所谓"境"指关境，又称"海关境域"或"关税领域"，是国家《海关法》全面实施的领域。

一、关税税率的筹划

（一）关税进出口税则及税率的法律规定

1. 进出口税则。

进出口税则是一国政府根据国家关税政策和经济政策，通过一定的立法程序制定公布实施的进出口货物和物品应税的关税税率表。

税率表作为税则主体，包括税则商品分类目录和税率栏两大部分。税则商品分类目录是把种类繁多的商品加以综合，按照其不同特点分门别类简化成数量有限的商品类目，分别编号按序排列，称为税则号列，并逐号列出该号中应列入的商品名称。税率栏是按商品分类目录逐项订出的税率栏目。

2. 税率。自2002年1月1日起，我国进口税则设有最惠国税率、协定税率、特惠税率、普通税率、关税配额税率等税率。对进口货物在一定时期内可以实行暂定税率。

我国对进口商品基本上都实行从价税，即以进口货物的完税价格作为计税依据，以应征税额占货物完税价格的百分比作为税率。从1997年7月1日起，我国对原油、啤酒、胶卷进口分别以重量、容量、面积计征从量税；对录像机、放像机、摄像机、数字照相机和摄录一体机实行复合税；对关税配额外进口一定数量的棉花实行滑准税。

我国出口税则为一栏税率，即出口税率。国家仅对少数资源性产品及易于竞相杀价、盲目进口、需要规范出口秩序的半制成品征收出口关税。

除了进口关税和出口关税外，我国还采用特别关税政策。特别关税包括报复性关税、反倾销税与反补贴税、保障性关税。征收特别关税的货物、适用国别、税率、期限和征收办法，由国务院关税税则委员会决定，海关总署负责实施。

（二）关税税率的筹划空间

1. 从关税税率结构角度来筹划。虽然关税税率是不可变的，但是通过观察我国进口商品的税率结构便可发现有筹划空间。目前进口商品的税率结构主要体现为产品加工程度越深，关税税率越高，即在不可再生性资源、一般资源性产品及原材料、半成品、制成品中，不可再生性资源税率较低，制成品税率较高。因此，企业可以考虑进口原材料和零部件进行加工生产，从而降低关税税负。

2. 利用保税制度的税务筹划。

保税制度是海关对进口复出口的货物暂时免征关税（或称予以保税）的海关监管制度。

该制度可以简化手续，便利通关，有利于促进对外加工、装配贸易等外向型经济的发展。目前我国的保税制度包括保税仓库、保税工厂和保税区等制度。从宏观上看，保税制度浑然一体，从微观上看，它又是由众多环节组成的过程。因为保税制度的基本条件即是进口货物最终将复运出口，则其基本环节就是进口和出口，所以我们应该从这两个环节进行税收筹划设计。

在货物进口和出口时，进出口企业都必须向海关报关，在其所填写的报关报表中都有单耗费几个单位的原料，通常有以下三种形式：一是度量衡单位/度量单位，如米/米、吨/立方米等；二是度量衡单位/自然单位，如吨/块、米/套等；三是自然单位/自然单位，如件/套、次/件等。度量衡单位容易测量，但自然单位要具体则很困难，所以企业可以利用第三种计量单位进行关税筹划。

3. 充分利用原产地标准进行税收筹划。自2002年1月1日起，我国进口税则设有最惠国税率、协定税率、特惠税率、普通税率，共四栏税率。最惠国税率适用原产于与我国共同适用最惠国待遇条款的WTO成员方或地区的进口货物，或原产于与我国签订有相互给予最惠国待遇条款的双边贸易协定的国家或地区进口的货物，以及原产于我国境内的进口货物；协定税率适用原产于我国参加的含有关税优惠条款的区域性贸易协定有关缔约方的进口货物，目前对原产于韩国、斯里兰卡和孟加拉国 3 个曼谷协定成员的 739 个税目进口商品实行协定税率（即曼谷协定税率）；特惠税率适用原产于与我国签订有特殊优惠关税协定的国家或地区的进口货物，目前对原产于孟加拉国的 18 个税目进口商品实行特惠税率（即曼谷协定特惠税率）；普通税率适用于原产于上述国家或地区以外的其他国家或地区的进口货物。

因此，同一种进口货物的原产国不同，适用的税率就有很大区别。而我国关于原产地规定基本上采用了"全部产地生产标准""实质性加工标准"两种国际上通用的原产地标准。一般来讲，利用全部产地生产标准进行筹划的空间较小，但利用实质性加工标准进行筹划则具有较大的空间。从前面对关税的政策解读中我们已经了解，"实质性加工"是指产品加工后，在进出口税则中四位数税号一级的税则归类已经有了改变，或者加工增值部分所占新产品总值的比例已超过 30% 及以上的。就第一个条件来说，从税收角度来看，重要的是它必须表现税目税率的改变。从另外一个条件来说，就是"加工增值部分所占新产品总值的比例已超过 30% 及以上"，这样可视为实质性加工。目前许多跨国公司在全球不同国家设立了分支机构，这些机构在某种商品的生产过程中承担了一定的角色，可以说，成品是用在不同国家生产的零部件组装起来的，那么最后组装成最终产品的地点就很重要，一般应选择在同进口国签订有优惠税率的国家或地区，避开进口国征收特别关税的国家和地区。如果已经选择了一个非常有利于节税的国家或地区建立最后产品生产厂，只是加工增值部分达不到新产品总值的 30%，企业就可以利用转让定价的方式进行筹划，也就是降低其他地区的零部件生产价格，从而加大最后产品生产厂中增值部分占全部新产品的比重，达到税收筹划的目的。

二、关税计税依据的筹划

（一）关税计税依据的法律规定

进出口货物的计税依据是进出口货物的完税价格。《海关法》规定，进出口货物的完税价格，由海关以该货物的成交价格为基础审查确定。成交价格不能确定的，完税价格由海关依法估定。

1. 一般进口货物的完税价格。进口货物的完税价格包括货物的货价、货物运抵我国境内输入地点起卸前的运输及其相关费用、保险费。货物的货价以成交价格为基础，进口货物的成交价格是指买方为购买该货物按有关规定调整后的实付或应付价格。

下列费用或价值未包括在进口货物的实付或应付价格中，应当记入完税价格：由买方负担的除购货佣金以外的佣金和经纪费；由买方负担的与该货物视为一体的容器费用；由买方负担的包装材料和包装劳务费用；与该货物的生产和向中华人民共和国境内销售有关的，由买方以免费或者以低于成本的方式提供并可以按适当比例分摊的料件、工具、模具、消耗材料及类似货物的价款，以及在境外开发、设计等相关服务的费用；与该货物有关并作为卖方向我国销售该货物的一项条件，应当由买方直接或间接支付的特许权使用费；卖方直接或间接从买方对该货物进口后转售、处理或使用所得中获得的收益。

下列费用，如能与该货物实付或者应付价格区分，不得计入完税价格：厂房、机械、设备等货物进口后的建设、安装、装配、维修和技术援助费用；货物运抵境内输入地点之后的运输费用、保险费和其他相关费用；进口关税及其他国内税收；为在境内复制进口货物而支付的费用；境内外技术培训及境外考察费用；同时符合下列条件的利息费用：利息费用是买方为购买进口货物而融资所产生的；有书面的融资协议的；利息费用单独列明的；纳税义务人可以证明有关利率不高于融资当时当地此类交易通常应当具有的利率水平，且没有融资安排的相同或者类似进口货物的价格与进口货物的实付、应付价格非常接近的。

若进口货物的价格不符合成交价格条件或者成交价格不能确定的，海关应当依次以相同的货物成交价格方法、类似货物成交价格方法、倒扣价格方法、计算价格方法及其他合理方法确定的价格为基础，估定完税价格。如果进口货物的收货人提出要求，并提供相关资料，经海关同意，可以选择倒扣价格方法和计算价格方法的适用次序。

2. 特殊进口货物的完税价格。特殊进口货物包括：加工贸易进口料件及其制成品；保税区、出口加工区货物；运往境外修理的货物；运往境外加工的货物；暂时进境货物；租赁方式进口货物；留购的进口货样等；予以补税的减免税货物；以易货贸易、寄售、捐赠、赠送等其他方式进口的货物，应当按照一般进口货物估价办法的规定审定的完税价格或由海关审定的相关价格、费用作为缴纳关税的计税依据。

3. 出口货物的完税价格。出口货物的完税价格，由海关以该货物向境外销售的成交价格为基础审查确定，并应包括货物运至我国境内输出地点装载前的运输及其相关费用、保险费，但其中包含的出口关税税额，应当扣除。若出口货物的成交价格不能确定时，完税价格由海关估定。

（二）关税计税依据的筹划

由于进出口货物的计税依据是进出口货物的完税价格，因此企业可以通过合理控制完税价格从计税依据的角度来进行税收筹划。

《海关法》规定，进出口货物的完税价格，由海关以该货物的成交价格为基础审查确定。成交价格不能确定的，完税价格由海关依法估定。因此，在审定成交价格时，如何缩小进口货物的申报价格又能为海关审定认可为"正常成交价格"是筹划的关键。因此利用控制完税价格进行税收筹划时，要选择同类产品中成交价格比较低的、运输、杂项费用相对小的货物进口或出口。同时企业也可以充分运用海关估定完税价格的有关规定进行筹划。当进口稀缺商品如新产品、新技术、稀缺资源时，由于这些产品进口没有确定的市场价格，而且其预期市场价格要远远高于通常市场类似产品的价格，这样就为其进口完税价格的申报留下了较大的空间。

值得注意的是，我们强调的是利用合理控制完税价格来进行筹划，而不能理解为降低申报价格。如果纳税人为了少缴关税而错误的一味想尽办法降低申报价格的话，将构成偷税行为，从而付出沉重的代价。

案例 7 – 1

华夏科学技术研究所经批准投资 3 亿元建立一个新能源实验室，其中的核心设备只有西欧某国才能制造。这是一种高新技术产品，由于这种新产品刚刚走出实验室，其确切的市场价格尚未形成，华夏科学技术研究所以确认其未来的市场价格将远远高于目前市场上的类似产品。因而，开发商预计此种产品进口到中国国内市场的售价将达到 2 000 万美元。经过协商，华夏科学技术研究所以 1 800 万美元的价格作为该国技术援助项目购得该设备。而其类似产品的市场价仅为 1 000 万美元，关税税率为 25%。银行美元汇率为 1:6.88。试分析如何对其进行税收筹划？

分析：如果华夏科学技术研究所以实际购买价格即 1 800 万美元进行海关报价，那么所应缴纳关税 = 1 800 × 6.88 × 25% = 3 096（万美元）。但是，我们发现该研究所进口的是稀缺商品，因此该研究所就可以按类似产品的市场价即为 1 000 万美元来进行海关报价，此时所应缴纳关税 = 1 000 × 6.88 × 25% = 1 720（万美元），便可节省大量的关税。

三、关税税收优惠的筹划

(一) 关税税收优惠的法律规定

关税减免是对某些纳税人和征税对象给予鼓励和照顾的一种特殊调节手段。

它分为法定减免税、特定减免税和临时减免税。法定减免税是税法中明确列出的减税或免税。符合税法规定可予减免税的进出口货物，纳税义务人无须提出申请，海关可按规定直接予以减免税。适用的货物、物品有：关税税额在人民币 50 元以下的一票货物；无商业价值的广告品和货样；外国政府、国际组织无偿赠送的物资；进出境运输工具装载的途中必需的燃料、物料和饮食用品；在海关放行前损失的货物；在海关放行前遭受损坏的货物；我国缔结或者参加的国际条约规定减征、免征关税的货物、物品；法律规定减征、免征关税的其他货物、物品。

特定减免税也称政策性减免税。在法定减免税之外，国家按照国际通行规则和我国实际情况，制定发布的有关进出口货物减免关税的政策，称为特定或政策性减免税。实行特定减免税的货物、物品有：科教用品；残疾人专用品；慈善性捐赠物资；加工贸易产品；边境贸易进口物资减免税政策等。

临时减免税是指以上法定和特定减免税以外的其他减免税，即由国务院根据《海关法》对某个单位、某类商品、某个项目或某批进出口货物的特殊情况，给予特别照顾，一案一批，专文下达的减免税。

(二) 关税税收优惠的筹划空间

利用关税优惠进行筹划是关税税收筹划的重点。我国的关税减免包括法定减免税、特定减免税和临时减免税。纳税人可以通过筹划符合减免的条件，从而达到降低税负的目的。比如，为支持我国海洋和陆上特定地区石油、天然气开采作业，对相关项目进口国内不能生产或性能不能满足要求的，直接用于开采作业的设备、仪器、零附件、专用工具，免征进口关税和进口环节增值税；再如，对国家鼓励发展的国内投资项目和外商投资项目进口设备，在规定范围内免征进口关税和进口环节增值税等。

四、特殊关税的筹划

特别关税包括报复性关税、反倾销税与反补贴税、保障性关税。我国的出口型企业在对外贸易过程中，由于廉价能源、原材料、劳动力竞争优势下的合理低价往往被很多国家认定为"倾销"，从而对我国企业征收特别关税，使得国内企业承受高额税负。因此出口企业应采取正确有效的税务筹划，避免不公平的特别关税给企业造成的损失。一般可以从以下几方面来进行筹划：一是尽量减少被控诉的可能，包括提高产品附加值，取消片面的低价策略；组建出口企业商会，加强内部协调和管理，塑造我国出口型企业的整体战略集团形象；分散出口市场，降低受控风险。二是顺利通过调查，选用适当的技术手段灵活的应付，从而避免被认定为倾销。三是避免出口行为被裁定为损害进口国产业，即全面搜集有关资料信息情报，有效地获取进口国市场的商情动态，查证控诉方并未受到损失，以便在应诉中占据主动地位等。

五、行李和邮递物品进口税

（一）行李和邮递物品进口税的法律规定

> 行李和邮递物品进口税简称行邮税，是海关对入境旅客行李物品和个人邮递物品征收的进口税。

课税对象包括入境旅客、运输工具、服务人员携带的应税行李物品、个人邮递物品、馈赠物品以及其他方式入境的个人物品等项物品，简称"进口物品"。

我国现行行邮税的税率分别为60%、30%、15%三个档次：属于60%税率的物品为征收消费税的高档消费品；属于15%税率的物品为最惠国税率为零的商品；其他商品执行30%税率。

进口税采用从价计征，完税价格由海关参照该项物品的境外正常零售平均价格确定。完税价格乘以进口税税率，即为应纳的进口税税额。

（二）行李和邮递物品进口税的筹划空间

对行邮税的筹划往往是从行邮税的税率角度来进行，由于我国现行行邮税的税率分别为60%、30%、15%三个档次，并且税法对适用各个档次税率的物品已做明确规定，因此纳税人可以通过选择适用低税率的物品来达到节税的目的。

案例7-2

海外华侨王某欲回国探亲，准备花费1 400美元购买礼品。在购买馈赠亲友物品时，他有以下选择：（1）购买价值为 300 美元的名酒、400 美元的影碟机，以及 700 美元的瑞士名表；（2）购买 1 400 美元的金银首饰饰品。试分析从税收筹划的角度来讲哪种选择可以使王某缴纳的关税更少？（酒、电器用品、手表和金银饰品的关税税率分别为 60%、30%、60%、60%）

分析：由于税率上的差别，我们就可以通过选择使用低税率的物品而避免适用高税率的物品。本案例中，方案一中含酒，适用高税率，因此缴纳关税就会高。

（1）应缴纳关税 = 300 × 60% + 400 × 30% + 700 × 60% = 720（美元）

（2）应缴纳关税 = 1 400 × 60% = 840（美元）

则第一种选择所缴关税最少。以上案例表明，通过恰当选择礼品，就可以合法地达到少缴纳税款的目的，这在现实生活中具有很广的应用价值。

第二节　土地增值税的税收筹划

土地增值税是对转让国有土地使用权、地上建筑物及其附着物并取得收入的单位和个人，就其转让房地产所取得的增值额征收的一种税。自 1994 年 1 月 1 日起我国的土地增值税依照《土地增值税暂行条例》进行征收，2011 年该条例被修订，从 2011 年 1 月 8 日起我国的土地增值税按照修订后的《土地增值税暂行条例》进行征收。

一、土地增值税纳税人选择及征税范围的筹划

（一）土地增值税纳税人和征税范围的法律规定

1. 纳税义务人。土地增值税的纳税义务人是转让国有土地使用权、地上的建筑及其附着物并取得收入的单位和个人。

2. 征税范围。土地增值税的征税范围包括：

（1）转让国有土地使用权。这里所说的"国有土地"，是指按国家法律规定属于国家所有的土地。

（2）地上的建筑物及其附着物连同国有土地使用权一并转让。这里所说的"地上的建筑物"，是指建于土地上的一切建筑物，包括地上地下的各种附属设施。这里所说的"附着物"，是指附着于土地上的不能移动或一经移动即遭损坏的物品。

（3）存量房地产的买卖。这里所说的"存量房地产"是指已经建成并已投入使

用的房地产，其房屋所有人将房屋产权和土地使用权一并转让给其他单位和个人。

具体来讲，征收土地增值税必须满足三个判断标准：

（1）对转让国有土地使用权及其地上建筑物和附着物的行为征税。这里转让的土地，其使用权是否为国家所有，是判定是否属于土地增值税征税范围的标准之一。

（2）对国有土地使用权及其地上的建筑物和附着物的转让行为征税。这里，土地使用权、地上的建筑物及其附着物的产权是否发生转让是判定是否属于土地增值税征税范围的标准之二。

（3）对转让房地产并取得收入的行为征税。是否取得收入是判定是否属于土地增值税征税范围的标准之三。

（二）土地增值税纳税人选择及征税范围的筹划空间

根据上述对土地增值税征税范围的法律界定，只有符合三个判断标准才能征收土地增值税。因此，就可以通过避免符合这三个判断标准来完成土地增值税的税收筹划。

1. 不发生转让土地使用权、房产产权的行为可不征收土地增值税。例如，建造房屋时可选用房地产的代建房、合作建房等方式，这样不会发生土地使用权或产权的转让行为，不用征收土地增值税；将房产、土地使用权租赁给承租人使用，由承租人向出租人支付租金。

2. 发生转让房地产但未取得收入时可不征收土地增值税。例如，以继承、赠与方式无偿转让房地产的行为可免征土地增值税。具体包括以下两种：一是所有人通过境内非营利的社会团体、国家机关将房屋产权、土地使用权赠与教育、民政和其他社会福利、公益事业；二是房产所有人、土地使用权所有人将房屋产权、土地使用权赠与直系亲属或直接赡养义务人。

3. 准确核算房地产销售额。土地增值税对地上的建筑物及其附着物连同国有土地使用权一并转让的行为征税，这里所说的"地上的建筑物"，是指建于土地上的一切建筑物，包括地上地下的各种附属设施；这里所说的"附着物"，是指附着于土地上的不能移动或一经移动即遭损坏的物品。因此应将与上述征收范围无关的其他项目单独转让，避免成为房地产转让收入的一部分。

案例 7-3

某房地产公司出售一栋房屋，房屋总售价为 1 000 万元，该房屋进行了简单装修并安装了简单必备设施。根据相关税法的规定，该房地产开发业务允许扣除的费用为 400 万元，增值额为 600 万元。土地增值率为：$600 \div 400 \times 100\% = 150\%$。根据《土地增值税暂行条例实施细则》的规定，增值额超过扣除项目金额100%，未超过200%的土地增值税税额；增值额×50% – 扣除项目金额×15%。因此，应当缴纳土地增值税：600×50% – 400×15% = 240（万元）。如何对这家公司进行税收筹划？

如果进行税收筹划，可以将该房屋的出售分为两个合同，即：第一个合同为房屋出售合同，不包括装修费用，房屋出售价格为700万元，允许扣除的成本为300万元；第二个合同为房屋装修合同，装修费用300万元，允许扣除的成本为100万元，不属于土地增值税的征收范围。第一个合同中房屋出售需缴纳土地增值税，其土地增值率为：400÷300×100% = 133%。应该缴纳土地增值税：400×50% – 300×15% = 155（万元）。由于分开核算，降低了房地产的销售额，从而减少了土地增值税，通过计算结果可以看出经过税收筹划的税收负担明显降低。

二、土地增值税计税依据的筹划

（一）土地增值税计税依据的法律规定

土地增值税纳税人转让房地产所取得的收入减除规定的扣除项目金额后的余额，即增值额是土地增值税的计税依据。

（二）土地增值税计税依据的筹划空间

> 土地增值税的计税依据是纳税人转让房地产所取得的收入减除规定的扣除项目金额后的余额，即增值额。

因此我们可以通过合理、合法地降低增值额进行税收筹划。由于土地增值税按增值额占扣除项目金额的比率即增值率的大小实行四级超率累进税率，在实际工作中，应认真测算增值率，然后再设法调整增值率。企业对增值率的控制，通常通过两条途径来实现：一是控制收入，合理确定房地产的价格。二是控制成本，选择适当的成本、费用计算和扣除方法。

案例 7 – 4

通过提高成本控制增值率

某房地产公司开发一栋普通标准住宅，房屋售价为不含税1 000万元，按照税法规定可扣除费用为800万元。增值额为200万元，增值率为200÷800 = 25%。该房地产公司需要缴纳土地增值税 200×30% = 60（万元）；增值税 1 000×11% = 110（万元）；城市维护建设税和教育费附加 110×10% = 11（万元）。不考虑企业所得税，该房地产公司的利润为 1 000 - 800 - 60 - 11 = 129（万元）。

如果该房地产公司进行税收筹划，将该房屋进行简单装修，费用为 200 万元，房屋售价增加至 1 200 万元。则按照税法规定可扣除项目增加为 1 000 万元，增值额为 200 万元，增值率为 200÷1 000 = 20%，不需要缴纳土地增值税。该房地产公司需要缴纳增值税 1 200×11% = 132（万元）；城市维护建设税和教育费附加 132×10% = 13.2（万元）。不考虑企业所得税，该房地产公司的利润为 1 200 - 1 000 - 13.2 = 186.8（万元）。该税收筹划降低企业税收负担 186.8 - 129 = 57.8（万元）。

案例 7 - 5

通过降低房产售价

某房地产开发企业建造一批普通标准住宅，取得土地使用权所支付的金额为 500 万元，开发成本 1 000 万元，按税法规定可扣除的开发费用为 100 万元，与转让房地产有关的税金为 80 万元，该批住宅以 2 500 万元的价格出售。根据税法的规定，该房地产企业可以扣除的费用除了上述费用以外，还可以加扣（500 + 1 000）×20% = 300（万元）。该房地产企业的增值率为（2 500 - 500 - 100 - 1 000 - 80 - 300)/(500 + 100 + 1 000 + 80 + 300）= 26%。根据税法规定，应该按照 30% 的税率缴纳土地增值税（2 500 - 500 - 100 - 1 000 - 80 - 300）×30% = 156（万元）。企业税后利润为 2 500 - 500 - 100 - 1 000 - 80 - 300 - 156 = 364（万元）。

如果该企业进行税收筹划，将该批住宅的出售价格降低为 2 376 万元，则该房地产企业的增值率为（2 376 - 500 - 100 - 1 000 - 80 - 300)/(500 + 100 + 1 000 + 80 + 300）= 20%。根据税法的规定，该企业不用缴纳土地增值税。企业税后利润为 2 376 - 500 - 100 - 1 000 - 80 - 300 = 396（万元）。该税收筹划使开发企业收入减少 124 万元，而开发企业的收益多了 396 - 364 = 32（万元）。

三、土地增值税税收优惠的筹划

（一）土地增值税税收优惠的法律规定

1. 建造普通标准住宅的税收优惠。纳税人建造普通标准住宅出售，增值额未超过扣除项目金额20%的，免征土地增值税。

2. 国家征用收回的房地产的税收优惠。因国家建设需要依法征用、收回的房地产，免征土地增值税。

3. 因城市规划、国家建设需要而搬迁由纳税人自行转让原房地产的税收优惠。因城市规划、国家建设的需要而搬迁，由纳税人自行转让原房地产的，免征土地增值税。

4. 对企事业单位、社会团体以及其他组织转让旧房作为公共租赁住房房源的税收优惠。对企事业单位、社会团体以及其他组织转让旧房作为公共租赁住房房源的且增值额未超过扣除金额20%的，免征土地增值税。

（二）土地增值税税收优惠的筹划空间

税法对土地增值税的征收做了一些免税规定，房产所有人可以通过税收优惠的角度进行筹划，这样既能节税使自己的利益最大化，并且还响应了国家政策。

利用税收优惠进行筹划主要有以下几点：

1. 纳税人建造普通标准住宅出售，增值额未超过扣除项目金额20%的，免征土地增值税。企业利用这一点来进行筹划必须要注意三点：一建造房屋必须是符合当地普通标准住宅的居住用住宅；二其出售房屋所实现的增值率不得超过20%；三纳税人既建普通标准住宅又搞其他房地产开发的，应分别核算增值额。

案例 7 - 6

某开发商有可供销售的普通标准住房1万平方米，在开发这个项目的过程中，共发生的费用：地皮购买价格300万元，开发成本500万元，其他开发费用40万元，利息支出90万元，其他扣除项目160万元。在进行该商品房的销售价格决策时，决策层出现了两种意见，即每平方米不含税价1 300元（不含装修费）、每平方米不含税价1 400元（含装修费100元）（城建税7%，教育费附加3%）。那么哪种价格可以使开发商获益最大？

首先，如果按1 300元销售，那么该土地开发的增值率 = （1 300 - 1 104. 3）/1 104. 3 = 17. 7%，由于增值率小于20%，又是普通标准住房，符合税收优惠的规定，可以免征土地增值税。接着我们看如果按1 400元销售，该土地开发的增值率 = （1 400 - 1 105. 4）/1 105. 4 = 26. 65%，此时增值率超过20%，所以应缴纳土地增值税 = （1 400 - 1 105. 4）× 30% = 88. 38（万元）。因此在该案例中低价格使开发商获益大于高价格，适当的筹划便可节省88. 38万元的税款。

通过这样的操作，既符合税法规定，又能达到减轻税负的目的，同时低价格还能吸引更多的客户购买，真是一举三得。

2. 将房地产作价入股进行投资或作为联营条件，将房地产转让到所投资、联营的企业中时，暂免征土地增值税。

3. 个人因工作调动或改善居住条件而转让原自用住房，经向税务机关申报核准，凡居住满5年或5年以上的，免予征收土地增值税；居住满3年未满5年的，减半征收土地增值税。居住未满3年的，按规定计征土地增值税。

4. 个人之间互换自有居住房地产的，经当地税务机关核实，可以免征土地增值税。

5. 双方合作建房，建成后按比例分房自用的，暂免征收土地增值税。

6. 企业兼并中，对被兼并的企业将房地产转让到兼并企业中的，暂免征收土地增值税。

第三节　资源税的税收筹划

资源税法是指国家指定的用以调整资源税征收与缴纳之间权利及义务关系的法律规范。现行资源税的基本规范，是2011年9月30日国务院公布的《中华人民共和国资源税暂行条例》，2011年10月28日财政部、国家税务总局公布的《中华人民共和国资源税暂行条例实施细则》，2015年7月1日国家税务总局公布的《煤炭资源税征收管理办法（试行）》以及2016年5月9日财政部、国家税务总局公布的《关于全面推进资源税改革的通知》《关于资源税改革具体政策问题的通知》。

小贴士：在我国，资源税是个小税种。设立资源税的初衷，是通过税收调节，促进自然资源合理开发。资源税自开征以来，覆盖范围在逐步扩大。由于资源有限，而目前我国只对矿产品和盐征税，覆盖面相对狭小，且适用税率偏低，因此继续拓展资源税的新领域，已被提上了议事日程。

一、资源税纳税人的筹划

资源税的纳税义务人是指在中华人民共和国领域及管辖海域开采应税资源的矿产品或生产盐的单位和个人。

（一）资源税纳税人的法律规定

单位是指国有企业、集体企业、私营企业、股份制企业、其他企业和行政单位、事业单位、军事单位、社会团体及其他单位；个人指个体经营者和其他个人；其他单位和其他个人包括外商投资企业、外国企业及外籍人员。

（二）资源税纳税人的筹划空间

《资源税暂行条例》规定中外合作开采石油、天然气，目前只征收矿区使用费，暂不征收资源税。因此，中外合作开采石油、天然气的企业不是资源税的纳税义务人，这就为企业税收筹划提供了一定的空间。我国开采石油、天然气的企业可以通过改变企业性质来进行税收筹划，即将企业性质改变为中外合作企业，从而避免成为资源税的纳税义务人。

二、资源税税目的筹划

（一）资源税税目的法律规定

资源税税目包括7大类，在7个税目下又设有若干个子目。现行资源税的税目主要有：

1. 原油。开采的天然原油征税；人造石油不征税。税率为6%～10%。

2. 天然气。专门开采的天然气和与原油同时开采的天然气征税；煤矿生产的天然气暂不征税。税率为6%～10%。

3. 煤炭。原煤征税和以未税原煤（即自采原煤）加工的洗选煤；已税原煤加工的洗选煤和其他煤炭制品不征税。税率为2%～10%。

4. 金属矿。包括铁矿、金矿、铜矿、铝土矿、铅锌矿、镍矿、锡矿、钨、钼、未列举名称的其他金属矿产品原矿或精矿。铁矿的税率是1%～6%，金矿的税率是1%～4%，铜矿的税率是2%～8%，铝土矿的税率是3%～9%，铅锌矿的税率是2%～6%，镍矿的税率是2%～6%，锡矿的税率是2%～6%，未列举名称的其他金属矿产品的税率不超过20%。

5. 其他非金属矿。包括石墨、硅藻土、高岭土、萤石、石灰石、硫铁矿、磷矿、氯化钾、硫酸钾、井矿盐、湖盐、提取地下卤水晒制的盐、煤层（成）气、海盐、稀土、未列举名称的其他非金属矿产品。石墨的税率是3%～10%，硅藻土、高岭土、萤石、石灰石、硫铁矿的税率是 1% ~6%，磷矿、氯化钾的税率是 3% ~8%，硫酸钾的税率是 6% ~12%，井矿盐、湖盐的税率是 1% ~6%，提取地下卤水晒制的盐的税率是 3% ~15%，煤层（成）气的税率是 1% ~2%，海盐的税率是 1% ~5%，黏土、砂石的税率是 0.1~5 元每吨或立方米、未列举名称的其他非金属矿产品从量税率每吨或立方米不超过 30 元，从价税率不超过 20%。

（二）资源税税目的筹划空间

在现实中，一个矿床一般不可能仅仅生产一种矿产品，大多是除了一种矿产品外，还有其他矿产品。而且，矿产品加工企业在其生产过程中，一般也不会只生产一种矿产品。根据财税〔2016〕54 号《关于资源税改革具体政策问题的通知》，为促进共伴生矿的综合利用，纳税人开采销售共伴生矿，共伴生矿与主矿产品销售额分开核算的，对共伴生矿暂不计征资源税；没有分开核算的，共伴生矿按主矿产品的税目和适用税率计征资源税。企业应该分开核算主矿和共伴生矿，从而达到减少税款的目的。

三、资源税课税对象的筹划

（一）资源税课税对象的法律规定

1. 确定资源税课税对象的基本办法。资源税实行从价定率征收的计税依据为销售额，它是指纳税人销售应税产品向购买方收取的全部价款和价外费用，不包括增值税销项税额和运杂费用。运杂费用是指应税产品从坑口或洗选（加工）地到车站、码头或购买方指定地点的运输费用、建设基金以及随运销产生的装卸、仓储、港杂费用。运杂费用应与销售额分别核算，凡未取得相应凭据或不能与销售额分别核算的，应当一并计征资源税。

资源税实行从量定额征收的以销售数量为计税依据。销售数量的具体规定为：

（1）销售数量，包括纳税人开采或者生产应税产品的实际销售数量和视同销售的自用数量。

（2）纳税人不能准确提供应税产品销售数量的，以应税产品的产量或者主管税务机关确定的折算比换算成的数量为计征资源税的销售数量。

2. 特殊情况课税数量的确定方法。实际生产经营活动中，有些情况是比较特殊的，因此，有些具体情况的课税数量采取以下方法：

（1）纳税人开采或者生产不同税目应税产品的，应当分别核算不同税目应税产品的销售额或者销售数量；未分别核算或者不能准确提供不同税目应税产品的销售额或者销售数量的，从高适用税率。

（2）纳税人的减税、免税项目，应当单独核算销售额或者销售数量；未单独核算或者不能准确提供销售额或者销售数量的，不予减税或者免税。

（3）纳税人不能提供应税产品销售数量的，以应税产品的产量或者主管税务机关确定的折算比换算成的数量为计征资源税的销售数量。

（4）纳税人用已纳资源税的应税产品进一步加工应税产品销售的，不再缴纳资源税。纳税人以未税产品和已税产品混合销售或者混合加工为应税产品销售的，应当准确核算已税产品的购进金额，在计算加工后的应税产品销售额时，准予扣减已税产品的购进金额；未分别核算的，一并计算缴纳资源税。

（5）纳税人在 2016 年 7 月 1 日前开采原矿或以自采原矿加工精矿，在 2016 年 7 月 1 日后销售的，按本通知规定缴纳资源税；2016 年 7 月 1 日前签订的销售应税产品的合同，在 2016 年 7 月 1 日后收讫销售款或者取得索取销售款凭据的，按本通知规定缴纳资源税；在 2016 年 7 月 1 日后销售的精矿（或金锭），其所用原矿（或金精矿）如已按从量定额的计征方式缴纳了资源税，并与应税精矿（或金锭）分别核算的，不再缴纳资源税。

（6）对在 2016 年 7 月 1 日前已按原矿销量缴纳过资源税的尾矿、废渣、废水、废石、废气等实行再利用，从中提取的矿产品，不再缴纳资源税。

（7）原油中的稠油、高凝油与稀油划分不清或不易划分的，一律按原油的数量课税。对稠油、高凝油和高含硫天然气资源税减征 40% 。

（8）纳税人以自采原煤或加工的洗选煤连续生产焦炭、煤气、煤化工、电力等产品，自产自用且无法确定应税煤炭移送使用量的，可采取最终产成品的煤耗指标确定用煤量，即：煤电一体化企业可按照每千瓦时综合供电煤耗指标进行确定；煤化工一体化企业可按照煤化工产成品的原煤耗用率指标进行确定；其他煤炭连续生产企业可采取其产成品煤耗指标进行确定，或者参照其他合理方法进行确定。

（9）煤炭资源税的纳税人与其关联企业之间的业务往来，应当按照独立企业之间的业务往来收取或支付价款、费用；不按照独立企业之间的业务往来收取或支付价款、费用，而减少其应纳税收入的，税务机关有权按照《中华人民共和国税收征收管理法》及其实施细则的有关规定进行合理调整。

（10）资源税纳税人自产自用应税产品，因无法准确提供移送使用量而采取折算比换算课税数量办法的，具体规定如下：

煤炭，对于连续加工前无法正确计算原煤移送使用量的，可按加工产品的综合回收率，将加工产品实际销量和自用量折算成的原煤数量作为课税数量。

金属和非金属矿产品原矿，因无法准确掌握纳税人移送使用原矿数量的，可将其精矿按选矿比折算成的原矿数量作为课税数量。其计算公式为：选矿比 = 精矿数量/耗用原矿数量。

（11）纳税人以自产的液体盐加工固体盐，按固体盐税额征税，以加工的固体盐数量为课税数量。纳税人以外购的液体盐加工固体盐，其加工固体盐所耗用液体盐的已纳税额准予抵扣。

（二）资源税课税对象的筹划空间

资源税特殊情况课税对象的确定方法为资源税的税收筹划提供了空间，主要有以下筹划方法：

1. 利用准确核算进行税收筹划。《资源税暂行条例》规定，纳税人开采或者生产不同税目应税产品的，应当分别核算不同税目应税产品的销售额或者销售数量；未分别核算或者不能准确提供不同税目应税产品的销售额或者销售数量的，从高适用税率。此外，纳税人的减税、免税项目，应当单独核算销售额或者销售数量；未单独核算或者不能准确提供销售额或者销售数量的，不予减税或者免税。

因此，纳税人可以通过准确核算各税目的课税数量，清楚区分应税与免税项目、数量，分清税率不同的应税资源产品，合适选择适用税率，以便充分地享受到税收优惠，达到节省资源税税款的目的。

案例 7 - 7

一家开采铁矿石的矿山 2 月共生产销售铁矿石原矿 2 万元。在开采铁矿石的过程中还开采销售了共伴生矿锰矿石 2 000 元，铬矿石 1 000 元。同时这座矿山在另一采矿点还开采并销售了黏土 3 000 吨。这家矿山开采的矿石全部用于对外销售，已知该矿山铁矿石原矿的税率是 6%，锰矿石、铬矿石和黏土原矿的税率分别是 2%、2% 和每吨 3 元。试分析该矿山在报税时如何筹划资源税。（自 2015 年 5 月 1 日起，将铁矿石资源税由减按规定税额标准的 8% 征收调整为减按规定税额标准的 40% 征收。）

（1）如果该矿山在缴纳资源税税款时未按要求分别核算铁矿石及其两种共伴生矿的课税数量，只知道它们的总销售价格为 2.3 万元，另知其黏土矿的销量为 0.3 万吨，按照资源税从高适用税额的规定，那么该矿山 2 月应纳的资源税额为：

23 000 × 6% × 40% + 3 000 × 3 = 9 552 （元）

（2）相反，如果该矿山在缴纳资源税税款前，对应缴纳税款的矿石进行明确分别核算，则其应缴纳资源税为：

20 000 ×6% ×40% +2 000 ×2% +1 000 ×2% +3 000 ×3 = 9 540（元）

可见分开核算进行税收筹划，节约税款 12 元。

2. 利用综合回收率和选矿比进行税收筹划。《资源税暂行条例》规定，纳税人不能提供应税产品销售数量的，以应税产品的产量或者主管税务机关确定的折算比换算成的数量为计征资源税的销售数量。对于连续加工前无法正确计算原煤移送使用量的煤炭，可按加工产品的综合回收率，将加工产品实际销售和自用量折算成原煤数量作为课税数量；金属和非金属矿产品原矿，因无法准确掌握纳税人移送使用原矿数量的，可将其精矿按选矿比折算成原矿数量作为课税数量。这些确定课税数量的特殊规定为税收筹划提供了空间。

如果企业明确知道自身煤炭回收率或选矿比低于同行业平均回收率或选矿比，便可不提供应税资源的销售数量或自用数量，这是税务机关就会根据同行业的平均综合回收率或选矿比来折算，计算出来的应税资源的数量就会少于实际使用数量，达到税收筹划的目的。反之，如果企业的加工技术或选矿技术比较先进，本企业煤炭的加工生产综合回收率或金属矿选矿比相对于同行业较高，则应该准确核算回收率或选矿比，向税务机关提供准确的应税产品销售数量或移送数量。

案例 7 – 8

某企业生产煤炭并连续加工生产某种煤炭制品，生产出的最终产品为 1 000 吨，每吨售价 900 元，同行业综合回收率为 40%。由于该企业采用的加工技术相对落后，使得其产品的加工生产综合回收率相对同行业企业较低，仅为 25%。该企业煤炭的资源税的税率是 8%。试分析如何为该企业筹划。

在确知自己企业综合税收率相对较低、不能准确提供应税产品销售数量或移送数量，税务机关在根据同行企业的平均综合回收率折算应税产品数量时，就会相对少算课税数量，减轻纳税义务。资源税采取从量定额缴纳税款，课税数量的减少会明显地减少应纳资源税额。

（1）向税务机关提供明确的综合回收率为 25%。

企业实际课税数量为 1 000 ÷25% =4 000（吨）

企业应纳资源税额 =4 000 ×900 ×8% =288 000（元）

（2）未向税务机关提供本企业的综合回收率，由税务机关按同行业的综合回收率 40% 计算。

税务机关认定数量为 1 000 ÷ 40% = 2 500 （吨）

企业应纳资源税额 = 2 500 × 900 × 8% = 180 000 （元）

两者相比，不提供准确综合回收率可以使企业节省税款 108 000 元，达到税收筹划的目的。

四、资源税税收优惠的筹划

（一）资源税税收优惠的法律规定

1. 减税、免税项目。

（1）开采原油过程中用于加热、修井的原油，免税。

（2）纳税人开采或者生产应税产品过程中，因意外事故或者自然灾害等原因遭受重大损失的，由省、自治区、直辖市人民政府酌情决定减税或者免税。

（3）铁矿石资源税减按 40% 征收资源税。

（4）对鼓励利用的低品位矿、废石、尾矿、废渣、废水、废气等提取的矿产品，由省级人民政府根据实际情况确定是否减税或免税，并制定具体办法。

（5）从 2007 年 1 月 1 日起，对地面抽采煤层气暂不征收资源税。煤层气是指赋存于煤层及其围岩中与煤炭资源伴生的非常规天然气，也称煤矿瓦斯。

（6）自 2010 年 6 月 1 日起，纳税人在新疆开采的原油、天然气，自用于连续生产原油、天然气的，不缴纳资源税；自用于其他方面的，视同销售，依照本规定计算缴纳资源税。

（7）有下列情形之一的，免征或减征资源税：

①油田范围内运输稠油过程中用于加热的原油、天然气，免征资源税；

②稠油、高凝油和高含硫天然气资源税减征 40%；

③三次采油资源税减征 30%；

④对低丰度油气田资源税暂减征 20%；

⑤对水深超过 300 米的深水油气田资源税减征 30%；

⑥对实际开采年限在 15 年以上的衰竭期矿山开采的矿产资源，资源税减征 30%；

⑦对依法在建筑物下、铁路下、水体下通过充填开采方式采出的矿产资源，资源税减征 50%。

2. 出口应税产品不退（免）资源税的规定。资源税规定仅对在中国境内开采或生产应税产品的单位和个人征收，进口的矿产品和盐不征收资源税。由于对进口应税产品不征收资源税，相应的，对出口应税产品也不免征或退还已纳资源税。

（二）资源税税收优惠的筹划

企业在缴纳资源税时，要充分利用税收优惠政策进行筹划。比如，根据纳税人的减税、免税项目，应当单独核算课税数量；未单独核算或者不能准确提供课税数量的，不予减税或者免税；纳税人就要准确核算各税目的课税数量，清楚区分应税与免税项目、数量。

案例 7 - 9

华北某矿产开采企业 2016 年 7 月开采销售原油 10 000 吨（每吨售价 1 500 元），生产销售原煤 5 000 吨（每吨售价 1 000 元），同时开采移用天然气 10 万立方米（其中 5 万立方米开采原油时伴生，5 万立方米开采煤炭时伴生，该企业未分开核算，每立方米天然气售价 2 元），其适用资源税税率为原油 10%，原煤 8%，天然气 6%。那么该企业 2016 年 7 月应缴纳的资源税为：10 000 × 1 500 × 10% + 5 000 × 1 000 × 8% + 100 000 × 2 × 6% = 191.2（万元）。

而根据税法规定，专门开采的天然气和与原油同时开采的天然气征税；煤矿生产的天然气暂不征税，那么如果该企业将采煤时伴生的天然气分开核算，则可以享受免税待遇，节省资源税款为 50 000 × 2 × 6% = 6 000（元）。

第四节　房产税的税收筹划

> 房产税是以房产为征税对象，依据房产价格或房产租金收入向房产所有人或经营人征收的一种税。

对房产征税的目的是运用税收杠杆，加强对房产的管理，提高房产使用效率，控制固定资产投资规模和配合国家房产政策的调整，合理调节房产所有人和经营人的收入。此外，房产税税源稳定，易于控制管理，是地方财政收入的重要来源之一。因此房产税的筹划空间相比其他税种较小，但适当的筹划也可为纳税人节省不少的房产税。房产税的税收筹划有以下几方面：

一、房产税纳税人及征税对象的筹划

（一）房产税纳税人及征税对象的法律规定

房产税以在征税范围内的房屋产权所有人为纳税人。而房产税的征税范围为：城市、县城、建制镇和工矿区。房产税的征税范围不包括农村，这主要是为了减轻农民的负担。因为农村的房屋，除农副业生产用房外，大部分是农民居住用房。对农村房屋不纳入房产税征税范围，有利于农业发展，繁荣农村经济，有利于社会稳定。

房产税的征税对象是房产。所谓房产，是指有屋面和围护结构（有墙或两边有柱），能够遮风避雨，可供人们在其中生产、学习、工作、娱乐、居住或储藏物资的场所。房地产开发企业建造的商品房，在出售前，不征收房产税；但对出售前房地产开发企业已使用或出租、出借的商品房应按规定征收房产税。《房产税暂行条例》中对纳税人及征税对象的规定为房产税的筹划提供了空间。

（二）房产税纳税人及征收对象的筹划

1. 房产税纳税人及征税范围的筹划。房产税的纳税人是在征税范围内的房屋产权所有人，而目前需缴纳房产税的房屋主要是坐落在城市、县城、建制镇和工矿区的房产，在农村兴建的房屋不用缴纳房产税。因此，在不影响正常的经营活动的前提下，把生产经营用房建在农村，避免成为房产税的纳税人，从而免去房产税的负担。

2. 房产税征税对象的筹划。由于房产税的征税对象是房产，而《房产税暂行条例》已对房产的概念做出明确界定，是指有屋面和围护结构的房产，从而企业在建造房产时，对于可以露天使用的设施如游泳池、停车场等就不必再建造为有屋面和围护结构的房产，露天游泳池或露天停车场等不属于房产税的征税对象，从而不必缴纳房产税。

二、房产税计税依据及税率的筹划

（一）房产税计税依据及税率的法律规定

房产税的计税依据是房产的计税价值或房产的租金收入。

　　按照房产计税价值征收的，称为从价计征，按房产原值一次减除 10% ~ 30% 后的余值计征，税率 1.2%；按照房产租金收入计征的，称为从租计征，按房产出租的租金收入计征的，税率为 12%，自 2001 年 1 月 1 日起，对个人按市场价格出租的居民住房，用于居住的，可暂减按 4% 的税率征收房产税。自 2008 年 3 月 1 日起，对个人出租住房，不区分用途，按 4% 的税率征收房产税。关于房产税计税依据的具体规定如下：

　　1. 从价计征。《房产税暂行条例》规定，房产税依照房产原值一次减除 10% ~ 30% 后的余值计算缴纳。各地扣除比例由当地省、自治区、直辖市人民政府确定。

　　（1）房产原值是指纳税人按照会计制度规定，在账簿"固定资产"科目中记载的房屋原价。没有记载房屋原价的，参照同类房屋确定房产原值。

　　值得注意的是：自 2009 年 1 月 1 日起，对依照房产原值计税的房产，不论是否记载在会计账簿固定资产科目中，均应按照房产原价计算房产税。房屋原价应根据国家有关会计制度规定进行核算。对纳税人未按国家跨级制度规定核算并记载的，应按规定予以调整或重新评估。

　　自 2010 年 12 月 21 日起，对按照房产原值计税的房产，无论会计上如何核算，房产原值均应包含地价，包括为取得土地使用权支付的价款、开发土地发生的成本费用等。宗地容积率低于 0.5 的，按房产建筑面积的 2 倍计算土地面积并据此确定计入房产原值的地价。

　　（2）房产原值应包括与房屋不可分割的各种附属设备或一般不单独计算价值的配套设施。

　　（3）纳税人对原有房屋进行改建、扩建的，要相应增加房屋的原值。

　　（4）对投资联营的房产，在计征房产税时应予以区别对待。

　　（5）对融资租赁房屋的情况，由于是一种变相的分期付款购买固定资产的形式，所以在计征房产税时应以房产余值计算征收。

　　（6）自 2006 年 1 月 1 日起，房屋附属设备和配套设施计征房产税按以下规定执行：凡以房屋为载体，不可随意移动的附属设备和配套设施无论在会计核算中是否单独记账与核算，都应计入房产原值，计征房产税；对于更换房屋附属设备和配套设施的，在将其价值计入房产原值时，可扣减原来相应设备和设施的价值，对附属设备和配套设施中易损坏、需要经常更换的零配件，更新后不再计入房产原值。

　　（7）居民住宅区内业主共有的经营性房产缴纳房产税。

　　（8）凡在房产税征收范围内的具备房屋功能的地下建筑，包括与地上房屋相连的地下建筑以及完全建在地面以下的建筑、地下人防设施等，均应当按照有关规定征收房产税。

2. 从租计征。

> 所谓房产的租金收入，是房屋产权所有人出租房产使用权所得的报酬，包括货币收入和实物收入。

《房产税暂行条例》规定，房产出租的，以房产租金收入为房产税的计税依据。如果是以劳务或者其他形式为报酬抵付房租收入的，应根据当地同类房产的租金水平，确定一个标准租金额从租计征。

（二）房产税计税依据及税率的筹划

对房产税计税依据及税率的筹划是房产税税收筹划的重点。《房产税暂行条例》对房产税计税依据及税率的规定为房产税的筹划提供了很大的空间。具体的筹划方法有以下两方面：

1. 从价计征及从租计征的选择进行筹划。由于从价计征和从租计征的计税依据和税率存在差别，纳税人可以通过对两种方式的成本收益进行分析，计算不同方式所负担的房产税的水平，从而选择税负水平相对较低的方式。具体有：

（1）对投资联营的房产，由于投资方式不同房产税计征也不同，从而提供了筹划空间。对于以房产投资联营，投资者参与投资利润分红，共担风险的，被投资方要按房产余值作为计税依据计征房产税；对以房产投资，收取固定收入，不承担联营风险的，实际是以联营名义取得房产租金，应由投资方按租金收入计缴房产税。纳税人可以进行成本效益分析以决定选择偏好。在不考虑其他投资因素的情况下，纳税人可以通过比较以不同的计税依据计征房产税的税负水平，选择不同的联营形式。

（2）对于房产经营企业出租的房屋，如果出租房屋所需要缴纳的房产税税负重，那么要降低房产经营业务的税收负担，可以完成房屋租赁与库房存储的转变，从而房产经营企业只需按从价计征缴纳房产税，定期收取存储费用，达到降低房产税税负的目的。

案例 7-10

天元商贸实业公司拥有处于 A 市市郊的十栋库房，总计房产原值为 24 000 万元，且该地区适用 30% 的减值比例。2016 年 7 月天元公司将十栋库房出租，每年不含税租金收入 4 500 万元，现某跨国公司看中这十栋库房，意欲与天元公司签订 10 年期的租赁合同用于该跨国公司存储货物。由于事关重大，天元集体董事会决定请咨询机构为其进行税收筹划。

咨询机构专家在分析后发现，在不进行税收筹划时，如果按 4 500 万元一年的租金收入来核算，天元公司一年应缴纳的税费为：应纳增值税 = 4 500 × 11% = 495（万元），应纳房产税 = 4 500 × 12% = 540（万元），应纳城市维护建设税、教育费附加 = 495 × (7% + 3%) = 49.5（万元），其总体税负高达 24.1%。

相反，如果天元公司与客户进行友好协商，继续利用库房为客户存放商品，但将租赁合同改为仓储保管合同，配备保管人员，为客户提供 24 小时服务。假设提供仓储服务的收入约为 4 500 万元，收入不变，其税收情况会出现很大的变化：应纳增值税 = 4 500 × 6% = 270（万元），应纳房产税 = 24 000 × (1 − 30%) × 1.2% = 201.6（万元），应纳城市维护建设税、教育费附加 = 270 × (7% + 3%) = 27（万元）。两者对比，筹划后可减少缴纳房产税 338.4 万元，10 年就是 3 384 万元。

在这个案例中，要降低房产经营业务的税收负担，必须完成房屋租赁与库房仓储的转换，这是问题的关键。在这个环节进行税收筹划，要明确租赁与仓储的含义。不同的经营方式适用不同的税收政策法规进行征税，这就为税收筹划提供了可能。

2. 合理确定房产原值进行筹划。房产原值指房屋的造价，包括与房屋不可分割的各种附属设备或一般不单独计算价值的配套设施。可见，房产原值的大小直接决定房产税的多少，合理地减少房产原值是房产税筹划的关键。根据《房产税暂行条例》对房产原值的规定，可以从下列几方面入手：

第一，附属设备分散筹划，即尽可能地把一些房产附属的设备和配套设施单独核算，作为另一项资产处理，使其价值从房产中独立出来。例如，对新建的房屋，应尽可能地把诸如中央空调以及与房屋无关的露天停车场、露天凉亭等设施独立核算，使其避免成为房屋价值的一部分，减少房产原值，合法地减少了应缴纳的房产税。

案例 7 – 11

江苏华天企业公司 2016 年初计划兴建一座花园式工厂。工程分为两部分：一部分为办公用房以及辅助设施，包括厂区围墙、水塔、停车场、露天凉亭、游泳池、喷泉设施等建筑物，总计造价 1 亿元；另一部分为厂房。在兴建过程中，董事长发现一个与房产税有关的问题，即房产原值的确认。已知除厂房、办公用房外的建筑物的造价为 800 万元，则该企业如何对房产税进行税收筹划。（扣除比例为 30%）

该案例中对缴纳房产税的问题共有两种不同看法：一是将辅助设施与办公用房和厂房合并计入会计账簿，并且对游泳池等建设为室内的。还有一种观点就是将辅助设施和厂房办公用房分开计价，辅助设施全部建为露天设施。如果采取第一种方法的话，那么办公用房及辅助设施都缴纳房产税，每年应纳房产税为 $10\ 000 \times (1 - 30\%) \times 1.2\% = 84$（万元），这 84 万元的税负只要该工厂存在，就不可避免。如果以 20 年计算，就将是 1 680 万元。

而按税法规定，房产是以房屋形态表现的财产。房屋是指有屋面结构，可供人们在其中生产、工作、居住或储藏物资的场所。不包括独立于房屋之外的建筑物，如围墙、水塔、变电塔、露天游泳池、露天停车场、露天凉亭、喷泉设施等。因此，对该企业除厂房、办公用房外的建筑物，如果把停车场、游泳池都建成露天的，并且把这些独立建筑物的造价同厂房、办公用房的造价分开，在会计账簿中单独记载，则这部分建筑物的造价不计入房产原值，不缴纳房产税。

那么企业就可以按照第二种方法来进行税收筹划，即将企业除厂房、办公用房外的建筑物设计为露天的，并在会计账簿中单独记载，则这部分不缴纳房产税。每年可节省房产税金 $= 800 \times (1 - 30\%) \times 1.2\% = 6.72$（万元）。

此案例在现实生活中处处可见，当企业建造厂房时必须考虑到税收筹划的问题，这样可以为企业每年节省大量的税金。

第二，合理选择改善房屋功能和质量的方法。改善房屋功能和质量，可以通过改扩建和修理改良等方式进行。现行税法规定，对原有房屋进行改建、扩建的，应将房产改扩建支出减去改扩建过程中发生的变价收入计入房产原值。但纳税人的固定资产修理支出可在发生当期直接在税前扣除。纳税人的固定资产改良支出，如有关固定资产尚未提足折旧，可增加固定资产的价值；如有关固定资产已提足折旧，可作为递延费用，在不短于 5 年的期间内平均摊销。可见，如果能够通过对房屋的修理、改良便能达到改善房屋功能和质量的目的，应尽可能使用这些方法而不采取改扩建的方式，以避免房产原值的增加，从而达到税收筹划的目的。

三、房产税税收优惠的筹划

（一）房产税税收优惠的法律规定

> 房产税的税收优惠是根据国家政策需要和纳税人的负担能力指定的。

目前，房产税的税收优惠政策主要有：国家机关、人民团体、军队自用的房产免征房产税；由国家财政部门拨付事业经费的单位，如学校、医疗卫生单位、托儿所、幼儿园、敬老院、文化、体育、艺术这些实行全额或差额预算管理的事业单位所有的，在本身业务范围内使用的房产免税；宗教寺庙、公园、名胜古迹自用的房产免征房产税；个人所有非营业用的房产免征房产税；经财政部批准免税的其他房产。

（二）房产税税收优惠的筹划

利用房产税的税收优惠进行筹划也是税收筹划的重点。如税法规定，对个人按市场价格出租的居民住房，房产税暂减按4%的税率征收。因此纳税人在出租房时，可使用市场价格，享受税收优惠。又如，税法规定房产大修停用半年以上，经税务机关审核在大修期间可以免税，因此，纳税人理应及时加以利用。总之，纳税人对于税收优惠政策应仔细研究、合理运用，从而达到税收筹划的目的。

第五节　印花税的税收筹划

> 印花税，是对经济活动和经济交往中书立、使用、领受具有法律效力的凭证的单位和个人征收的一种税。

印花税是一种具有行为税性质的凭证税，凡发生书立、使用、领受应税凭证的行为，就必须依照印花税法的有关规定履行纳税义务。印花税具有覆盖面广、税率低税负轻、纳税人自行完税的特点。随着经济活动的日益规范，经济合同的大量使用，印花税参与分配的作用也将凸显出来，在纳税人经济交往活动中，如果经济当事人所涉及的凭证金额相对较小，印花税的筹划显然没有必要，但如果金额相对较大，印花税的筹划就会显得有现实意义。

　　小贴士： 为调节股市过热状况，财政部于2007年5月30日将证券交易印花税适用税率由1‰上调至3‰，此举在短期内对股市起到平抑作用。

一、印花税的纳税人和税目的筹划

（一）印花税纳税人和税目的法律规定

> 印花税的纳税义务人，是指在中国境内书立、使用、领受印花税法所列举的凭证并应依法履行纳税义务的单位和个人。

在此所说的单位和个人，按照书立、使用、领受应税凭证的不同，可以分别确定为立合同人、立据人、立账簿人、领受人、使用人和各类电子应税凭证的签订人六种。

印花税的税目，指印花税法明确规定的应当纳税的项目，它具体划定了印花税的征税范围。印花税共有13个税目，具体为购销合同、加工承揽合同、建设工程勘察设计合同、建筑安装工程承包合同、财产租赁合同、货物运输合同、仓储保管合同、借款合同、财产保险合同、技术合同、权利转移合同、营业账簿、权利许可证照。

（二）印花税纳税人和税目的筹划空间

1. 利用借款方式进行税收筹划。利用借款方式进行税收筹划，其思路就是通过选择借款方式避免成为印花税的纳税人，从而达到税收筹划的效果。

对企业来说，筹资是其进行一系列生产经营活动的先决条件。没有资金，任何有益的经济活动和经营项目都无法进行，与经营相关的盈利和税收也就谈不上了。一般来说，企业的筹资方法有向金融机构贷款、自我积累、社会集资、企业间拆借、企业内部集资等，从资金角度来看，所有这些筹资方法，如果可行的话，都可以满足企业从事生产经营活动对资金的需求。从纳税的角度看，这些筹资方式产生的税收结果却有很大差异，某些筹资方式最终的实行效果比其他方式要好。通常来说，自我积累筹资方式所承受的税收负担要重于向金融机构贷款筹资方式承受的税收负担。因为金融机构贷款利息对企业而言可以作为支出，相应的利润会有所减少，应纳税企业所得额会发生一些变化，从而节省企业所得税税款。在这方面，企业向金融机构借款和企业间的同业拆借效果差不多，但考虑到印花税的影响，两种借款方式将有不同的税收结果。

《印花税暂行条例》规定，银行及其他金融机构与借款人（不包括银行同业拆借）所签订的合同，以及只填开借据并作为合同使用、取得银行借款的借据都属于印花税的征税范围，借款人作为纳税人需在借款合同上贴花。而企业之间的借款合同不属于印花税的征税范围，借款人则不用贴花。因而对企业来说，和金融机构签订借款合同其效果与和其他企业签订借款合同在抵扣利息支出上是一样的，而前者要缴纳印花税，后者不用缴纳印花税。如果两者的借款利率是相同的，则向企业借款效果会更好。不过企业在筹划时应注意，企业向企业提供的借款，其利率一般比金融机构提供借款利率高，因而企业应相机而动。

2. 利用减少参与人数进行筹划。利用减少参与人数进行筹划的基本思路就是尽量减少书立使用各种凭证的人数，使更少的人成为印花税的纳税人，从而使当事人总体税负下降，达到少缴税款的目的。

《印花税暂行条例》规定，对应税凭证，凡由两方或两方以上当事人共同书立的，其当事人各方都是印花税的纳税人，应各就其所持凭证的计税金额履行纳税义务。因此，如果几方当事人在书立合同时，能够不在合同上出现的当事人不以当事人身份出现在合同上，则税收筹划的效果就达到了。比如甲、乙、丙、丁四人签订一份合同，乙、丙、丁三人基本利益一致，就可以任选一名代表，让其和甲签订合同，则合同的印花税纳税人只有甲和代表人。这种筹划方法也可以应用到书立产权转移书据的立据人。因为一般来说，产权转移书据的纳税人只有立据人，不包括持据人，持据人只有在立据未贴或少贴印花税票时，才负责补贴印花税票。但是如果立据人和持据人双方当事人以合同形式签订产权转移书据，双方都应缴纳印花税。因而这时采取适当的方式，使尽量少的当事人成为纳税人，税款自然就会减少。

二、印花税计税依据和税率的筹划

（一）印花税计税依据和税率的法律规定

1. 购销合同的计税依据为合同记载的购销金额，按购销金额的 0.3‰贴花。

2. 加工承揽合同的计税依据是加工或承揽收入的金额，按加工或承揽收入的 0.5‰贴花。

3. 建设工程勘察设计合同的计税依据为收取的费用，按收取费用的 0.5‰贴花。

4. 建筑安装工程承包合同的计税依据为承包金额，按承保金额 0.3‰贴花。

5. 财产租赁合同的计税依据为租赁金额；按租赁金额的 1‰贴花，经计算，税额不足 1 元的，按 1 元贴花。

6. 货物运输合同的计税依据为取得的运输费金额（即运费收入），按运输收取费用的 0.5‰贴花。

7. 仓储保管合同的计税依据为仓储保管费用，按仓储收取的保管费用的 1‰贴花。

8. 借款合同的计税依据为借款金额，按借款合同的 0.05‰贴花。

9. 财产保险合同的计税依据为支付的保险费，按收取的保险费收入的 1‰贴花。

10. 技术合同的计税依据为合同所载的价款、报酬或使用费。按所记载金额 0.3‰贴花。

11. 产权转移书据的计税依据为所载金额，按所载金额的 0.5‰贴花。

12. 营业账簿税目中所记载资金的账簿的计税依据为"实收资本"与"资本公积"两项的合计金额。按 0.5‰贴花。其他账簿的计税依据为应税凭证件数，每件贴花 5 元。

13. 权利、许可证照的计税依据为应税凭证件数，按件贴花 5 元。

此外，税法还规定了一些关于印花税计税依据的特殊规定，将印花税的计税依据规定得更为详细。同时，也为印花税的筹划提供了很大的空间。

(二) 印花税计税依据和税率的筹划空间

由于印花税的计税依据是合同金额，因而可以通过缩小计税金额、采取不同核算方式、减少参与合同签订人员等方法，实施税收筹划。具体的方法有以下几种：

1. 利用分开核算进行税收筹划。《印花税暂行条例》规定，同一凭证，载有两个或两个以上经济事项而适用不同税目税率，如分别记载金额的，应分别计算应纳税额，相加后按合计税额贴花；如未分别记载金额的，按税率高的计税贴花。因此，如果一个合同涉及若干项经济业务，应当分别核算各项业务的金额，避免未分别核算导致适用高税率而加重印花税的税负。

案例 7 - 12

某煤矿 2016 年 1 月与铁道部门签订运输合同，所载运输费及保管费共计 200 万元，未进行单独核算，由于该合同中涉及货物运输合同和仓储保管合同两个税目，而且两者税率不同，前者为 0.05%，后者为 0.1%，按照税法规定，未分别记载金额的，按税率高的计税贴花，即按 0.1% 贴花：应纳税额 = 2 000 000 × 0.1% = 2 000 (元)。

如果纳税人进行简单的筹划，便可节省一些税款。假定这份运输保管合同包含货物运输费 150 万元，仓储保管费 50 万元，如果纳税人能在合同上详细地注明各项费用及具体数额，便可分别适用税率：应纳税额 = 1 500 000 × 0.05% + 500 000 × 0.1% = 1 250 (元)，订立合同双方均可节省 750 元的印花税。

2. 利用模糊金额进行税收筹划。

模糊金额筹划法，具体来说是指经济当事人在签订数额较大的合同时，有意地使合同上所载金额，在本来能够明确的条件下，不最终确定，以达到暂时少缴印花税税款目的的一种行为。

《印花税暂行条例》规定，对于有些合同，在签订时无法确定计税金额的，可在签订时先按定额 5 元贴花，以后结算时再按实际金额计税，补贴印花。这便给纳税人进行纳税筹划创造了条件。在经济交往活动中，经济当事人签订的合同如果本身金额就较小，自然没有筹划的必要，但如果金额相对较大，应纳税额较大时筹划便显得很有现实意义了。

案例 7 – 13

某设备租赁公司欲和某生产企业签订租赁合同，租金每年 200 万元。

（1）如果签订合同时明确规定年租金 200 万元，则两企业均应缴纳印花税，应纳税额 = $200 \times 0.1\% = 0.2$（万元）。

（2）如果两企业在签订合同时仅规定每天的租金数，而不确定租赁合同的执行时限，则两企业只需各自先缴纳 5 元钱的印花税，余下的部分等到最终结算时才缴纳。企业通过延缓纳税，获得了货币的时间价值，企业得到了利益。

3. 利用压缩金额进行筹划。压缩金额进行筹划在印花税的筹划中得到广泛的应用，主要有以下两方面：

（1）压缩应纳税收入金额实施税务筹划。印花税法规定，经济合同的纳税人是订立合同的双方或多方当事人，其计税依据是合同所载的金额。因而出于共同利益，双方或多方当事人可以经过合理筹划，压缩合同的记载金额，达到少缴税款的目的。当然也要注意限度，以免被税务机关调整价格，最终税负反而更重，以致得不偿失。

（2）采取保守金额实施税收筹划。在实际生活中，预计可能实现或完全能实现的合同，可能会由于种种原因无法实现或无法完全实现，导致合同最终履行的结果与签订合同时有出入。而印花税是一种行为税，只有有签订应税合同的行为发生，双方或多方经济当事人的纳税义务便已产生，无论合同是否兑现或是否按期兑现均应贴花。而且对已履行并贴花的合同，所载金额与合同履行后实际结算金额不一致的，只要双方未修改合同金额，一般不再办理完税手续。因此在合同设计时，双方当事人应充分考虑到以后经济交往中可能遇到的种种情况，根据这些可能情况，确定比较合理、比较保守的金额，达到税收筹划的效果。

4. 利用最少转包进行筹划。根据印花税的规定，建筑安装工程承包合同的计税依据为合同上记载的承包金额，施工单位将自己承包的建设项目分包或转包给其他施工单位所签订的分包合同或者转包合同，应按照新的分包合同或转包合同上所记载的金额再次计算应纳税额。因为印花税是一种行为性质的税种，只有有应税行为发生，就应按税法的相关规定纳税。这种筹划方法的核心，就是尽量减少签订承包合同的环节，以书立最少的应税凭证，达到节约部分应缴税款的目的。

三、印花税税收优惠的筹划

（一）印花税税收优惠的法律规定

目前，我国对印花税的税收优惠主要有：对已缴纳印花税凭证的副本或者抄本免税；对无息、贴息贷款合同免税；对房地产管理部门与个人签订的用于生活居住的租赁合同免税；对农牧业保险合同免税；对与高校学生签订的高校学生公寓租赁合同免税；对公租房经营管理单位建造管理公租房涉及的印花税免税；为贯彻落实《国务院关于加快棚户区改造工作意见》，对改造安置住房经营管理单位、开发商与改造安置住房相关的印花税以及购买安置住房的个人涉及的印花税自 2013 年 7 月 4 日起予以免征。

（二）印花税税收优惠的筹划空间

纳税人应充分利用印花税的优惠规定进行筹划，比如对已缴纳印花税的凭证的副本或者抄本，只要不视同正本使用，也就不需要缴纳印花税。总之，通过税收优惠进行筹划是印花税筹划的重点，纳税人应做到熟悉税法规定，充分利用优惠政策进行筹划。

在印花税的征管中，有些纳税人采取隐藏应税凭证的方法偷漏印花税，造成国家税款的流失，这不属于我们纳税筹划的范畴，我们强调的是纳税人应加强纳税意识，在法律允许的范围内进行合理的筹划。

第六节　契税的税收筹划

契税是以所有权发生转移变动的不动产为征税对象，向产权承受人征收的一种财产税。

目前，我国实行的是 1997 年 7 月 1 日国务院颁布的《中华人民共和国契税暂行条例》，并于 1997 年 10 月 1 日起施行。

一、契税纳税人及征税对象的筹划

(一) 契税纳税人及征税对象的法律规定

契税的纳税义务人是境内转移土地、房屋权属，承受的单位和个人。契税实行3%～5%的幅度税率。契税的征税对象是境内转移土地、房屋权属，具体包括以下内容：国有土地使用权出让、土地使用权的转让、房屋买卖、房屋赠与、房屋交换、承受国有土地使用权支付的土地出让金。

(二) 契税纳税人及征税对象的筹划空间

利用契税纳税人及征税对象进行筹划其核心就是尽可能避免成为契税的纳税人，从而不必缴纳契税。比如通过隐性赠与纳税筹划法来避免成为契税的纳税人。

赠与行为在现实经济生活中比较常见，如某人向他人赠送纪念物、货币等，这是当事人自主决策的行为。在契税中，我国税法规定，当事人赠与土地使用权、房屋，属于应税行为，应该依照规定缴纳契税。原本赠与的目的是使他人（受赠人）获益，但由于税收的原因，受赠人却要因此支付一笔税款，无论这笔税款最终实际由谁支付，当事人双方都会感觉这笔税款是额外的负担。比如甲向乙免费赠送一套住房，该套住房市面价值50万元，再假设适用税率5%，则乙要支付契税税款：50×5%＝2.5（万元）。此时，一个筹划办法就是不办理产权转移手续，而由赠与人让出该套住房，以受赠人实际居住的形式占有，只要赠与人不再索回该房屋的所有权就可以了。这种筹划可以完全免去应纳税款，但这要建立在赠与人信誉较好的前提下。当然这种筹划也有一个弱点，这便是出现经济纠纷时，产权归属的界定可能会带来一定的麻烦。当事人利用该法进行筹划时，一定要权衡利弊，以做出最优的选择。

二、契税计税依据的筹划

(一) 契税计税依据的法律规定

契税的计税依据为不动产的价格。由于土地、房屋权属转移方式不同，定价方法不同，因而具体计税依据视不同情况而决定。

国有土地使用权出让、土地使用权出售、房屋买卖，以成交价格为计税依据；土地所有权赠与、房屋赠与，由征收机关参照土地使用权出售、房屋买卖的市场价格核定；土地使用权交换、房屋交换，为所交换的土地使用权、房屋的价格差额为计税依据；以划拨方式取得土地使用权，经批准转让房地产时，由房地产转让者补缴契税，计税依据为补缴的土地使用权出让费用或土地收益；采取分期付款方式购买房屋附属设施土地使用权、房屋所有权的，应按合同规定的总价款计征契税；承受的房屋附属设施权如为单独计价的，按照当地确定的适用税率征收契税，如与房屋统一计价的，适用与房屋相同的契税税率；个人无偿赠与不动产行为，应对受赠人全额征收契税。

（二）契税计税依据的筹划空间

利用契税计税依据进行筹划，其核心就是在法律允许的范围内尽量缩减契税的计税依据，达到少缴契税的目的。具体的筹划方法有：利用房屋交换进行筹划。

《契税暂行条例》规定，土地使用权交换、房屋交换，为所交换的土地使用权、房屋的价格差额为计税依据。也就是说，交换价格相等时，免征契税；交换价格不等时，由多交付的货币、实物、无形资产或者其他经济利益的一方缴纳契税。因此，当纳税人交换土地使用权或房屋所有权时，如果能想办法保持双方的价格差额较小甚至没有，这时以价格为计税依据计算出来的应纳税额就会很少甚至没有。这种筹划方法的核心就是尽量缩小两者的价差。

案例 7 – 14

甲、乙两位当事人交换各自房屋所有权，甲的房屋市场价格大约为 100 万元，乙的房屋市场价格大约为 80 万元，契税适用税率为 5%，如果不进行筹划，两位当事人在交换房屋所有权后，乙需缴纳契税，应纳税额 $= 20 \times 5\% = 1$（万元）。

相反，如果两位当事人进行筹划，即可以让纳税人乙按甲的要求进行装修或改造，以满足甲的特定目的，假如该项装修或改造使得乙的房屋市场价格升至 100 万元，使得两者的差额为 0，从而甲乙交换房屋就不必再缴纳契税了，节省契税 1 万元。

在此案例中，需要注意的是双方在交换土地使用权或房屋所有权时，也可采用自行定价，通过提高或压低价格的方法进行筹划，使两者价格差额较小甚至没有，但这种筹划应控制在一定的限度里，避免让税务机关认定其成交价格明显低于市场价格而调整成交价格。

三、契税税收优惠的筹划

（一）契税税收优惠的法律规定

契税优惠的一般规定有：国家机关、事业单位、社会团体、军事单位承受土地、房屋用于办公、教学、医疗、科研和军事设施的，免征契税；城镇职工按规定第一次购买共有住房，免征契税；因不可抗力灭失住房而重新购买住房的，酌情减免；土地、房屋被县级以上人民政府征用、占用后，重新承受土地、房屋权属的，由省级人民政府确定是否减免；承受荒山、荒沟、荒丘、荒滩土地使用权，并用于农林牧渔生产的，免征契税；经外交部确认，依照我国有关法律规定以及我国缔结或参加的双边和多边条约或协定，应当予以免税的外国驻华使馆、领事馆、联合国驻华机构及其外交代表、领事官员和其他外交人员承受土地、房屋权属，免征契税；公租房经营单位购买住房作为公租房的，免征契税；对个人购买家庭唯一住房（家庭成员范围包括购房人、配偶以及未成年子女），面积为 90 平方米及以下的，减按 1% 的税率征收契税，面积在 90 平方米以上的，减按 1.5% 的税率征收契税；对个人购买家庭第二套改善性住房，面积为 90 平方米及以下的，减按 1% 的税率征收契税，面积在 90 平方米以上的，减按 2% 征收契税。

（二）契税税收优惠的筹划空间

契税的税收筹划重点是利用税收优惠筹划，纳税人通过充分利用优惠政策来为自己筹划，或者当纳税人不满足优惠条件时，可以通过积极策略，为自己享受税收优惠创造条件，来达到节省税款的目的。

第七节　车船税的税收筹划

车船税是指在中华人民共和国境内的车辆、船舶的所有人或管理人按照中华人民共和国车船税暂行条例应缴纳的一种税。

现行车船税的基本规范，是 2011 年 2 月 25 日由中华人民共和国第十一届全国人民代表大会常务委员会第十九次会议通过的并于 2012 年 1 月 1 日实施的《中华人民共和国车船税法》（以下简称《车船税法》）。

一、车船税征税范围和税收优惠的筹划

（一）车船税纳税人和征税范围的法律规定

车船税的纳税人是指在中华人民共和国境内，车辆、船舶的所有人或管理者，应当按照《车船税法》的规定缴纳车船税。

车船税的征税范围是指在中华人民共和国境内属于车船税法所附《车船税税目税额表》规定的车辆、船舶。

车船税的法定减免规定：捕捞养殖渔船、军队武警专用车船、警用车船、依照法律规定应当予以免税的外国驻华使领馆、国际组织驻华代表机构及其人员的车船、节约能源的车船、经批准临时入境的外国车辆和香港特别行政区、澳门特别行政区、台湾地区的车船、按照有关规定已经缴纳船舶吨税的船舶、依法不需要在车船登记管理部门登记的机场、港口、铁路站场内部行驶或作业的车船。除此之外，省、自治区、直辖市人民政府可以根据当地实际情况，对公共交通车船、农村居民拥有并主要在农村地区使用的摩托车、三轮汽车和低速载货汽车定期减征或者免征车船税。

（二）车船税纳税人和征税范围的筹划空间

由于车船税属于财产税，只要拥有应税车船即要纳税，因此纳税人可以充分利用税收优惠进行筹划。比如我国为了保护环境，照顾低收入群体，落实中央建设社会主义新农村的精神，《车船税法》将捕捞养殖渔船列入免税范围，并授权省级人民政府可以对城乡公共交通车船给予定期减税、免税，纳税人应充分利用这些规定进行筹划。

二、车船税税率和计税依据的筹划

（一）车船税税率和计税依据的法律规定

车船税实行定额税率，即对征税的车船规定单位固定税额。车船税确定税额的总原则是：非机动车船的税负要轻于机动车船；人力车的税负轻于畜力车；小吨位船舶的税负轻于大船舶。具体的税目税额见表7-1：

表 7 – 1 车船税税目税额

	税目	计税单位	年基准税额（元）	备注
乘用车按发动机气缸容量（排气量分档）	1.0 升（含）以下的	每辆	60 ~ 360	核定载客人数 9 人（含）以下
	1.0 升以上至 1.6 升（含）的		300 ~ 540	
	1.6 升以上至 2.0 升（含）的		360 ~ 660	
	2.0 升以上至 2.5 升（含）的		660 ~ 1 200	
	2.5 升以上至 3.0 升（含）的		1 200 ~ 2 400	
	3.0 升以上至 4.0 升（含）的		2 400 ~ 3 600	
	4.0 升以上的		3 600 ~ 5 400	
商用车	客车	每辆	480 ~ 1 440	核定载客人数 9 人（包含电车）以上
	货车	整备质量每吨	16 ~ 120	1. 包括半挂牵引车、挂车、客货两用汽车、三轮汽车和低速载货汽车等 2. 挂车按照货车税额的 50% 计算
其他车辆	专用作业车	整备质量每吨	16 ~ 120	不包括拖拉机
	轮式专用机械车	整备质量每吨	16 ~ 120	
摩托车		每辆	36 ~ 180	
船舶	机动船舶	净吨位每吨艇	3 ~ 6	拖船、非机动驳船分别按照机动船舶税额的 50% 计算；游艇的税额另行规定
	游艇	身长度每米	600 ~ 2 000	

（二）车船税税率和计税依据的筹划空间

1. 利用税率临界点进行筹划。由于对机动船和载货汽车以净吨位为单位、对非机动船以载重吨位为单位分级规定税率，从而产生了应纳车船税税额相对吨位数变化的临界点。在临界点上下，吨位数虽然相差仅 1 吨，但临界点两边的税额却又很大的变化，这种情况下进行筹划十分必要。

案例 7 – 15

假定有两只船，一只船的净吨位是 2 000 吨，适用税额为每吨 4 元，另一只船的净吨位是 2 001 吨（这种情况比较特殊，但能说明问题），适用税额为每吨 5 元。则第一只船每年应纳车船税 = 2 000 × 4 × 1 = 8 000（元），相反，第二只船每年应纳车船税 = 2 001 × 5 × 1 = 10 005（元），一吨之差，但由于车船税的全额累计功能，导致吨位大的船却要多缴纳2 005元的税额。

企业和个人在选择购买船只时，一定要考虑该种吨位的船只所能带来的收益和因吨位发生变化所引起的税负增加之间的关系，然后选择最佳吨位的船只。

2. 利用计税依据规定合理筹划。税法规定，纳税人在购买机动车交通事故责任强制保险时，应当向扣缴义务人提供地方税务机关出具的本年度车船税的完税凭证或减免税证明。不能提供完税凭证或减免税证明的，应当在购买保险时按照当地的车船税税额标准计算缴纳车船税。此外，车辆自重尾数在半吨以下（含半吨），按半吨计算；超过半吨的，按一吨计算。船舶净吨位尾数在半吨以下（含半吨）的不予计算，超过半吨的按一吨计算。一吨以下的小型车船，一律按1吨计算。因此，纳税人可以根据计税依据的具体规定和情况合理筹划。

三、车船税征收管理的筹划

（一）车船税征收管理的法律规定

车船税的按年申报，由地方税务机关负责征收。此外还有其他管理规定。

（二）车船税征收管理的筹划空间

在征收管理的其他管理规定中，税法规定在一个纳税年度内，已完税的车船被盗抢、报废、灭失的，纳税人可以凭有关管理机关出具的证明和完税证明，向纳税所在地的主管地方税务机关申请退还自被盗抢、报废、灭失月份起至该纳税年度终了期间的税款。纳税人可以充分利用该条款进行筹划。

第八节　城镇土地使用税的税收筹划

城镇土地使用税是以城镇土地为征税对象，对拥有土地使用权的单位和个人征收的一种税。

该税由国务院决定自 2007 年 1 月 1 日起对企业、单位和个人开征。开征城镇土地使用税，有利于通过经济手段，加强对土地的管理，变土地的无偿使用为有偿使用，促进合理、节约使用土地，提高土地使用效益；有利于适当调节不同地区、不同地段之间的土地极差收入，促进企业加强经济核算，理顺国家与土地使用者之间的分配关系。

小贴士：2006 年 12 月，国务院公布了修订后的《中华人民共和国城镇土地使用税暂行条例》，从 2007 年 1 月 1 日起施行。修改后的城镇土地使用税税额标准提高了 2 倍，同时，外资企业被纳入征收范围，缴纳场地使用费的外资企业也应缴纳城镇土地使用税。2013 年 12 月 4 日国务院第 32 次常务会议做了部分修改（自 2013 年 12 月 7 日起实施）。

一、城镇土地使用税纳税义务人和征税范围的筹划

（一）城镇土地使用税纳税义务人和征税范围的法律规定

在城市、县城、建制镇、工矿区范围内使用土地的单位和个人，为城镇土地使用税的纳税人，因此，城镇土地使用税的征税范围，包括在城市、县城、建制镇和工矿区内的国家所有和集体所有的土地。

（二）城镇土地使用税纳税义务人和征税范围的筹划空间

由于土地使用税的征税范围，包括在城市、县城、建制镇和工矿区内的国家所有和集体所有的土地。建立在城市、县城、建制镇和工矿区之外的企业则不需要缴纳城镇土地使用税。城镇土地使用税征收范围的有限性，意味着筹划主体可以通过选择投资地点进行该税种的税务筹划。就一般而言，税收筹划主体如果将生产经营场所设立在城镇土地使用税的课征范围之外，就可以彻底地规避城镇土地使用税负担。具体来讲，一些对城镇依赖性较强的企业如一般制造业、仓储业等就可选择设立在位于城镇之外，但又与之相毗邻的地区；至于那些对城镇依赖性较弱的企业，则具有更为广泛的选择余地。例如，以农产品为原料的加工企业，就可以原料产地为依托，设立在农村地区。由于我国城镇土地使用税与房产税的课征区域范围一致，而且这两个税种课征范围之外的地区又恰好属于城市维护建设税的低税负区域（适用税率1%），因此，采取上述方法进行筹划能够收到"一举多得"的效果。

二、城镇土地使用税计税依据和税率的筹划

（一）城镇土地使用税计税依据和税率的法律规定

城镇土地使用税以纳税人实际占用的土地面积为计税依据，土地面积计量标准为每平方米。城镇土地使用税采用定额税率，即采用有幅度的差别税额，按大、中、小城市和县城、建制镇、工矿区分别规定每平方米土地使用税年应纳税额。具体见表 7 - 2：

表 7 - 2　　　　　　　　　　　城镇土地使用税税率

级别	人口（人）	每平方米税额（元）
大城市	50 万以上	1.5 ~ 30
中等城市	20 万 ~ 50 万	1.2 ~ 24
小城市	20 万以下	0.9 ~ 18
县城、建制镇、工矿区		0.6 ~ 12

各省、自治区、直辖市人民政府可根据市政建设情况和经济繁荣程度在规定税额幅度内，确定所辖地区的适用税额幅度。

（二）城镇土地使用税计税依据和税率的筹划空间

由于土地使用税实行幅度税额，大城市、中等城市、小城市、县城、建制镇、工矿区的税额各不相同；即使在同一地区，由于不同地段的市政建设情况和经济繁荣程度有较大的区别，土地使用税额规定也各不相同，最大的相差 20 倍。纳税人在投资设厂时就可以进行筹划，选择不同级别的土地。

案例 7 - 16

某复合材料集团公司想要扩大生产基地，由于总部在北京，所以董事会初步决定的方案是将生产基地建在北京郊区，面积 10 000 平方米，选用的土地为四级土地，每平方米土地每年需缴纳土地使用税 9 元，因此每年需缴纳的土地使用税 9 万元。后来，经过多方考虑，最终决定将生产基地建在江苏省沿海城市，这样，不但能享受其

他税种的优惠政策，如所得税的优惠，方便出口贸易，单是每年的土地使用税也可节约不少。由于该地区土地使用税每平方米仅0.9元，所以每年只需缴纳城镇土地使用税9 000元。

三、城镇土地使用税税收优惠的筹划

（一）城镇土地使用税税收优惠的法律规定

城镇土地使用税的税收优惠有法定免缴土地使用税的优惠以及省、自治区、直辖市地方税务局确定减免土地使用税的优惠。法定免缴土地使用税的优惠有：国家机关、人民团体、军队自用的土地；由国家财政部门拨付事业经费的单位自用的土地；宗教寺庙、公园、名胜古迹自用的土地；市政街道、广场、绿化地带等公共用地；直接用于农、林、牧、渔业的生产用地；经批准开山填海整治的土地和改造的废弃土地，从使用的月份起免征土地使用税5~10年。对非营利性医疗机构、疾病控制机构和妇幼保健机构等卫生机构自用的土地，免征城镇土地使用税；企业办的学校、医院、托儿所、幼儿园，其用地能与企业其他用地明确区分的，免征城镇土地使用税；免税单位无偿使用纳税单位的土地（如公安、海关等单位使用铁路、民航等单位的土地），免征城镇土地使用税；对行使国家行政管理职能的中国人民银行总行（含国家外汇管理局）所属分支机构自用的土地，免征城镇土地使用税；为了体现国家的产业政策，支持重点产业的发展，对石油、电力、煤炭等能源用地，民用港口、铁路等交通用地和水利设施用地，三线调整企业、盐业、采石场、邮电等一些特殊用地划分了征免税界限和给予政策性减免税照顾；自2016年1月1日至2018年12月31日，对专门经营农产品的农产品批发市场农贸市场使用（包括自有和承租）的房产、土地，暂免征收房产税和城镇土地使用税，对同时经营其他产品的农产品批发市场和农贸市场使用的房产、土地，按其他产品与农产品交易场地面积的比例确定征免房产税和城镇土地使用税等。至于减免税由各省、自治区、直辖市地方税务局确定。

（二）城镇土地使用税税收优惠的筹划空间

土地使用税的纳税人应充分利用税收优惠进行筹划，比如利用改造废弃土地进行筹划，税法规定，经批准开山填海整治的土地和改造的废弃土地，从使用的月份起免征土地使用税5~10年，纳税人可以充分利用城市、县城、建制镇和工矿区的废弃土地或进行开山填海利用土地，以获得免税机会；又比如，企业办的学校、医院、托儿所、幼儿园，其用地能与企业其他用地明确区分的，免征土地使用税，纳税人可以通过准确核算用地进行筹划，从而充分享受土地使用税设定的优惠条款。

第九节　城市维护建设税的税收筹划

城市维护建设税（以下简称"城建税"），是国家对缴纳增值税、消费税、营业税（以下简称"三税"）的单位和个人就其实际缴纳的"三税"税额为计税依据而征收的一种税。

它属于特定目的税，是国家为加强城市的维护建设，扩大和稳定城市维护建设资金的来源而采取的一项税收措施。

一、城市维护建设税的纳税义务人和税率的筹划

（一）城市维护建设税的纳税义务人和税率的法律规定

城市维护建设税的纳税义务人是指负有缴纳"三税"义务的单位和个人，但目前对外商投资企业和外国企业缴纳的"三税"不征收城市维护建设税。

城市维护建设税的税率，是指纳税人应纳的城市维护建设税税额与纳税人实际缴纳的"三税"税额之间的比率。城市维护建设税按纳税人所在地的不同，设置了三档地区差别比例税率，即：纳税人所在地为市区的，税率为7%；纳税人所在地为县城、镇的，税率为5%；纳税人所在地不在市区、县城或者镇的，税率为1%。

（二）城市维护建设税的纳税义务人和税率的筹划空间

利用税率差别进行筹划。税法规定，由受托方代扣代缴、代收代缴"三税"的单位和个人，其代扣代缴、代收代缴的城市维护建设税按受托方所在地适用税率执行。因此，纳税人在进行委托时，就可以选择城市维护建设税税率低的非市区、县城或者镇的受托单位。

案例 7-17

保洁公司 2016 年拟委托某单位加工一批总价值 400 万元的化妆品，受托加工单

位位于市区，由受托加工单位代扣代缴消费税 200 万元，也就是说加工单位同时必须代征代扣城市维护建设税 14 万元（200×7%）。那么保洁公司如何筹划？

一个可行的办法就是利用选择委托加工单位来筹划。如果保洁公司委托某县城的加工企业加工化妆品，则只需缴纳城市维护建设税 10 万元（200×5%）；若是委托某村的村办企业加工，缴纳的城市维护建设税仅为 2 万元（200×1%）。

二、城市维护建设税计税依据的筹划

（一）城市维护建设税计税依据的法律规定

城市维护建设税的计税依据是指纳税人实际缴纳的"三税"税额。城市维护建设税以"三税"税额为计税依据并同时征收，如果要免征或减征"三税"，也就要同时免征或减征城建税。

（二）城市维护建设税计税依据的筹划空间

由于城市维护建设税的计税依据是实际缴纳"三税"税额。如果一个企业从事"三税"免税业务的生产、经营，就不存在城市维护建设税的计税依据，因而能够享受免征城市维护建设税的待遇；如果从事享受减征这"三税"的业务，同时也会按照相同的比例享受减征城市维护建设税的税收优惠待遇。因此，企业在投资决策环节，可以通过合理选择生产经营内容实现城市维护建设税的税务筹划，即凡能够用以减轻和规避"三税"税负的办法，同时也是城市维护建设税的税收筹划办法。

三、城市维护建设税税收优惠的筹划

（一）城市维护建设税税收优惠的法律规定

城市维护建设税原则上不单独减免，但因城市维护建设税又具有附加税性质，当主税发生减免时，城市维护建设税相应发生税收减免。城市维护建设税的税收减免具体有以下几种情况：城市维护建设税按减免后实际缴纳的"三税"税额计征；对于因减免税而需进行"三税"退库的，城市维护建设税也可同时退库；海关对进口产品代征的增值税、消费税，不征收城市维护建设税等。

（二） 城市维护建设税税收优惠的筹划

纳税人可以利用城市维护建设税的税收优惠来筹划，比如由于海关对进口产品代征的增值税、消费税，不征收城市维护建设税，所以纳税人在购买货物时，可以权衡各项成本，考虑通过进口方式取得货物。

本章小结

其他税种包括九个小税种，即关税、土地增值税、资源税、房产税、印花税、契税、城镇土地使用税、城市维护建设税。

本章从纳税人、税率、计税依据等角度分别讲述了这九个小税种的税收筹划方法。

关键术语

进出口税则　保税制度　关税减免　行邮税　伴生矿　伴采矿　伴选矿　房产税租金收入　印花税　模糊金额筹划法　契税　车船税　城镇土地使用税　城市维护建设税

思考题

1. 如何利用原产地标准进行关税的筹划？
2. 从纳税人选择角度如何筹划土地增值税？

参 考 文 献

1. 北京注册会计师协会编，《税收筹划》，中国财政经济出版社 2005 年版。

2. 计金标主编，《税收筹划》（第二版），中国人民大学出版社 2006 年版。

3. 盖地主编，《税务筹划》，高等教育出版社 2003 年版。

4. 伍舫编著，《税收优惠指南》（第三版），中国税务出版社 2006 年版。

5. 《中华人民共和国增值税暂行条例实施细则》，中华人民共和国财政部第 50 号令财政部　国家税务总局。

6. 《关于全面推开营业税改征增值税试点的通知》财税〔2016〕36 号。

7. 《营业税改征增值税试点实施办法》。

8. 《税务总局关于简并增值税税率有关政策的通知》财税〔2017〕37 号。

9. 孙瑞标、缪慧频、刘丽坚主编，《〈中华人民共和国企业所得税法实施条例〉操作指南》，中国商业出版社 2007 年版。

10. 《中华人民共和国企业所得税法实施条例》立法起草小组，《〈中华人民共和国企业所得税法实施条例〉释义及适用指南》，中国财政经济出版社 2007 年版。

11. 黄凤羽著，《税收筹划——理论与实践》，中国财政经济出版社 2003 年版。

12. 唐睿明，《企业合并业务的所得税筹划》，载于《商业会计》，2007 年 6 月上半月刊。

13. 蔡昌，《并购重组的税收筹划》，载于《税务园地》，2013 年 1 月。

14. 中国注册会计师协会编，《税法》，经济科学出版社 2008 年版。

15. 盖地主编，《企业税务筹划理论与实务》，东北财经大学出版社 2005 年版。

16. 宋霞编著，《税收筹划》，立信会计出版社 2007 年版。

17. 王国华、张美中编著，《纳税筹划理论与实务》，中国税务出版社 2004 年版。

18. 卢剑灵编著，《税收筹划原理与实务》，中国财政经济出版社 2005 年版。

19. 杨志清、庄粉荣编著，《税收筹划案例分析》，中国人民大学出版社 2005 年版。

20. 刘颖编著，《税法——轻松过关 1》，经济科学出版社 2008 年版。